主编

广东加速度

新发展理念下的广东经济实践与探索

SPM 南方传媒

全国优秀出版社
全国百佳图书出版单位

广东教育出版社

·广州·

图书在版编目（CIP）数据

广东加速度/杜传贵主编. — 广州：广东教育出版社，2022.9
ISBN 978-7-5548-5142-5

Ⅰ.①广… Ⅱ.①杜… Ⅲ.①区域经济发展—研究—广东 Ⅳ.①F127.65

中国版本图书馆CIP数据核字（2022）第158845号

广东加速度——新发展理念下的广东经济实践与探索
GUANGDONG JIASUDU
XIN FAZHAN LINIAN XIA DE GUANGDONG JINGJI SHIJIAN YU TANSUO

出 版 人：朱文清

项目策划：卞晓琰　刘佳宁

项目统筹：周　莉

责任编辑：周　晶　林晓珊　易　意　杨柳婷

营销编辑：周　荀　黄子桐　刘　玥

渠道营销：卢颖璇　林冬怡

责任技编：杨启承

责任校对：肖炜曦　朱　琳　裴　芳

装帧设计：罗培庆　叶梓琪　宋丹妮

出版发行：广东教育出版社

　　　　　（广州市环市东路472号12—15楼　邮政编码：510075）

销售热线：020-87615809

网　　址：http://www.gjs.cn

E-mail：gjs-quality@nfcb.com.cn

经　　销：广东新华发行集团股份有限公司

印　　刷：深圳市福圣印刷有限公司

　　　　　（深圳市龙华区龙苑大道联华工业园三栋一楼　邮政编码：518110）

规　　格：787 mm×1 092 mm　1/16

印　　张：23.5

字　　数：350千

版　　次：2022年9月第1版
　　　　　2022年9月第1次印刷

定　　价：88.00元

编 委 会 名 单

主　　编：杜传贵

副 主 编：林海利　向　欣　胡　泉

执 行 主 编：吴　江　李艳文

统　　筹：刘佳宁　孙　晶

采 写 组：王丹阳　李　卉　唐　珩　胡　彦
　　　　　许张超　杭　莹　施沛霖　吴小攀

编 辑 组：陈泽云　孙绮曼　沈　钊　莫谨榕
　　　　　丁　玲　黄　婷　李志文　潘　亮

品 牌 组：庞倩影　彭　勇　郑泽宜　成家琪
　　　　　钟凌瀚

南海风起，万物渐丰。步入初秋的粤港澳大湾区，处处生机盎然。在新发展理念引领下，十年来，广东经济建设昂首阔步、奋勇向前。

十年来，习近平总书记三次莅临广东考察、两次在全国两会期间参加广东代表团审议，作出系列重要指示。在改革开放40周年、深圳经济特区建立40周年等重要节点，习近平总书记亲自为广东指明前进方向，殷切寄望广东在全面建设社会主义现代化国家新征程中走在全国前列、创造新的辉煌。

殷殷嘱托犹在耳边回响，南粤大地汇聚起感恩奋进的磅礴力量，推动改革开放事业不断迈上新台阶。

十年来，广东举全省之力推进粤港澳大湾区建设，基础设施"硬联通"，制度规则"软联通"，"1小时生活圈"加速形成。永葆"闯"的精神、"创"的劲头、"干"的作风，21个地级市你追我赶，奋勇争先，跑出广东加速度。

十年来，广东经济总量稳步攀升，2013年突破6万亿元大关；2021年，广东地区生产总值首次突破12万亿元，以12.44万亿元居全国之首，同比增长8%，自1989年以来连续33年稳居全国第一。向经济高质量发展迈进，广东迎风破浪跑出加速度。

十年来，一大批广东企业勇立潮头，华为、腾讯等科技巨头成为全球科创版图上闪亮的广东名片，比亚迪、美的、大疆创新、格力、小鹏汽车、无限极等高成长企业正成为各自领域的"小巨人"，越来越多的龙头粤企走向世界舞台。十年奋斗，广东企业在战风斗雨中砥砺前行，用充满活力的奋进姿态跑出广东加速度。

凡是过往，皆为序章。

广东省第十三次党代会绘就了今后五年广东发展蓝图，吹响了广东在新征程中走在全国前列、创造新的辉煌的冲锋号。大会报告提出，未来五年，党的建设将开创新局面，高质量发展实现新进步，改革开放取得新突破，文明程度得到新提高，美丽广东建设取得新成效，民生福祉达到新水平，社会治理效能得到新提升。

要实现这些目标，总结过往十年的广东经验、广东模式特别重要。

作为一张享誉全国的"岭南文化名片"，羊城晚报在深耕岭南60余年的过程中积极尝试、大胆探索，坚持发展"羊城晚报+羊城创意产业园"的"双品牌、双平台"战略，既是十年来广东经济发展的积极参与者，也是广东经济发展实现加速度的忠实记录者。为展示十年间广东运用习近平经济思想指导实践，在改革开放中取得的一系列辉煌成就，探寻其中所蕴含的成功密码，羊城晚报报业集团组织采编图书《广东加速度》。围绕新发展理念，本书将首次全景式展现广东十年奋斗的历史长卷，让广东经验为未来加速发展提供有益的经验和镜鉴。

本书分为创新篇、协调篇、绿色篇、开放篇和共享篇五大篇章。每个篇章包含两大部分，一部分是经济学界和高校的专家学者的理论文章、精彩观点，另一部分则是由不同关键词引领的实践样本，从政策引领、科研推动和企业发展三大角度切入，以翔实、生动、深入、真实的新闻报道及精心选择的典型案例，鲜活展示广东运用习近平经济思想指导实践的内容，同时配备可视化数据图表及一系列全媒体产品，以媒体创新融合理念展现广东经济发展成就。

围绕新发展理念，从粤港澳大湾区国际科技创新中心到数字经济；从"一核一带一区"到全面建成小康社会，从"双碳"行动到绿水青山广东蓝，从"双区"建设到互联互通，从乡村振兴到减税降费……30多个代表广东经济发展的关键词，既是对过去十年的总结提炼，也为未来十年广东经济再上新台阶搭起连接的桥梁。

　　十年珠江潮涌，南粤一路繁花。本书所选取的事件和所做的理论分析，或许还不够细致深入，无法全面破解十年间广东加速度背后的全部密码。但其中所蕴含的广东人的敢为天下先的精神，在改革开放中摸着石头过河的务实态度，以及各地区各行业所取得的辉煌成就，是有目共睹的。这也是广东未来高速发展的基本依托。

　　新时代新目标新征程，呼唤新气象新担当新作为。

　　珠江湾畔，风劲潮涌，站在"两个一百年"的历史交汇点，在中国共产党第二十次全国代表大会即将召开之际，广东豪情满怀，意气风发，正以加速度的姿态跑向下一个十年，为全面建设社会主义现代化国家谱写广东新篇章。愿本书成为改革开放磅礴历史中一个鲜活的注脚，为广东勇立潮头、砥砺奋进，实现高质量发展增添一抹总结实践经验和理论提升的思维亮色。

目录
contents

第一章　创新

第二章　协调

理论视角·专家观点

广东样本·实践范式

第三章 绿色

第四章　开放

理论视角·专家观点

广东样本 · 实践范式

第五章　共享

理论视角·专家观点

广东样本·实践范式

第一章

创新

要有志气和骨气加快增强自主创新能力和实力，努力实现关键核心技术自主可控。

——2018年10月，习近平总书记在广东考察时的讲话

从腾"云"驾"物"到"探月稻种"，从关注"舌尖上的安全"的国家科技进步特等奖到世界"灯塔工厂"里的"广东智造"，从佛山"一照通行"到广州南沙"芯芯"向荣……惟改革者进，惟创新者强。创新是引领发展的第一动力。

习近平总书记明确要求广东建设具有全球影响力的科技和产业创新高地。

连续33年执中国省域经济之"牛耳"；坐拥中国乃至当今世

界最具发展活力的粤港澳大湾区……十年来，在广东沃土之上，一大批企业勇立潮头，华为、腾讯等成为全球科创版图上闪亮的广东名片，美的、格力等一批龙头粤企走向全球舞台，世界500强企业由3家增至17家。

十年来，广东国家高新技术企业增至6万余家，数量跃居全国首位；知识产权综合发展和保护发展指数连续9年全国第一；区域创新综合能力连续5年居全国第一；数字经济规模达5.9万亿元，连续5年居全国第一。

要实现奋斗目标，高水平科技自立自强是关键。粤港澳大湾区国际科技创新中心、综合性国家科学中心两大平台扎实推进，鹏城实验室、广州实验室两大国之重器作用凸显。2021年全省研发经费支出超3800亿元、十年增长超过2倍，占GDP比重3.14%，创新融入南粤大地，正成为广东最鲜明的标识。

理论视角·专家观点

创新驱动广东经济高质量发展

◎ 薛 捷 华南师范大学政治与公共管理学院副院长、教授

> 未来，要进一步发挥广东"融通中西、兼收并蓄"的文化优势，形成"开放、包容、共享、勇于尝试、宽容失败"的创新创业氛围，为创新驱动提供更加强有力的文化支持。

高质量发展在本质上对经济长期持续的健康增长提出了要求。自然资源、人力资源、资本和技术创新是经济增长的促进要素，在理论研究中被形象地比作经济增长的四个驱动轮。其中，技术创新是经济长期取得增长并避免传统要素投入边际效用递减的关键因素和主要动力。正如2018年诺贝尔经济学奖得主保罗·罗默所说，"能否提供和使用更多的创意或知识品，将直接关系到一国或地区经济能否保持长期增长"。改革开放40多年来，广东作为我国的第一经济大省和改革开放的排头兵，在经济发展的过程中经历了从"三来一补"到高新技术产业和重化工业并举，再到先进制造业与互联网和数字经济融合发展，正在走出一条"广东特色"的高质量发展道路。广东高质量发展水平与区域经济整体竞争优势密切相关，基于经典的国家竞争优势钻石模型，广东经济高质量发展展现出以下五个方面的特点。

第一，高质量发展的高级生产要素日益完备。经济的高质量发展需要区域基础设施、高级人才、科研院所和高等院校等高级生产要素的支持。在基础设施建设方面，截至2020年5月底，全省已累计建成5G基站6.3万座，数量居全国第一；在2021年赣深高铁开通之后广东高铁里程数已经跃居全国第一；珠三角9市高速公路通车里程数达4500千米，超过纽约都市圈和东京都市圈。此外，2020年省政府出台的《广东省推进新型基础设施建设三年实施方案（2020—2022年）》明确指出，在这一建设周期将至少在信息基础设施、创新基础设施和融合基础设施等建设上完成投资约6600亿元，此举将极大提升新型基础设施对于经济高质量发展的支撑作用。在高级人才培养和引进上，广东一贯将人才视为"第一资源"，从1992年"珠海科技重奖"轰动全国到2018年广东推行"人才优粤卡"完善人才服务保障体系，广东正在成为全国创新人才高地。在高等院校建设方面，广东从2015年在全国率先推出"高水平大学建设"和"高水平理工科大学建设"的"双高"建设方案，到2021年实现本科院校在地级市全覆盖，广东高等教育布局进一步优化，同时港澳高校在广东的布局正在全面铺开，这些都为广东经济高质量发展提供了强大的人力资源保障。

第二，高质量发展所需的现代产业体系逐步完善。改革开放以来，广东各地注重地方特色经济的发展，从"一镇一业、一镇一品"的专业镇到产业链条完善、行业配套齐全、创新能力突出的各类产业集群，再到如今的新一代移动通信、新型显示、软件、半导体照明、生物医药、智能制造装备、新材料等7个产值超千亿元的龙头产业集群和将得到重点培育发展的20个战略性产业集群，广东经济高质量发展所需的现代化产业体系正在不断完善。

第三，双循环新发展格局为高质量发展提供了充分的需求条件。双循环新发展格局是实现中华民族伟大复兴的必然选择，也为推动供给侧的创新升级和优化调整提供了新的动能。广东作为制造业大省和制造业强省，不管是在以创新驱动提高供给体系对国内需求的满足能力上，还是在依托国际大循环吸引全球商品和资源要素上，都有着亮眼的表现。2021年，广东GDP同比增长8%，外贸进出口总额8.27万亿元，同比增长16.7%（其中，出口5.05万亿元，增长16.2%），作为全国第一经济大省的地位依然稳固。随着国内消费潜力的持续释放和对外开放的不断扩大，广东正在以创新驱动发掘国内国际两个市场，打开新的发展空间。

第四，广东企业的竞争意识和发展战略为高质量发展提供了支撑。作为制造业强省，广东工业企业注重通过实施创新驱动战略来强化市场竞争能力。除了华为、腾讯、大疆创新、迈瑞医疗、比亚迪、美的、格力、格兰仕、TCL、创维等行业头部创新型企业，广东已形成行业分布集中、创新能力强、专业化程度高、成长性好的专精特新中小企业群和一大批细分领域龙头和产业链关键环节的"隐形冠军"。到2021年，广东省累计培育国家级制造业单项冠军企业85家、国家级专精特新"小巨人"企业429家、省级专精特新企业2704家，带动了广东产业发展水平的持续提升，成为广东高质量发展的强力助推力量。

第五，各级政策支持为高质量发展提供了良好的环境。作为中央重大战略部署，在粤港澳大湾区、深圳建设中国特色社会主义先行示范区的"双区"战略驱动下，中央和各级地方政府在统筹推进基础设施互联互通、国际科技创新中心建设、重点合作平台建设、规则衔接、民生领域融通等方面不断完善制度支撑，为广东经济高质量发展提供了良好的政策环境。

与此同时，在"双区"建设大背景下，广东以创新驱动促进高质量发展也面临着诸多现实问题，如关键技术领域的"卡脖子"问题亟待解决、区域协同创新体制机制还不够完善、高级创新要素跨境流动存在障碍、创新资源共享的长效机制有待建立等。从区域创新系统理论的视角，广东以创新驱动经济高质量发展，可从以下三个方面推进。

一是建设高端创新资源集聚的要素环境。从"硬联通"和"软联通"两个方面分别发力基础设施网络建设和规则机制体制建设，推进粤港澳三地人才流、物资流、资金流、信息流和知识流更加便捷顺畅地流动与共享，为广东深度融入全球创新链、产业链和价值链，集聚全球制造业高端创新资源，形成更多新的高水平增长极奠定基础。

二是营造适合创新创业的文化环境。广东得改革开放风气之先，文化与世界的交流与融合最为深入，深圳、广州、东莞、佛山等珠三角核心城市早已成为国内创新创业的沃土。未来要进一步发挥广东"融通中西、兼收并蓄"的文化优势，形成"开放、包容、共享、勇于尝试、宽容失败"的创新创业氛围，为创新驱动提供更加强有力的文化支持。

三是打造极具湾区特色的政策环境。粤港澳大湾区"一个国家、两种制度、三种货币、三个关税区、三种管理体制"的制度环境决定了其政策环境的独特性，这种独特性也有助于大湾区利用好国内国际两个市场、两种资源，对接全球经济发展。鉴于此，粤港澳大湾区要基于"一国两制"的制度差异设计出独具特色的创新性制度体系，凸显"开放、协作、创新、共赢"的跨区合作特点，以极具湾区特色的政策环境推动经济的高质量发展。

创新驱动经济高质量发展的落脚点在于企业蓬勃的创新实践。在开放式创新的浪潮中，创新主体基于官产学研合作的协同创新至关重要。由此，一方面要研究成立大湾区高层次科技创新协调领导机构，统筹协调跨区域创新合作；另一方面要以大湾区国际科技创新中心建设为抓手，促进跨区域的科技创新协作，深化产学研协同创新，真正实现不同创新主体之间的优势互补。此外，还应充分发挥港澳的国际化优势，加快大湾区企业深度融入全球创新网络，促进与先进国家和地区的科技合作交流。

薛捷

扫码关注
"广东加速度"

理论视角·专家观点

激励企业家精神　提升广东创新实力

◎ 向松祚　《新资本论》《新经济学》作者

> 要实现高水平科技发展的自立自强，必须形成一个政府、科研机构和企业相互密切配合、相互促进、相互支持的有机体系，在这方面广东有条件、也应发挥重要作用。

　　创新和创业生态体系是所有富有活力和创造力的经济体系的内核和动力之源。《中国区域创新能力评价报告2021》显示，2021年广东区域创新能力综合得分为65.49，不仅创造了历史最高分，也是自1999年开始中国区域创新能力评价以来，全国省市区域创新能力综合评价打出的历史最高分。

　　改革开放40多年来，广东一直就是国内最具创新活力的区域之一，很多指标都可以说明这一点，特别是中国优秀的民营企业、极具声望和国际影响力的民营企业里，有相当的比例诞生和成长于广东，譬如华为、腾讯、平安、格力、美的、大疆等等。与此同时，广东涌现出一批优秀的民营企业家。优秀企业和优秀企业家数量是衡量一个地区是否具有创新活力的重要指标。

广东创新活力之源

广东为什么能够成为全国最具创新活力的区域之一？首先是广东拥有一种开放、包容、多元、自由的社会文化氛围，这是广东区别于全国其他地区的一个显著特征。实际上，如果我们认真研究世界上具有创新活力的经济区域，就会发现它们有一个基本的共同点，那就是都具有开放、包容、多元和自由的社会文化氛围。譬如，美国硅谷和以色列之所以能够引领全球的科学、技术和商业创新，最关键的因素就是它们的文化非常开放、包容、多元和自由，能够海纳百川，容忍错误，鼓励一切敢于挑战权威和传统的思想和理念。这些地方的每个人都有可能成为颠覆式创新的开拓者，每个人都能够将自己潜在的创新和创造能力发挥出来。创新的文化是一个国家或地区的创新基因，拥有这种基因，创新就会源源不绝，就会时不时冒出震撼世界和颠覆世界的创新者和企业家，如乔布斯、马斯克等，就是硅谷创新生态体系孕育出来的"特殊物种"。

过去这些年，广东在构建一个富有活力的创新体系方面，已经做了大量的工作，取得了很好的成效。

一是高度重视基础科学和前沿科学的研究。无论是广东省政府，还是以深圳市、广州市为代表的地方政府，都意识到要构建一个富有创新活力的地区，仅仅依靠走引进技术、学习国外经验的老路子是不够的，还必须独立自主地开展前沿科学和基础科学研究。为达此目的，各级政府出资牵头建立了众多致力于基础科学研究和创新转化的实验室，比如广东省委、省政府启动了包括季华实验室（先进制造科学与技术广东省实验室）在内的首批4家广东省实验室，深圳市布局建设了鹏城实验室和深圳湾实验室等一批高水平科研平台……实验室瞄准世界科技发展的前沿，汇聚了海内外一大批优秀的科学家。

二是全力引进国内外顶尖大学。这些年来，广东地区特别是深圳、广州、珠海等地一直致力引进国内外顶尖大学到当地设立分校和产学研基地，比如广东以色列理工学院、香港中文大学（深圳）以及香港科技大学（广州）等，这是非常重要的举措。因为和世界上其他具有创新活力的国家和地区相比，广东仍欠缺世界领先的研究型大学和世界级高水平的科学研究实验室。

三是向全球人才抛出橄榄枝，努力吸引全球优秀人才到广东从事科学研究和创业兴业。引进人才方面，广州除了有广州国际人才交流协会这个重要的国际性交流平台，还有专为海外人才建立的产业园；深圳也针对引进海外人才出台了相关鼓励和优惠政策。事实上，目前有不少优秀的海外人才来到了广东，为广东创新添活力。

加大研发投入，夯实创新基础

科技是国家强盛之基，创新是民族进步之魂。2021年11月24日，习近平在主持召开中央全面深化改革委员会第二十二次会议时强调，要开展科技体制改革攻坚，加快建立保障高水平科技自立自强的制度体系，提升科技创新体系化能力。在此之前，同年9月22日发布的《广东省科技创新"十四五"规划》就已提出，要加强基础研究与源头创新，努力实现科技自立自强。

要实现高水平科技发展的自立自强，必须形成一个政府、科研机构和企业相互密切配合、相互促进、相互支持的有机体系，在这方面广东有条件、也应发挥重要作用。

在一个富有活力的创新生态有机体系中，政府斥巨资，有组织、有计划地赞助和支持具有明确方向的科学研究和技术研发，是现代科技创新活动的显著特征，也是促进现代经济增长的重要动力。多年来，广东省特别是深圳市、广州市就此积累了非常好的经验。

一是政府在充分研究论证的基础上提出大致的科研发展方向，充分鼓励竞争，在提供大量资金支持的同时，着重依靠企业、高校和科研机构来进行科学研究和技术研发，依靠市场化机制来实现创新成果转化，这是非常正确的做法。政府也可以采取各种资金支持和优惠政策措施，鼓励企业自己从事研究和开发（R&D）活动。因为企业有充分的创新动力，但可能资金不足，政府能够对符合国家战略方向的企业R&D活动提供配套资金支持，鼓励企业之间展开科研竞争。

二是政府对知识产权的保护进一步加强，通过出台政策措施来强化知识产权的全链条保护，推动知识产权的交易和转化。展望未来，政府要更加重视知识产权作为高质量发展重要战略资源的作用，更加聚焦战略产业集群和各类市场主体创新发展需求，着力完善激励创新的知识产权市场运行机制，更加注重统筹协调各方面资源，着力提高依法保护知识产权的法治治理能力和水平。

三是要为科研成果的转化创造良好的氛围和条件。早在2018年，在广东省布局建设的9个国家级双创示范基地和30个省级双创示范基地中，高校、科研机构以及企业的产学研联动得到加强，有力助推和支持科学家把科学研究成果和技术创新成果转化为产业，为广东培育发展新动能、加快发展新经济、打造发展新引擎注入源源不断的新动力。譬如，大疆、迈瑞医疗等企业都是科研成果转化为企业的成功案例。

弘扬企业家精神，保护企业家权利

正所谓，未来是创造出来的，不是规划出来的。在富有活力的创新生态体系里，企业家是最重要和最关键的力量，是推动创新和创业的活力之源。要构建一个富有活力的创新体系，关键是要让优秀的企业家、创新者和创业者如雨后春笋般不断涌现。政府的任务就是为企业家、创新者和创业者创造优良的创新环境，激发其创造力。

一是要让企业家、创新者和创业者有安心、放心、顺心的创业、创新和生产经营环境。也就是说，政府应该给予企业发展最大和最自由的空间，让企业家、创新者和创业者没有精神上的负担，让他们最大限度发挥才能，真正做到"天高任鸟飞，海阔凭鱼跃"，只有这样才能不断地涌现出真正伟大和全球领先的企业。企业家依法经营，照章纳税，将企业做大做强，大量吸纳就业，为社会创造财富，为政府创造税收，就是企业责任担当的体现。企业家的时间是非常宝贵的，要让企业家将时间用于企业的经营管理上，用于构想和实施创新活动上。政府应该做的工作，就是要让企业的财产安全有保障，让企业家安心、放心、顺心，能够始终致力于长期的投资和发展。

社会舆论和社会氛围要逐步形成对企业家和企业家精神的高度尊重和信赖，只有这样才能激发企业家精神，激发一代又一代人的创新活力和创新动力。要营造一种社会氛围和价值观，让企业家成为社会上受尊重的人群，鼓励年轻人以优秀企业家为精神偶像，这样很多能力型和天才型的年轻人就会选择创业或去企业工作。

只有大力弘扬企业家精神，企业家、创新者和创业者得到社会的高度尊重和爱护，一批又一批的创新人才和创新企业才会脱颖而出。在这方面，广东特别是珠三角地区可以成为全国的榜样。改革开放40多年来，珠三角地区最宝贵和最重要的成果，就是涌现出一批又一批了不起的企业家，他们是推动广东特别是珠三角地区经济高速增长，乃至推动中国经济高速增长的关键力量，他们是国家和民族的宝贵财富，应该受到爱护和保护。没有企业家，一切创新和发展都是空话。

二是政府要梳理、修改和调整各项经济政策，尽可能降低企业家、创新者和创业者生产经营和生活的成本。譬如，如果房价以及其他生活成本太高，企业家、创新者和创业者就会难以承担，各类优秀人才就会望而生畏，望而却步。展望未来，广东必须居安思危，如何努力降低企业的生产经营和生活成本，特别是如何降低土地成本和房价，为企业家、创新者和创业者创造一个可承受的、低成本的环境，是广东未来面临的巨大挑战。

扫码关注
"广东加速度"

自主科技

▶ 科研推动

华农"探月稻种"突破农业种源"卡脖子"问题

2020年12月17日，嫦娥五号完成历时23天、行程超百万千米的地月往返征程，成功返回地球。在这场探月之旅中，嫦娥五号搭载着一位特殊"乘客"，它就是华南农业大学（以下简称"华农"）国家植物航天育种工程技术研究中心（以下简称"研究中心"）提供的水稻材料。

作为航天育种产业创新联盟的发起单位，研究中心拟通过水稻材料的深空搭载诱变育种试验，丰富我国种子遗传资源，推动农业种源"卡脖子"问题的解决。

绕月深空诱变研究，服务水稻品种选育

嫦娥五号空间搭载试验，是继2020年4月新一代载人飞船空间搭载试验后，华农参与的又一次空间科学重要科研活动。在完成月球探测、采集2千克月壤样本的探月工程三期收官战的同时，嫦娥五号也在深空开展了深空诱变育种研究。

嫦娥五号共携带了40克水稻种子进入月球轨道，返回地面后，这些种子将在研究中心的基地进行种植。此次搭载是全世界独一无二的绕

月深空诱变研究,实现了水稻种子深空搭载的首次突破。"种子在搭乘过程中经历的微重力、太阳黑子爆发等特殊环境,会对其基因变异造成影响,这是极难得的。我们将利用这次机会,进行全方位、全链条的研究,创造原创性的新课题。同时,发掘一批很好的突变基因和突变体,在此基础上培育一批优质新品种,为种子安全、粮食安全提供支撑。"

研究中心是我国航天育种领域重要的国家级科研创新平台,自1996年以来先后进行了24次植物空间诱变试验。在新一代载人飞船空间飞行任务中,华农组织广东、广西、福建、四川等优势科研院所,精心遴选了水稻、甜玉米、南药、微生物等31份材料参加搭载试验。嫦娥五号地月往返过程中,将经历完全不同的宇宙高能辐射、微重力、交变磁场等空间环境,可能对试验材料的变异率和变异幅度带来重大影响,从而为科研工作者深入研究深空环境变异规律提供重要的试验样本和数据。

助力粮食安全建设

近年来,华农航天育种研究团队利用空间诱变及现代生物学技术,已先后培育出57个水稻新品种并通过各级品种审定,创造了显著的社会经济效益。针对市场需求,团队在特优质、高抗病、轻简化品种选育方面取得新突破。华农航天育种团队育成的多个品种米质均达国标优质一级、高抗病虫害,在香型丝苗品种培育方面也取得系列进展,所选育的"华航聚香"系列品系在生产上表现突出。

保障粮食安全意义重大。据统计,我国稻谷总产目标到2030年上升至2.7亿吨,这样才能确保中国稻谷口粮安全。华农研发出的"华航31号"水稻就是经诱变而来的常规稻,2015年被农业部认定为超级稻品种。相比诱变前而言,产量提升了近20%。"华航31号"已经是广东省农业主导品种,并于2016年获广东省农业技术推广奖一等奖。

与传统育种手段相比,深空的空间环境作用使得水稻的DNA发生变化,突变频率也得到显著提升。实践表明,空间环境可以促使水稻的产量、品质、适应性等性状发生改变。目前,研究中心已拥有4个农业农村部认定的超级稻品种，最高亩产超过720千克。

研究中心下一步计划选育一批高产、优质、多抗、绿色的水稻新品种，满足多元化产业需求，通过产学研合作推广应用，提高广东省在空间诱变育种的研究水平和农业科技创新水平，提升我国粮食安全水平。

▶ **科研推动**

广东省科技进步奖特等奖背后的"无限极力量"

2022年4月15日，广东省科技创新大会在广州召开，会上颁发了2021年度广东省科学技术奖，无限极（中国）有限公司联合广东省科学院微生物研究所、暨南大学等机构共同申报的"中国食品微生物安全科学大数据库构建及其创新应用"项目荣获广东省科技进步奖特等奖，实现历史性突破。

广东省科学技术奖是由广东省人民政府设立、省科学技术厅主办评选，主要授予为促进科技进步和经济社会发展作出突出贡献的个人或组织，该奖项是广东省在科技成果奖励方面的最高荣誉。本次获奖项目与"散裂中子源国家重大科技基础设施项目""高端纯电动乘用车关键技术研发及产业化"并列成为2021年度广东省科技进步奖特等奖的三大成果。

关注"舌尖上的安全"的特等奖

民以食为天，食品安全关系到每一个人的健康，也是老百姓最关心的民生问题之一。无限极高度重视产品品质管控，始终坚持"100-1=0"的质量理念，不仅将质量要求贯穿产品生产的每一个流程，还在食品安全领域进行大量基础性和创新性研究。获得2021年广东省科技进步奖特等奖的"中国食品微生物安全科学大数据库构建及其创新应用"项目，正是经过了十余年科技攻关，解决了我国食品产业中微生物安全防控领域的重大科学问题，突破关键技术瓶颈，首次实现了从全国风险识别大数据到产业防控应用的系统性原始创新，全面建立起"组学时代"下的我国主要食品行业微生物安全风险识别、溯源追踪和高

无限极全球科研中心

效监控技术及体系，突破了发达国家的技术壁垒。

在项目研究中，无限极联合广东省科学院微生物研究所吴清平院士团队对公司各种剂型健康食品全产业链的微生物进行系统筛查和研究，识别出了微生物安全风险关键控制点，实现有针对性的防控。并率先在食品行业内建成健康食品微生物安全风险识别及溯源数据库。溯源数据库的构建，一方面可用于快速追踪产品微生物污染来源并采取可靠手段干预；另一方面基于数据库生物学信息，研发微生物高通量快速检测及高效防控技术。这标志着无限极在食品安全风险防控及溯源技术方面的研究已经远远走在了行业前列。

该项目成果的应用，在提升无限极健康食品全产业链食品安全风险防控能力和溯源能力、保障公司产品品质的同时，也将为健康食品行业提供一种可以借鉴或者参考的模式，带动和引领行业的发展，为保障人民群众"舌尖上的安全"贡献一份力量。

与诺贝尔奖得主合作，设全球科研中心

科研实力正是无限极保障产品品质和竞争力的"核心硬件"，也是弘扬中华优秀养生文化的有力保证。为此，无限极与剑桥大学、法国科学院—巴黎狄德罗大学及2011年诺贝尔生理学或医学奖得主朱尔斯·霍夫曼等国内外权威科研机构和专家合作。无限极如何打动这些知名学府、科研机构？与剑桥大学的合作故事颇能说明原因。

2015年9月，剑桥无限极研究中心挂牌在即。在将要正式发布的合作

声明中，由于西方世界对中医药的认知较少，剑桥大学方面要求其中不能出现"中草药"的字眼。为了解决这一分歧，无限极的代表们拜访了时任剑桥大学校长乐思哲爵士。

对于校长提出的"为什么要找剑桥大学合作"这一问题，无限极代表解释说："中草药是中华民族的宝贵财富，但缺乏科学试验和研究论证，因此，很多人对中草药的作用表示质疑。无限极想为此作出自己的努力，让全世界的人都认识和了解中草药，希望与像剑桥大学这样的学府合作，用科学、严谨的方式来研究中草药。"最终，在剑桥大学与无限极正式发布的合作声明中，"中草药"概念被完整地保留下来。

2021年开始，无限极在广州启用了新的无限极全球科研中心，继续深化与全球知名科研机构及专家的合作，不断提升科研能力。依托强大的科研后台，无限极荣获国家级科研大奖——国家科学技术进步奖二等奖。

数字生产线成广东智造示范

为了打造高品质产品，无限极还多年持续投入资金，引进先进的设备，建设现代化厂房，运用全过程质量在线控制以及可视化管理的技术，努力实现质量零缺陷。

无限极在2018年投资约3亿元建造的智能口服液生产线，实现口服液从包材分拆、配制、灌装、杀菌、灯检、包装、入库的全流程自动化，对产品生产过程控制更精准，保障每一批产品的品质稳定性，同时连续化生产能够减少人工的干预，减少产品生产的中间环节，减少产品在生产过程中与环境的直接接触，从而达到更高标准的卫生水平。

在信息化生产方面，无限极借助Mes系统（制造企业生产过程执行管理系统），能够及时共享数据，提高生产响应速度，有利于对产品的及时控制与处理。

其中，一条10 ml玻璃瓶智能口服液生产线是国内自动化及信息化程度高、生产速度快、人均产能大的玻璃瓶口服液生产线系统。该智能口服液生产线入选了2018年广东省智能制造试点示范项目。

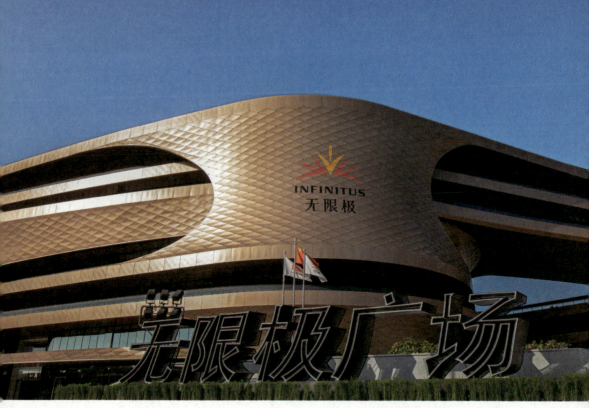

扎哈·哈迪德设计的广州无限极广场

三十而立，"大健康航母"再出发

2021年11月9日，广州无限极广场正式落成，成为无限极新的全球行政总部。以此为坐标，2022年迎来创业30周年的无限极也开启新的历史征程。这一世界级智慧生态建筑群仿佛一艘"大健康航母"，为健康产业优化、区域经济发展注入新的动力。

"无限极广场的造型是一个无限环，在我看来，它意味着回到原点。"落成典礼上，李锦记集团执行主席、无限极（中国）有限公司董事长李惠森表示，无限极对中国市场的持续发展充满信心，对于弘扬中华优秀养生文化的使命和梦想的坚持不会改变，对于拥抱变化、突破创新的决心和勇气不会动摇。

漫步广州无限极广场，除了感受智慧、绿色的湾区地标建筑之美，面积约10 000平方米的无限极全球科研中心格外引人注目。该科研中心拥有超过60间专业实验室，涵盖健康食品、日化产品和养生用品的研发、产品检测、稳定性试验等功能。藏在这里的"高精尖"科研设备，是研发效率提升的重要保证，能让研发结果更加精准、客观。其中仅国际先进仪器和设备总价值就超过1.1亿元，此外，无限极广场还设有总面积约2500平方米的全球体验中心。无限极全球CEO、无限极（中国）有限公司副董事长俞江林表示，就像大楼不是一天建成的，宏伟的创业蓝图也不可能立刻变为现实，无限极已经做好了长期坚持、矢志不移的准备，将秉承百年李锦记永远创业的企业精神，立足中国，放眼全球，拥抱新生态，谋划新布局，共创新未来。

2022年，无限极迈入而立之年，是一段新里程，也是一个新起点。展望下一个30年，世界仍然会充满变化和挑战，但无限极人也看到了更加广阔的空间：一方面，健康与快乐依然是人们永恒不变的需求；另一方面，养生国潮厚积薄发、社交分享带来新机遇、灵活就业成为新风尚……面对趋势和机遇，无限极有底气创造下一个更美好的30年。

▶企业发展

腾"云"驾"物"湾区"智慧大脑"

一块大屏物联"智慧大脑"

2022年元旦前，狮子洋上，最深处水下60米，一台重超千吨的"巨无霸"盾构机从狮子洋畔虎门镇出发、历经449天由西往东掘进；而另一台"巨无霸"盾构机，则从广州南沙东涌镇，下穿莲花山水道掘进，最终两台"巨无霸"穿江过洋，顺利抵达位于广州番禺的海鸥岛接收井，实现了穿越狮子洋的"海底鹊桥会"。

与此同时，在几十千米外的广州南沙粤海水务珠三角供水有限公司（以下简称"粤海水务"），一块长约10米、高约3米的智慧电子显示屏上，这场"海底鹊桥会"的数据闪烁：盾构机掘进速度、探头温度、压力、硬度指标一目了然，甚至此前就可通过大数据分析预估距离隧洞掘进工作进程。

这样的记录,只是国家重点水利工程、粤港澳大湾区民生项目——珠三角水资源配置工程,串珠成链的100多个标段中的其中两个。

随着产业数字化深入,"数实融合"已深刻影响经济活动领域的每一方面。

通过腾讯云数字孪生操作系统"微瓴"这样的"智慧大脑",一块大屏下,建造工程中100多个工地、6000名施工工人、上万台设备的数据都可实时传进"互联互通"。后台管理人员24小时值班,对系统提出的警告进行处理,及时解决问题。

作为世界上输水压力最大、盾构隧洞最长的调水工程——珠三角水资源配置工程为缓解珠三角城市群用水问题而建,总长度113.2千米,整个工程按照超100年的使用期限来设计和建造。

百年工程开启"数字化"

2019年,珠三角水资源配置工程全面开工。一个百年工程的数字化之路就此展开。整个工程线横穿包括广州、佛山、深圳、东莞在内的珠三角核心城市群,为了将地下空间资源尽可能地留给市政、电力、通

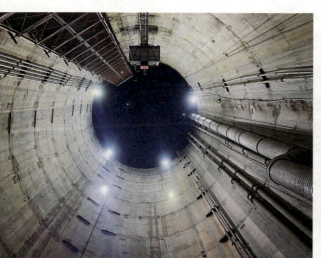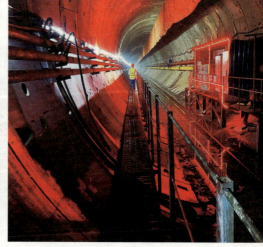

随着产业数字化深入,"数实融合"已深刻影响经济活动领域的每一方面

信、煤气等管网及地铁使用，输水隧洞整体选址在地下40~60米，相当于13~20层楼高。施工难度大、成本高，不过相比传统明渠输水方式，可以节约近90%的土地。 然而，地下施工环境复杂，受场地、光线、通风等限制，面对盾构机这样的巨型设备，做好现场至关重要。工程设计团队希望用数字化的技术，在后方的办公室里"孪生"出一个基于数字构建的虚拟工地现场，以第一时间了解地下施工的情况。

为此，腾讯云"微瓴"通过物联网、大数据平台，把地下的"百年水利工程"搬到一块大屏中，来辅助上层决策，全盘把控项目进程。

2020年底，粤海水务及其旗下科技公司科荣软件与腾讯云达成战略合作，共同推进智慧水利工程建设。在三方共同打造的智慧监管平台上线后，不仅是盾构机，工地现场的吊塔、闸机、起降机等，甚至工人的安全帽，都装上了物联网感知设备，可以实时向后台传输数据。

有了感知数据，最明显的效果是施工安全把控和项目优良率得到有效提升。一个很直观的数据可以证明，系统上线后的一段时间内，珠三角水资源配置的工程单元工程优良率超过97%。

如今，通过传感器和网络设备的部署，坐在办公室，就能清晰看到盾构机的状态的实时数据，方便工程师们随时对机器进行控制。甚至，隧道也装上了检测仪器，可以实时感应到隧道承受的压力，再通过安全监测系统对隧道区间的承降变形和收敛情况进行综合判断。

值得一提的是，珠三角水资源配置工程通过对工地现场人、机、料、法、环等施工关键环节的数据进行实时采集，相关数据也储存在私有云上，方便日后的智慧化运维，为百年项目工程建设打下数据化基础。

智慧水利如何"水到渠成"

腾讯云与粤海水务的合作，只是产业互联网终极目标的一个拓展标杆与样本。如同工程需要凿壁通渠一样，相比制造业，"起步晚，起点高"的水利工程智慧化一开始并非"水到渠成"。

加入腾讯10年的资深技术专家，擅长物联网、大数据和视频算法领域的微瓴技术总监马守强回忆，微瓴最初是从腾讯滨海大厦实验室里走出，只是腾讯在楼宇建设过程中开发的一套智慧化系统，与水利行业底层管理逻辑和数字化技术相通，但形态完全不一样。

在搭载"微瓴"系统的腾讯滨海大厦，电梯没有任何实体按钮，访客在小屏幕上输入楼层数据后，就会被智能分配到最快最合理的梯位；智慧建筑里的用户通过微信小程序预订好会议室，临开会前5分钟，会议室窗帘自动打开，空调调到适宜温度与适度，投影和远程电话等设备也都全部就位；通过3D技术数字孪生的腾讯滨海大厦，智慧大屏里的场景与外部一模一样……

马守强说，很多合作伙伴都会来到腾讯滨海大厦参观，了解技术的落地场景后，很快便与微瓴展开合作，在众多领域展开智慧空间的尝试。

除了会管楼、管水、管工地，微瓴还可以管商场、管地铁站、管创业园区、管交通，"子弹头"的深圳华润大厦、南头古城、广州地铁……背后就有微瓴技术支持。而这些也只是腾讯众多"数实融合"创新案例中的一例。

专家点评

关键核心技术是要不来、买不来、讨不来的。广东加快构建"基础研究+技术攻关+成果转化+科技金融+人才支撑"全过程创新生态链，推动广东科技和产业创新优势在新的高度立起来强起来。

数字经济

▶ 政策引领

数字化转型加速广东智能制造

面对新冠肺炎疫情对经济的冲击，广东全面做好"六稳""六保"工作，在"巩固、增强、提升、畅通"上狠下功夫，扎实推进制造强省、网络强省、数字经济强省建设。许多制造企业也提前布局数字化转型战略，应对疫情更有底气。从数据来看，广东工业延续稳步回升态势，市场需求持续恢复，重点行业生产加快，企业经营明显改善。

加快制造业创新体系建设

广东不畏艰难，没有停下从"广东制造"向"广东智造"跃升的脚步。广东企业也纷纷拥抱新浪潮，抢占产业新高地。广东工业企业生产经营正逐步向好。据广东省统计局数据，2021年全省规模以上工业企业实现利润总额2294.3亿元，同比增长10.6%。这背后离不开广东大力推动工业投资和技术改造投资的"深蹲助跑"。

制造业向高质量发展必须加快创新体系建设。围绕重点产业、重点企业，稳产业链供应链，广东依托省重大产业集群和产业链稳链补链强链延链控链工作联动协调机制，协调解决产业链供应链面临的突出问题，推动以集成电路为核心的产业基础高级化，落实"广东强芯"行动，推动广东半导体及集成电路产业补短板、强长板。同时，广东积极推动成立省集成电路行业协会，组织产业链企业交流对接，支持一批产业链"链主型"企业开展强强联合、上下游整合，构建核心技术自主可控的全产业生态体系。

广东还制定《广东省工业和信息化厅关于省级制造业创新中心建设管理办法》，推动20家省级制造业创新中心实体化运营，提升共性技术研发攻关能力。在培育国家技术创新示范企业和实施产业链协同创新计划方面，广东以"政府政策+龙头企业/智能制造供应商+中小企业+融资担保"的链条模式，在湛江、中山组织开展产业链协同创新试点项目，助力中小企业特色产业集群加快智能化转型升级。

加快推进新型信息基础设施建设

制造业向高质量发展，离不开数字经济的助力。

广东率先培育发展工业互联网。2020年，广东制定印发《广东省"5G+工业互联网"应用示范园区试点方案（2020—2022年）》，加快推进制造业数字化转型。2020年广州琶洲人工智能与数字经济试验区成功获批工业和信息化部第九批国家新型工业化产业示范基地（大数据方向），成为广东首个获批的大数据方向产业示范基地。2021年5月，广东省工信厅、科技厅、通信管理局联合印发《广东省工业互联网示范区建设实施方案》，提出充分发挥粤港澳大湾区产业和区位优势，以工业互联网赋能制造业数字化转型，先行先试建设国家工业互联网示范区。可以说，广东工业互联网发展对全国也起着引领、标杆作用。

而加速建设以5G网络、数据中心等为代表的新型信息基础设施，广东的优势尤为突出。2021年，广东建成5G基站17.1万个（占全国12%），5G移动电话用户4096万户（占全国12%），规模均为全国第一；深圳5G基站密度位居全国第一。广东省通信管理局相关负责人介绍，预计到2025年，广东信息通信业收入规模再上新台阶，达到1万亿元，信息基础设施投资累计达到1960亿元，数字经济核心产业增加值占地区生产总值比重达到20%；5G基站数达到25万个。

在应用方面，广东大力支持京信通信、富士康、格力电器、TCL智能终端等龙头企业建设首批8个省"5G+工业互联网"应用示范园区，重点围绕实施工业企业内外网升级改造、探索多种企业网络建设运营服务模式、打造"5G+工业互联网"应用标杆、组织"5G+工业互联网"企业规模化推广等方面推动"5G+工业互联网"示范园区建设。

广东省工信厅负责人表示，接下来，广东将继续扎实做好"六稳"工作，全面落实"六保"任务，采取更加精准、更加有力的措施，切实稳住工业经济基本盘，力促工业经济保持回升态势。落实好战略性产业集群"1+20"政策体系和"五个一"工作体系，切实把产业集群建设抓紧抓实抓落地，全力以赴保投产、保续建、促新开、促落地、增固投，加快5G网络、数据中心等新型信息基础设施建设。

作为制造业大省的广东，面对突如其来的新冠肺炎疫情对经济的冲击，如何走出低谷，逐步实现向高质量发展的跃升？

不论是政府主管部门还是制造企业，都在持之以恒推进创新发展，坚持制造业高质量发展。特别是找到数字化转型这一抓手，企业更有信心。

阿里云工业互联网总部、树根互联总部、海尔、徐工等80多家省外优秀服务商纷纷集聚广东，华为、富士康、美的、格力、华龙讯达等本土工业互联网平台商、服务商加快发展，华为FusionPlant平台、富士康BEACON平台、树根互联根云平台入选工业和信息化部跨行业、跨领域工业互联网平台，帮助工业企业应用工业大数据进行数字化转型。

惟改革者进，惟创新者强。广东将围绕产业链部署创新链、围绕创新链布局产业链，前瞻布局战略性新兴产业，培育发展未来产业，发展数字经济。

发挥先行开路作用，持续推动产业转型升级，"广东智造"离我们越来越近。

▶ 企业发展

百度智能云助力粤实体经济

从工业和信息化部印发《推动企业上云实施指南（2018—2020年）》，推动百万企业上云上平台，到国家"十四五"规划和2035年远景目标纲要全文提及"数字化"25次，数字化转型已经上升为推动国家社会经济发展的重要手段。

作为中国经济的"桥头堡"，广东在数字化转型方面也正下着"先手棋"。广东各地各行业智能化、数字化的味道越来越浓了：在广州白云区和龙水库岸边，数十个智慧摄像头将四处的动静尽收"眼底"；广汽本田的汽车工厂中，借助工业视觉智能平台提供的解决方案，人工智能（AI）一秒钟便能检测完一台汽车；湛江钢铁的热轧厂车间中，质保组人员借助百度智能云的AI模型，将确认卷钢缺陷情况需要复判图片数量3000张，减少到原本的30%……

AI助力，为广州水务打造智能底座

坐落在广州白云区的和龙水库，库区面积4.5平方千米，集雨面积达24.83平方千米，是一座以防洪调蓄为主，兼具蓄水灌溉功能的中型水库，同时也是广东省饮用水源二级保护区、广州的备用水源。与国内其他中型水库动辄数十人的一线管理团队不同，和龙水库一线管理团队人数不到10人，人少、事多、任务重是他们工作的常态。

看似枯燥的水库管理任务比外界想象的要重得多，既要监测倾倒垃圾、偷排废水等破坏水体行为，还要时刻关注水情避免出现洪涝事故，长期来看还要关注大坝建筑安全。水库工作人员每天至少要花2个小时对水库管理区域进行巡逻，有时候还需要安排人员24小时值守监控大屏，事情多任务重。为了缓解工作人员的巡检压力，2021年以来，和龙水库引入了百度智能云这一"得力助手"，对数十路监控摄像头等进行了智能化改造，实现对重点区域的7×24小时无死角监控。同时，百度智能云还能够通过在水体布置的智能传感器，对监测到的水雨量、渗流量、悬浮物

广州白云区和龙水库实现水美树绿

含量、pH值等水文数据进行有效整合分析，并基于历史数据、气象数据等，为水库的防洪、供水、灌溉等提供决策依据。未来，和龙水库的这套智慧化解决方案，还将同步到广州其他水库。

实际上，百度智能云为和龙水库提供的智慧化解决方案，是其为整个广州市白云区提供的智慧水务方案的一隅。2022年3月，百度智能云中标白云区智慧水务建设项目，依托开物工业互联网平台，百度智能云将打造新一代水务智能底座，助力白云区打造韧性水务、高效水务、民生水务，即从各角度各层面提升防汛应急能力，在各环节提高水务监管的工作效率，赋能水务场景，增强水务服务民生的能力。

"我们希望建设之后，能够达到真正提升数字化转型水平的目的，并且能够打通统一的智能底座，实现统一的数据汇集管理，减少冗余的储存计算，并且在这样的底座上沉淀水务大脑，沉淀水务行业知识，进而为各个场景作智能的决策。"百度智能云智慧工业事业部水务行业相关负责人表示。

广州白云高新区投资集团负责人表示，水务行业作为城市发展的基础产业和重要公共服务之一，是落实国家"双碳"目标的重点领域，而发展智慧水务系统则是积极响应"双碳"战略的重要着力点。通过新一代信息技术与水务技术深度融合，搭建水务信息化底座以实现水务业务系统的数据资源化、控制智能化、管理精确化、决策智慧化，推动水利水务现代化建设，逐步实现节能、低碳、高效发展的远景目标。

云智一体，为广东提供"智造"良策

水务智能底座，是百度智能云为广东各行业赋能的一个缩影。近年来，粤企数字化转型进程提速，融合了云计算、人工智能、大数据等新一代信息技术的百度智能云，在推动产业智能化发展中起到了关键作用。

在湛江钢铁热连轧产品的整个生产过程中，由于会受到高温、高压、冷却水、油、辊道硬件设备等各种因素的影响，钢板表面难免产生各种缺陷，且这种缺陷形貌复杂多变，同时受辊道、油污、水等背景因

第一章
创新

百度智能云赋能广东产业创新发展

素干扰，质量检测难度很大、过检率高等问题层出不穷。

据相关负责人介绍，原先质检都是通过摄像头进行拍摄，部分场景通过传统视觉检测后人工进行复判，部分场景通过人工在机房实时观测摄像头来判断，碰到问题需要在机房进行控制和调整。

在长期使用过程中发现，诸如表检和端检环节，由于召回过多良品，1块带钢人工需要复判3000张图片才能确定钢卷缺陷情况，平均2分钟生产一块带钢，连轧生产不间断，采用人工判断的方式，容易产生肉眼疲劳导致缺陷漏检，造成质量异议及损失，同时给下工序带来断带等生产事故。

如今，这类情况在引入百度智能云后发生了质的改变。百度智能云开物工业互联网平台上的算法模型从湛江钢铁实际的质检痛点出发，通过不断优化迭代，实现了对带钢表面23类缺陷、带钢端部9类缺陷的高精度检出。目前，在端检方面，通过湛江钢铁质保组人员反复收集图片，结合迭代百度智能云的AI模型，准确率达到90%，图片复核量减少70%。

无独有偶，在广汽本田总装工厂的质检环节，百度智能云开物也发挥了关键作用。在广汽本田总装工厂中，全车车灯质检是最后一道工序。近年来，随着市场对高品质产品的需求越来越多，传统主要靠"人眼+经验"的质检模式速度慢、易漏检的缺点也逐渐暴露出来。为此，广汽本田找到百度智能云，积极寻求"智造"良策。

百度智能云开物在生产线上装设了7台球型摄像机,只需要1秒钟就能完成针对单一车型的22种以上车灯检测,且准确率高达99%。广汽本田在质检领域始终处于全球领先地位。

值得一提的是,湛江钢铁与广汽本田基于百度智能云开物合作的智能质检项目,其更深远的价值在于,AI在智能质检、企业生产过程中提供的技术应用,是企业由粗放型生产向精细化生产转型的体现,其背后是"中国制造"向"中国智造"进化。

目前,百度智能云开物在跨行业、跨领域等方面已经取得丰硕的成果。百度智能云还与3C、装备制造、钢铁、化工、水务等超过22个行业的300多家企业建立合作,在研发设计、生产制造、运营管理、仓储物流、运维服务、安全生产、节能减排、质量管控等重点领域提供云智一体的整体解决方案。百度智能云开物在贵阳、重庆、桐乡、苏州、烟台、广州、宁波等约10个区域深度拓展和落地。

百度副总裁李硕表示:"工业是百度智能云的重要赛道,在打造一个个标杆案例的过程中,我们对助力制造业由大到强的使命感和情怀不断加深,远超以往在技术商业化上取得的成就感。"

2022年8月18日,百度智能云开物广州工业互联网平台正式上线。为顺应广东省"十四五"规划关于"建设具有全球影响力的科技和产业创新高地"的发展目标,百度智能云将深耕广州,进一步推动广东省各地级市、全省乃至粤港澳大湾区实现产业智能化升级。

李硕说,未来,百度智能云将坚持"成效带动、应用为先、平台开放、下沉运营"的发展主思路,聚焦企业核心场景,探索细分行业领域数字服务制造业新模式,为用户提供更加完善的产品和服务。

专家点评

加快推进量大面广的中小企业数字化转型,不仅有利于构建全链条、全流程数字化生态,增强产业链、供应链韧性和自主可控能力,还能为质量变革、效率变革、动力变革注入新动能。

先进制造业

▶ **企业发展**

美的"灯塔工厂"炼成记

海上的灯塔，将光芒射向辽阔海面，为航行的船只指引航向。由世界经济论坛（WEF）牵头并联合麦肯锡评选的"灯塔工厂"，借用这一古老的灯塔隐喻，指引的是全球制造业数字化转型的新方向。

自2018年至今，全球共有103家工厂获得这项有着智能制造"奥斯卡"之称的荣誉。而占总数1/3以上的中国"灯塔工厂"，更勾勒出本土制造业从"中国制造"向"中国智造"转型的清晰脉络。其中，广东企业美的集团已坐拥4家"灯塔工厂"，在制造业转型浪潮中展现了厚积薄发的力量。

立足实际需求　工厂转型各有侧重

2022年3月，WEF宣布有13家新工厂加入其"全球灯塔网络"，美的冰箱荆州工厂、美的洗衣机合肥工厂赫然在列。加上此前入围的南沙空调工厂、顺德微波炉工厂，美的集团旗下已有4家"灯塔工厂"。

一座"灯塔工厂"如何建成？识别需求是关键环节。想成为"灯塔工厂"的单位要识别自身的实际需求，组织专业团队通过最新的数字化智能化技术打造先进的工业 4.0 示范用例。在此基础上，通过大规模推广部署多种综合性数智化用例，为工厂带来显著收益，并可被其他工厂和企业学习借鉴。

在实践中，美的概括出用户需求、企业需求和社会需求三大需求，

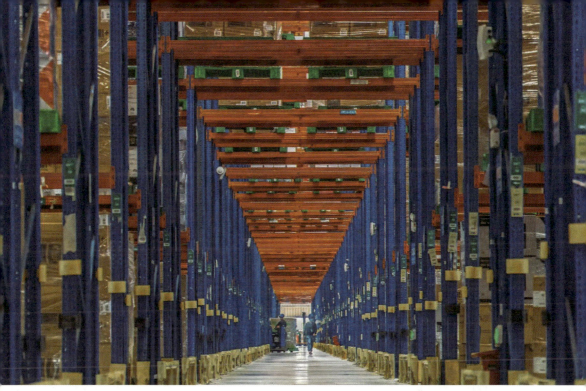

构建了以三大需求为主体，全价值链"数智驱动"国内国际双循环相互促进的新时代创新格局，适应需求结构变化，提供满足多层次、多样化需求的产品，为高质量发展提供创新业务管理标杆。

立足实际需求，是美的"灯塔工厂"的建设出发点，其在数字化转型中各有侧重。美的冰箱荆州工厂是美的冰箱事业部的核心工厂之一，主力产品主要面向中高端市场，需要构建数字化、柔性化的生产线，快速响应市场需求。而作为端到端"灯塔工厂"，美的洗衣机合肥工厂要生产包括滚筒洗衣机、波轮洗衣机、双桶洗衣机、干衣机等多个品类，超过1100款型号的产品。通过端到端的柔性供应链控制塔，该厂实现对内外销全流程的可视化透明管理，包括客户订单从需求预测、智能排产、生产制造、下线直发、物流运输全流程。

打造"灯塔"网络　数字化转型持续投入

不同于汽车制造业，家电制造业的智能化转型往往更具挑战。相比汽车制造，家电产品品类更多，迭代速度更快，有一定的定制化需求，对于供应链管理和柔性化交付的要求更高。

精益制造是美的打造"灯塔工厂"经验的重要支柱。没有精益化，就没有数字化。美的早期借鉴了日本车企丰田精益化模式的改善版，即丹纳赫精益模式（DBS），并在此基础上把精益化的工具与自身业务融合，建立起MBS体系。

除了精益制造走在全国前列，美的建设"灯塔工厂"的优势还在于持续的投入。美的从2012年开始启动全面数字化转型，先后投入170余亿元，通过"632"、"T+3"、工业互联网、"两个全面"等数字化变革项目，扎实推进数字化转型。其中，美的制定的"T+3"模式的核心就是围绕着用户和客户作经营，这与"灯塔工厂"的整个建设方向相吻合。

近年来，美的以"数智驱动"为建设核心，充分应用数字化技术，打造"灯塔工厂"网络，"灯塔"案例被推广到集团30多个工厂。美的对于"灯塔工厂"已有相当健全的复制机制，内部称之为BKMC（Best-Known Method Copy，最佳实践复制）。美的各个工厂的智能制造体系、工业互联网平台、基础软件架构等被要求全面统一。但在一些具体技术上，如先进制造工艺、自动化改造方案、新材料等，则先试点，再推广。

发力绿色智能制造　零碳新"灯塔"崭露头角

"十三五"以来，我国制造业数字化网络化智能化水平已得到显著提升，"灯塔工厂"数量也在逐步成为衡量各地制造业转型升级成效的重要指标。基于此，广东积极出台政策支持培育"灯塔工厂"，推动制造业数字化转型。

除了对内复制"灯塔"经验，美的也在对外赋能跨行业领域的产业链。

在帮助自身供应链工厂转型方面，美的供方管理部门会把大工厂在精益化、自动化、数字化和绿色制造等方面的经验与供应商工厂分享，甚至提供免费培训、现场指导等。此外，美的还通过美云智数、库卡机器人、安得智联等公司，向各类工业企业输出解决方案。

对于美的工厂，入选"灯塔工厂"不是终点，而要朝着绿色工厂的目标持续进发。按计划，美的洗衣机合肥工厂未来将建设成为绿色透明

美的以"数智驱动"为核心，打造"灯塔工厂"网络

的智慧工厂，美的冰箱荆州工厂致力于打造出绿色、智能、高效的可持续发展的绿色工厂。

在绿色制造和节能减排方面，美的正谋划一盘更加壮阔的棋局。2021年10月，美的集团首次对外发布绿色战略后，在楼宇科技领域落地了零碳智慧园区的新样本；在安得智联绿色供应链方面开展了运包一体项目，打造低碳供应链新范式；等等。这些成为实现综合能源管理解决方案、壮大美的零碳雄心的关键力量。

位于美的总部佛山顺德区北滘镇的多联机生产基地——西区工业园通过设备效率提升、系统优化控制、工艺改进及绿色能源应用，结合碳交易等绿色权益获取，使园区内部基本实现碳排放与吸收自我平衡，从而实现碳元素零排放。在绿色制造浪潮涌动的时代，引航制造业转型的新型"灯塔"已悄然显现。

专家点评

制造强则产业强，产业强则经济稳。广东先进制造业加速向全球产业链中高端跃升，引领广东经济高质量发展。

战略性新兴产业集群

▶ **政策引领**

广州市战略性新兴产业集群迸发新活力

　　2021年，广州市黄埔区入选国务院办公厅关于"大力培育发展战略性新兴产业、产业特色优势明显、技术创新能力较强、产业基础雄厚的地方"的督查激励，这也是广州市战略性新兴产业集群第3次获此殊荣。广州是全省唯一连续三年（2018年、2019年、2020年）获战略性新兴产业集群表彰的城市，也是全国获得三连冠的三个城市之一。

　　2021年，我国在广州市黄埔区战略性新兴产业集群建设方面优先将重点项目纳入国家重大建设项目储备库、给予较大额度和较长期优质信贷支持，在国家认定企业技术中心等创新平台申报中给予名额倾斜，推动国家级战略性新兴产业发展基金优先在上述地方设立子基金。

　　近年来，广州一直高度重视战略性新兴产业发展，生物医药更是重中之重。2018年，广州市推进GE生物科技园、百济神州、诺诚健华等一批高精尖重大项目建设，生物医药产业发展进入快车道。2019年，广州积极建设人类细胞谱系大科学装置、生物岛实验室等一系列重大科研创新平台，推动领军企业在特色优势领域组建产业创新中心，建立"研发机构+医院+企业"产业链资源对接机制，全面提升生物医药产业自主创新能力。2020年，广州重磅出台《广州市加快生物医药产业发展的若干规定（修订）》、全产业链发展推进方案等系列政策措施，推行"链长制"，全产业链谋篇布局，保障全市生物医药产业链稳定、安全、可控，引导产业高质量发展。

在汇聚产业链优势资源、营造良好产业生态方面，广州一方面打造广州市生物产业联盟等产业协同创新机制，一方面承办行业重大活动，打造产业品牌，筑巢引凤，汇聚诺贝尔奖获得者、院士等高水平产业人才。

在坚持原始创新驱动、提升产业创新发展能力方面，广州一方面推动建设一批重大科研创新和公共技术服务平台，一方面加强自主研发，推进集群内协同创新。

在强化企业培育、持续完善投融资环境方面，广州一方面打造优质企业培育体系，一方面大力推进重点项目建设，一方面组建生物产业基金，撬动社会资本投入。

在着力优化营商环境、提升产业服务保障水平方面，广州一方面用"绣花功夫"深化营商环境改革，一方面建立创新知识产权保护体系，开创科技企业资本市场融资先河。

在加强大湾区创新合作、推动产业国际化方面，大湾区内，生物岛实验室与港大、港中大、港科大等共建联合研究中心，达安、金域、凯普等龙头企业与港澳的国家重点实验室、医学院校及香港科技园开展研发合作，广药集团在澳门设立国际总部并建设产业基地；香雪制药与澳门大学共建中医药创新转化平台。国际上，广州与新加坡共同建设广州知识城，搭建了中沙、中以、中欧等国际合作平台；与新加坡南洋理工大学、新加坡国立大学等联合设立研究院；与以色列战略合作设立的中以基金已在广州市投资了多家合资企业，全部落户广州国际生物岛和广州科学城，涵盖眼科、脑科、骨科等生物医药领域，均具有一定的国际先进性。

下一步，广州将加强创新能力建设，夯实产业发展基础；培育重点龙头企业，构筑产业新支柱；聚焦优势特色领域，推动产业向更高水平发展；强化交流合作，打造国际化产业名片。广州将加快推动大湾区创新资源接轨，协同大湾区打造产业创新高地。

▶ 政策引领

"惠州制造"书写新时代答卷

2021年，《广东省制造业高质量发展"十四五"规划》（以下简称《规划》）正式印发，勾勒出广东省坚持"制造业立省"的宏大蓝图。立足"十四五"开局之年，《规划》提出，广东省将高起点谋划发展战略性支柱产业、战略性新兴产业以及未来产业。

一石激起千层浪，推动制造业高质量发展的热潮在全省各地激荡。作为粤港澳大湾区重要一员，惠州在《规划》中被提及次数高达60次。通过梳理发现，在《规划》列出的十大战略性支柱产业和十大战略性新兴产业中，有18个产业在惠州有所布局。

当前，惠州坚持把经济发展着力点放在实体经济上，着力打造珠江东岸新增长极，实现经济社会高质量跨越式发展。站在新的历史起点上，"惠州制造"将搭上广东省制造业高质量发展的巨轮，行稳致远、破浪前行，驶向更加开阔的远方。

惠州18个产业上广东产业集群星级地图

"十三五"时期，广东制造业规模实力全国领先，全省规模以上制造业增加值、企业数量均居全国第一，形成新一代电子信息、绿色石化、智能家电等7个产值超万亿元产业集群。《规划》作为"十四五"时期推动全省制造业高质量发展的重要指引性文件，纳入广东省"十四五"重点专项规划，也是制造业领域唯一的"十四五"省重点专项规划。

制造业是国家经济命脉所系，是立国之本、强国之基。广东省如何实现制造业高质量发展？《规划》提出三大重点方向——巩固提升战略性支柱产业、前瞻布局战略性新兴产业、谋划发展未来产业。

从区域布局来看，十大战略性支柱产业集群主要集中布局在珠三角地区，全面布局广州、深圳、佛山、惠州、中山、江门等6市；十大战略性新兴产业集群方面，布局的核心区域集中在广州、深圳等第一梯队城市。明显的是，相比十大战略性支柱产业，十大战略性新兴产业多集中于珠三角城市。

惠州作为珠江东岸的先进制造业基地，在广东省加快推进从"制造大省"迈向"制造强省"的规划中发挥着重要作用。在《规划》提出的20个战略性产业布局中，18个都提及了惠州，其中包括战略性支柱产业集群10个、战略性新兴产业集群8个。

在广东省社会科学院副院长向晓梅看来，战略性支柱产业集群的特点是已经有一定的基础，未来要做的是培优培强，把战略性支柱产业做成优势产业，带动全省特别是欠发达地区发展，将它们培育成为具有国际竞争力的产业。

"惠州制造"展现硬核竞争力

惠州市"十四五"规划纲要提出，推动实体经济高质量发展，构建更具竞争力的现代产业体系。基于雄厚的产业基础，惠州明确"制造业强市"的目标不动摇，实施深度工业化战略，集中力量打造石化能源新材料、电子信息和生命健康"2+1"产业集群，加快推进先进制造业和现代服务业深度融合，不断提升产业基础高级化、产业链现代化水平。

走进百亿项目林立的大亚湾石化区，埃克森美孚惠州乙烯项目、中海壳牌惠州三期乙烯项目、恒力（惠州）PTA项目等建设如火如荼，处处升腾着石化产业发展的活力和激情；来到仲恺高新区，创新创业项目频频抢滩，国家电子信息产业基地加速崛起……

放眼当下，"惠州制造"已经展现硬核竞争力。2021年6月，2021年全国化工园区30强出炉，大亚湾开发区连续三年蝉联第一，石化区的炼化一体化规模位居全国第一；2021年4月，工业和信息化部对25个先进制造业集群决赛优胜者进行了公示，由广州市、佛山市和惠州市联合培育的广佛惠超高清视频和智能家电产业集群成功入围第一批决赛优胜者，成为全国首个跨区域跨领域建设的先进制造业产业集群。

此外，随着惠州新材料产业园建设的稳步推进，惠州将基于大亚湾石化区的上游产业形成石化新材料产业链，对接广东省战略性新兴产业的高端市场需求，推动新材料发展壮大为新支柱产业。

《规划》还提出，惠州以中海油惠州石化炼油、中海壳牌乙烯和埃克森美孚惠州乙烯项目为龙头，以大亚湾石化园区为依托，建立上中下游紧密联系、科学合理的石化产业链。超高清视频显示重点细分领域发展空间布局方面，惠州重点发展4K/8K电视机和显示器、平板、超高清机顶盒、Wi-Fi 6路由器、VR/AR、可穿戴设备等终端产品。

随着《规划》布局的进一步完善，惠州将进一步迎来产业转型升级，加速成为珠江东岸新增长极。

促进跨区域产业协同创新发展 推动实体经济高质量发展

大道如砥，行者无疆。面对广东省制造业全盘布局的重大历史发展机遇，惠州如何把握产业优势实现高质量发展？惠州空间广阔，自然环境优越，具备发展生态、生活、生命"三生"产业的资源禀赋。此外，

中海壳牌一期项目厂区

中海壳牌二期项目装置

惠州前承国际市场前沿，后接内陆广阔腹地，是粤港澳大湾区连接粤东、粤北以及闽赣地区的枢纽门户，也是承接广深港澳等发达地区资源要素辐射外溢的主阵地。基于此，跨区域产业协同发展将成为一大战略方向。

近年来，越来越多制造企业将投资发展的目光投向惠州，包括比亚迪、TCL、华星光电、德赛、伯恩光学在内的行业巨头纷纷布局惠州。显而易见的是，惠州日渐成为备受企业、资本青睐的投资热土。

2021年4月，"深惠合作、共赢湾区"深圳—惠州产业协同创新对接交流会在深圳市举行，惠州是粤港澳大湾区东岸重要的战略腹地和枢纽门户，具有巨大的发展潜力和后发优势。深圳惠州两地如何联动、产业如何互补发展，将是一篇充满想象力的"大文章"。

随着区域产业、企业、人才等要素频繁互动，优化营商环境的重要性也进一步凸显。《规划》提出实施"培土工程"，塑造制造业发展环境新优势。《规划》强调，要优化营商环境，加快发展信息、融合创新基础设施，强化制造业发展关键要素供给，构建国内最优、国际一流制造业发展环境高地。

蓝图绘就开新局，再立潮头敢为先。立足"十四五"新起点，惠州制造业发展将从"大写意"转向"工笔画"，从而推动实体经济高质量发展，构建更具竞争力的现代产业体系。

第一章　创新

▶ **企业发展**

广东现代化经济体系跃升新阶段

广东在现代化经济体系建设中迸发新活力，呈现新成效。2021年，广东全部工业增加值突破4.5万亿元，继续居全国第一，20个战略性产业集群增加值约4万亿元，占全省GDP的1/3……在制造强省、网络强省、数字经济强省建设中，广东规模以上工业企业数、规模以上工业企业营业收入、汽车产量、工业机器人产量、4K电视产量、国家制造业创新中心数量、5G基站数量等多项指标位于全国榜首，持续为打造新发展格局战略支点注入新动能。

建设世界级先进制造业基地主力军

建设现代化经济体系，大力发展实体经济是基础。

在全球疫情形势复杂严峻的情况下，2021年，广东全部工业增加值突破4.5万亿元，继续居全国第一，全部工业增加值贡献率自2015年以来首次达到40%以上，其中全省规模以上工业增加值同比增长9%，2015年以来首次高于GDP增速（8%）。这彰显了广东工业经济的支撑作用正在增强，而且能够顶住压力，保持领先发展态势。

面对经济下行压力加大，广东坚定制造业立省不动摇，实施《广东省制造业高质量发展"十四五"规划》，确定目标任务，优化布局十大战略性支柱产业集群和十大战略性新兴产业集群。

2021年，广东20个战略性产业集群增加值约4万亿元，占全省GDP的1/3，发展速度快于全省GDP增速。

为培育建设世界级先进制造业基地主力军，广东全面布局"链长制"，各地级以上市因地制宜出台配套政策措施，以"链主"企业、单项冠军企业、专精特新企业等为代表的优质企业梯次培育发展体系加快构建。

与此同时，广东着力构建自主可控的产业链生态，大力推进"广东强芯"工程，构建广东集成电路产业发展"四梁八柱"，正式设立三大产业集团，引进建设一批制造、封测等项目，打造中国集成电路"第三极"成效凸显。

数字经济赋能　助推新经济快速发展

建设现代化经济体系，离不开数字经济这个助推器。

在这方面，广东一直狠抓数字化转型和数字产业，培育壮大数字经济生力军，用数字化助推新经济快速发展。

目前，广东已经实施制造业数字化转型实施方案及若干政策措施，在全国首创制造业数字化转型产业生态供给资源池，促进大批制造企业降本、提质、增效。

敢为人先的广东更是在先行先试数字经济领域立法，如《广东省数字经济促进条例》于2021年9月1日起实施。

广东省工信厅的数据显示，2022年一季度，全省实现软件业务收入同比增长6.1%，其中，信息技术服务收入同比增长10.2%。截至3月底，全省累计建成5G基站17.45万座，居全国第一。制造业企业数字化转型加快，截至3月底，累计推动超2.1万家规模以上工业企业数字化转型，带动62.5万家中小企业"上线用云"。据有关智库测算，广东数字经济规模居全国第一。

增强关键技术自动掌控能力　强化人才支撑作用

"汽车产业作为广东省的战略性支柱产业之一，在推动广东省经济社会发展过程中具有举足轻重的作用。"在汽车行业从业40余年，广汽集团董事长曾庆洪见证了广东汽车产业的快速崛起，也见证了广东战略性产业集群的蓬勃发展。

2021年，广东省汽车产量达338.5万辆，同比增长8%，已连续5年保持全国第一，规模以上汽车及零部件企业就有近千家，产业集群效应越来越凸显。

在曾庆洪看来，广东在构建现代汽车产业体系的发展过程中，不仅构建了全国首屈一指的配套完备的产业链，同时也依托强大的研发能力，不断整合上下游的产业资源，快速迭代技术，在智能网联、新能源"三电"、自动驾驶等方面诞生了一大批全国领先的创新成果。

"作为亲身参与汽车产业体系构建的一名建设者，我切身体会到发展是硬道理，企业发展要靠人才、靠创新。"曾庆洪表示，作为龙头企业，广汽集团率先开展职业经理人改革试点，坚持加强高层次人才队伍建设，通过开展员工持股、实施股权激励等方式，建立起多样化激励机制。

"人才到位了，就能推动科技创新不断取得成效。"曾庆洪介绍，广汽集团已累计投入超过350亿元用于自主研发，截至2021年底，累计申请专利10 288件，其中发明专利占比40%。

如今，作为"链主"企业，广汽也将积极推动汽车向智能化、网联化、电动化、共享化、数字化发展，助力提升产业链的现代化水平。据介绍，广汽埃安电池试制线开建，预计于2022年底建成，届时包括海绵

广汽埃安生产车间　摄影/潘亮

硅负极片电池在内的广汽自研电池将在此条试制线生产。2022年广汽集团还与广东省粤科金融集团达成战略合作，共同组建汽车产业基金，强化汽车产业链上的合作，打造更加自主可控的产业链。

曾庆洪建议，广东要进一步增强现代产业体系的抗压性和韧性，要做到以下几点：一是要坚持自主创新，进一步增强关键核心技术的自主掌控能力；二是要着力提升风险应对能力，加强对数字经济、在线消费的发展扶持，为广东经济增长提供新动能。

具体到所处的汽车产业，曾庆洪建议，要大力发展自主芯片产业，出台政策强化布局、加强产业引导，支持企业开展研发突破"卡脖子"关键领域，鼓励企业加大国产芯片应用，带动国产化发展。

专家点评

广东坚持制造业立省不动摇，部署实施"六大工程"，高起点培育发展20个战略性产业集群，构建产业体系新支柱，加快建设现代产业体系。

粤港澳大湾区国际科技创新中心

▶政策引领

深圳筑造湾区发展引擎

深圳是一座充满魅力、活力、动力和创新力的创新型国际化城市，率先走上高质量发展道路。2020年，深圳经济体量、人口规模占大湾区的比重分别超过20%、30%，出口总额连续26年居全国城市第一，PCT国际专利申请量连续15年居全国城市第一，拥有世界级集装箱枢纽港、亚洲最大陆路口岸、中国第五大航空港，有实力、有底气、更有信心发挥好核心引擎作用，成为大湾区建设中动力澎湃的发动机。

为港澳青年来深发展提供便利

中伏盛夏，绿草如茵，鲜花绽放。从空中俯瞰，占地5.8万平方米，建筑面积2.7万平方米的前海深港青年梦工场内，交织纵横的小路贯通栋栋现代化办公楼。作为国内首个国际化青年创业社区，梦工场持续推进国际青年内地发展"第一站"建设，截至2022年第一季度，吸引了1500多个港澳、国际项目来园交流展示，累计为港澳台大学生提供实习岗位2000多个，孵化创业团队578家，帮助国际青年在内地发展安营扎寨，安心创业。

人才发展，政策先行。为了给港澳青年来深圳创新创业提供更多的机遇和更好的条件，早在2019年深圳市出台了《加强港澳青年创新创业基地建设工作方案》，从政策层面加强集成，释放创新创业活力。例如，深圳将推动更多港澳青年创新创业基地纳入香港"粤港澳大湾区创新创业基地体验资助及创业资助计划"。符合条件的港澳居民在深圳创办企业可享受社保补贴、场租补贴、初创企业补贴、创业带动就业补贴等各项创业扶持政策。

另外，深圳还将下更大的功夫营造宜居宜业"双创"环境。在住房方面，符合条件的在深创业就业港澳青年可申请租购人才住房，在缴存、提取住房公积金等方面享受市民同等待遇。同时，将研究制定对符合条件的新来深创业就业港澳青年发放租房和生活补贴的优惠政策。在教育及医疗方面，进一步完善在深港澳籍学生接受义务教育政策，在深就读初中的港澳籍毕业生可按规定参加中考，与非深户籍初中毕业生同等条件录取。同时，探索在指定公立医院开展跨境转诊合作试点。

耕耘大湾区融合发展"试验田"

自2019年2月《粤港澳大湾区发展规划纲要》发布后，大湾区建设从开局起步转向全面铺开、纵深推进的阶段。目前，深圳正在举全市之力推进粤港澳大湾区建设，在科技创新、基础设施联通、深港澳合作、重大平台建设等方面发挥好核心引擎作用，为粤港澳大湾区建设提供澎湃动力，推动深圳朝着建设中国特色社会主义先行示范区的方向前行，努力创建社会主义现代化强国的城市范例。

一处处工地热火朝天，一项项探索敢为人先，前海已成为粤港澳合作最紧密、最成功的地区之一。在深港金融合作上，前海推动实现跨境人民币贷款、跨境双向发债、跨境双向资金池、跨境双向股权投资、跨境资产转让、自贸区FT账户等"六个跨境"。

深港合作另一大平台——位于落马洲河套地区的深港科技创新合作区，开发建设正在有力有序向前推进。深圳河北侧的深圳园区，将在科研管理上全面学习借鉴香港卓越高效的制度，主动对接国际通行规则，以点带面示范带动粤港澳大湾区整体科研效率提升。根据规划，合作区深圳园区将聚焦信息、生命、材料科学与技术领域，合作引进一批港澳及国际化的基础与应用基础研究机构，围绕集成电路、5G通信、大数据

前海深港青年梦工场园区外景

及人工智能、生物医药、新材料等深港优势产业领域，合作开展核心技术攻关与中试支持计划，共建国际一流的科技创新服务体系，在移动支付、基因科技、人工智能等领域积极参与或牵头开展国际标准的制定。

携手共建国际科技创新中心

设立全国首个50亿元天使投资引导基金；组建网络空间科学与技术、生命信息与生物医药两个省实验室；建起11家诺奖实验室……党的十八大以来，深圳加快建设国际科技、产业创新中心，构建起"基础研究+技术攻关+成果产业化+科技金融+人才支撑"的全过程创新生态链，对经济社会高质量发展的支撑和引领作用凸显。

《粤港澳大湾区发展规划纲要》明确提出，大湾区要建设"具有全球影响力的国际科技创新中心"。深圳技术创新、科研成果产业化、产业链完备等优势突出，高新技术产业发展成为全国一面旗帜，而港澳、广州科研资源丰富、科研实力雄厚。深圳将抓住广深港澳科技创新走廊建设的重要契机，把自身的产业化、市场化、科技创新优势与港澳、广州科技创新资源丰富等优势结合起来，优势互补，全面提升创新型国际化城市创新能级，为国际科技创新中心建设提供有力支撑。

深圳市发展改革委负责人表示，国际科技创新中心的建设离不开综合性国家科学中心这个关键和核心的支撑。而作为深圳综合性国家科学中心的核心承载区，光明科学城被深圳市寄予厚望。光明科学城将更加聚焦应用基础研究，主攻方向比较明确，致力于解决制约发展的"卡脖子"技术。另外，光明科学城利用深圳和粤港澳大湾区得天独厚的产业基础和创新环境，在市场需求的最前沿催生创新成果，在科技创新的第一线迅速运用和转化，通过大规模产业应用正向回馈技术创新，实现可持续、富有生命力的良性循环。

▶ 科研推动

粤港澳大湾区拉动科创进度条

2021年底，国家大科学装置中国散裂中子源4台谱仪完成了新型纳米复合材料、凝聚态物理等领域的6项国内外用户实验，用户来自上海、北京、东莞乃至国外的高等院校；松山湖材料实验室2020年持续推动科技成果转化，注册的产业化公司数量达38家……耀眼的成绩单背后，由2019年《粤港澳大湾区发展规划纲要》（以下简称《纲要》）吹响的"建设国际科技创新中心"的号角犹在耳畔。《纲要》提出，到2022年协同创新环境更加优化，创新要素加快集聚，新兴技术原创能力和科技成果转化能力显著提升。

从大科学装置到科技企业，不同创新载体的科技成果在时间的截面上浓缩成无数的点。串点为线，连线成面，交织成一幅粤港澳大湾区科创实力的进化图景。

国之重器：再添5个国家重大科技基础设施

时光倒回2006年，中国科学院正在为散裂中子源寻找合适的建设

中国散裂中子源大科学装置　摄影/王俊伟

地点。几个月后，在与广东省深入对接和实地考察后，这一全世界第四
台、中国首台脉冲型散裂中子源最终选址广东东莞，也成为首个在华南
地区建设的大科学装置。

从2018年8月通过国家验收以来，散裂中子源全球注册用户超过3400
人，完成课题600多项，科学成果覆盖能源、物理、材料、生命科学等多
个前沿交叉和高科技研发领域。值得一提的是，经过多年深耕，散裂中
子源的大湾区用户约占1/3，并向港澳有序开放，香港城市大学、香港中
文大学、澳门科技大学等单位已在散裂中子源开展了多项实验研究。

散裂中子源是粤港澳大湾区重大科技基础设施起步较早的样本。近
年来，一大批国之重器正在大湾区扎根，逐步形成世界一流的重大科技
基础设施集群。鹏城实验室、广州实验室加快建设，粤港澳大湾区国家
技术创新中心、5G中高频器件国家制造业创新中心、天然气水合物勘查
开发国家工程研究中心获批建设，散裂中子源二期等5个国家重大科技基
础设施获批布局。

强企业：高新技术企业两年增7000余家

推动科技成果转化，是粤港澳大湾区构建全过程创新生态链的重要环节。其中，大湾区的高新技术企业已成为尖端科技实现产业化的主力军。

近年来，广东A股上市企业八成以上是高新技术企业，广东高新技术企业科技活动投入、发明专利授权量等7个核心指标持续保持全国第一。数据显示，从2019年到2021年，粤港澳大湾区内地城市高新技术企业总数从4.84万家上升至5.61万家（注：估计值，由各市2022年政府工作报告披露数据相加而得），增加7000家以上。

2022年广东省政府工作报告提到，2021年广东省研发经费支出超过3800亿元、占地区生产总值比重3.14%，区域创新综合能力连续5年居全国首位，发明专利有效量、PCT国际专利申请量稳居全国第一（全球第四），知识产权综合发展指数连续9年全国第一。

PCT国际专利的申请难度更大、含金量也更高，通常被用于衡量一个区域经济发展水平和科创活力。从2018年到2020年，粤港澳大湾区内地城市PCT国际专利申请量从24 994件上升到27 885件，科创活力提升可见一斑。

广东PCT国际专利申请量全国居首，与大湾区企业突出的科创优势不无关系。2020年，华为凭借5464件的申请量连续第四年成为全球PCT国际专利申请量最大的企业；而在全球申请量前二十名的企业榜单中，OPPO、中兴通讯、平安科技等大湾区企业赫然在列。

硬实力：六市研发经费超百亿元

近年来，粤港澳大湾区深入实施创新驱动战略，重视构建开放型区域协同创新共同体和优化区域创新环境。

区域协同创新成效初显。《2021年全球创新指数报告》显示，"深圳—香港—广州"创新集群在全球创新集群100强排名中蝉联第二名；横琴、前海两个合作区重点项目"高频"布局，政策红利持续释放。

研究与试验发展（R&D）经费投入也保持较快增长。据广东省科技

第一章

创新

经费投入公报（2019—2020年）及2021年广东省政府工作报告公布的数据，在2019年至2021年间，珠三角九市总体R&D经费年度规模攀上3000亿大关，并向4000亿目标迈进。具体来看，2019年达到3098.49亿元（2018年为2704.7亿元），2020年达到3479.88亿元，2021年则达到3800亿元。

2021年，广东R&D经费支出超过百亿元的地市有6个，依次为深圳1510.81亿元、广州774.84亿元、东莞342.09亿元、佛山288.56亿元、惠州126.52亿元、珠海113.52亿元。R&D经费投入强度超过3%的地市共有5个，较上年增加2个，依次为深圳5.46%、东莞3.54%、珠海3.26%、广州3.10%、惠州3.00%。

数据显示，广东R&D经费投入强度自2019年以来，一直保持了向上势头。2019年，全省R&D经费投入强度为2.88%，到2021年已升至3.14%，高于全国平均值（2.44%）0.7个百分点。

专家点评

《粤港澳大湾区发展规划纲要》明确的战略定位之一，就是建成具有全球影响力的国际科技创新中心，广东加快大湾区综合性国家科学中心建设，促进内地与港澳科技资源融通，加速科研资金等创新要素自由流动，推动加快打造世界级创新平台。

现代服务业

▶ 政策引领

天河推动现代服务业出新出彩

　　高楼林立的广州珠江新城，集聚了一众金融、商贸、法律、科技等企业，承载了无数人的梦想；由此往北，数千米外的天河高新区，已插上腾飞的翅膀，跨入发展快车道，引得一众名企抛出橄榄枝。

　　现代服务业百花齐放、高新区蓄势待发，这些都只是广州天河发展的缩影。

　　天河区深入贯彻落实习近平总书记视察广东重要讲话精神，以新担当新作为推动加快实现老城市新活力、"四个出新出彩"，坚定不移做

天河区夜景　摄影/林桂炎

大做强城市更新、人工智能与数字经济"双引擎",充分发挥天河区作为广州经济龙头、服务枢纽、创新引擎的优势,勇担使命,尽显担当。

作为广州经济第一区,天河是全市现代服务业和高新技术产业的重要集聚地,第三产业占比93%,达到中等发达国家水平。几年来,天河区聚焦特色优势,着力做好强创新、扩投资、促消费、推改革、促开放、兴文化等重点工作,努力在"一核一带一区"建设中实现更大作为,加快构建"双循环"新发展格局。

广东唯一入选国家数字服务出口基地

2020年9月,天河中央商务区捧回一块沉甸甸的"牌子"——国家数字服务出口基地。首批国家数字服务出口基地全国仅有12家,天河中央商务区是全国唯一入选的中央商务区。

天河中央商务区以产业高端化、环境优质化、治理现代化、形象国际化为方向,凝心聚力打造"四个出新出彩"示范区。天河中央商务区拥有近两万家数字服务类企业、超过700家高新技术企业,其中不乏上市企业的身影。例如,汇量科技、赛意信息等8家数字服务领域企业,软件业务收入更是突破400亿元。

天河中央商务区还被授予粤港澳服务贸易自由化省级示范基地,吸引了200多个世界500强企业项目、108家总部企业,全市70%金融机构、97%外资银行都汇集于此。

作为广州经济龙头,天河区发展持续稳步推进。2021年,天河区GDP总量首次突破6000亿元大关,达到6012.2亿元,同比增长8.2%,稳居全市第一。其中,服务业成为主导产业,金融、新一代信息技术、商务服务等现代服务业占GDP比重超过70.0%。在新冠肺炎疫情冲击的巨大压力下,天河区率先"逆市飘红",GDP实现正增长。

新一代信息技术产业引领高新区腾飞

在天河区东北部,规划面积16.17平方千米的天河高新区于2020年7月23日正式挂牌成立,这是广州时隔32年迎来的第二个高新区,也是广东时隔7年认定的首批高新区之一。

　　天河高新区毗邻广州科学城和天河智慧城，以发展高科技、实现产业化为方向，肩负着"打造全省领先的创新驱动发展示范区、新兴产业集聚区、转型升级引领区、高质量发展先行区"的重任。天河高新区包括北部、中部、南部三个区块，其中，北部及中部区块重点打造新一代信息技术产业集聚区；南部区块计划构建"三芯四廊七单元"的空间格局，承载就业人口17万人。天河高新区揭牌当天，天河区36个重点项目集中签约、开工、奠基，其中有20个项目集中在天河高新区，预计项目建成后，将带动数十亿的产值。

　　对于这块充满无限可能的土地，天河高新区的未来是打造成为广深港澳科技创新走廊的核心节点。与此同时，力争实现营业总收入、区域内高新技术企业数每年都达两位数增长，并围绕新一代信息技术、人工智能、数字创意等产业，形成一批创新型产业集群。

天河区珠江新城　摄影/周巍

打造粤港澳大湾区创新创业高地

创新是引领发展的第一动力。作为广州经济第一区，天河加快建设创新平台，不断优化创新生态，不断完善创新创业服务体系，计划到2025年建成市级以上技术中心、新型研发机构等30个，推动天河高新区建设成为全市科技创新研发集聚区、粤港澳大湾区创新创业高地。

拥有雄厚的科研创新基础的天河区，正充分发挥科创优势，推动高质量发展。天河高新区周边集聚高等院校近30所，区域内拥有各类市级以上实验室、工程技术研究中心30多个，省级以上孵化器、众创空间6个。近年来，天河区更是大力引进各类型科研专家，佳都科技、南方测绘、航天精一等已建立院士工作站，以提升科创研发能力。

此外，天河区还立足广州（国际）科技成果转化天河基地、粤港澳大湾区（广东）创新创业孵化基地，引导一批技术水平领先、成长性好的科技型企业入驻天河高新区，力争到2025年孵化培育创新型科技企业300家。

随着人工智能、大数据、5G等新兴产业迅猛发展，天河区加大产业布局，打造数字经济产业集聚发展高地。广州国际金融城作为广州人工智能与数字经济试验区重要组成部分，聚焦以城兴产、以产促城，强化产城融合。此外，广州T.I.T.智慧园已揭牌投用，中国人工智能（广州）产业园正加快建设，未来将成为人工智能产业集聚高地。

▶ 政策引领

肇庆高新区按下现代服务业发展快进键

专业贸易公司销售增长奖励最高500万元，夜经济项目装修补贴最高500万元，文旅项目固定资产投资补贴最高300万元，生产性中介服务机构落户补贴最高50万元……进入"十四五"开局之年，肇庆高新区党工委、管委会高度重视现代服务业发展，将其作为重点工作来抓。

2021年9月，肇庆高新区正式出台《肇庆高新区加快现代服务业发展实施方案》（以下简称《方案》），简称"现代服务业十二条"。《方案》围绕培育壮大生产性服务业、推动生活性服务业提档升级两条主线配置了12条产业政策，2021—2023年三年内以扶持总额累计6000万元作为奖励重磅加码推动现代服务业高质量发展和产城人融合发展。该实施方案以智力要素密集度高、产出附加值高、资源消耗少、环境污染少的服务业为主线，扶持在肇庆高新区办理工商注册、税务登记的现代服务业企业，并以现代物流业、现代商贸业、中介服务业三大生产性服务业，住宿餐饮业、文化旅游业两大生活性服务业，跨境电商、夜间经济两大重点形态作为扶持方向。

《方案》提出，未来三年内，肇庆高新区将进一步加大扶持力度，从培育壮大生产性服务业、推动生活性服务业提档升级两大方向着力，明确部门责任分工，形成合力全方位对现代服务业企业从落户、建设、成长等维度给予扶持，全面提升现代服务业发展水平，提升营商环境和综合竞争力。到2023年，力争全区现代服务业增加值实现翻番，其增速每年保持在26%左右，与同期GDP增速"同频共振"。

其中，应税销售增量1000万元以上的区内工业企业设立的贸易公司或年应税销售增量2000万元以上的专业贸易公司，按原公司及新成立的贸易公司当年对该区地方经济发展贡献的增量给予最高500万元奖励；对年产品销售额超10亿元的新设立专业贸易公司，实行"一事一议"。固定资产投资5000万元以上的新设专业市场、年度应税销售新达到10亿元的专业市场、年度应税销售新达到30亿元的专业市场、年度应税销售新达到50亿元的专业市场、年度应税销售新达到100亿元的专业市场，给予20万～200万元不等的奖励。在该区经营的建筑业企业、政府和社会资本合作（PPP）项目社会资本方、金融保险机构、研发机构等区外企业在肇庆高新区注册设立独立核算的分支机构，且在该区办理工商税务登记的，最高奖励500万元。

入驻有纳税的跨境电子商务相关企业达到30家且跨境电子商务交易

额达到15亿美元以上的园区（楼宇）运营单位、入驻有纳税的跨境电子商务相关企业达到50家且跨境电子商务交易额达到20亿美元的园区（楼宇）运营单位，分别给予该园区（楼宇）运营单位最高400万元一次性奖励、最高500万元一次性奖励（含前档）。对符合肇庆高新区夜间经济集聚区项目规划范围内，盘活闲置物业或者提升改造现有商业综合体、商业街区，且装修改造费用100万元以上的夜间经济项目，按照装修改造实际投入10%给予每处夜间经济项目运营管理主体最高500万元一次性扶持。《方案》对新获得5A、4A、3A级旅游景区的企业，对被新评定的五星级、四星级、三星级的酒店，分别给予30万～500万元不等的一次性奖励。对新落户注册的综合性大型书店项目，且图书类出版物经营面积占总经营面积的比例达到70%以上，按实际租金50%的标准对其实际经营面积予以补贴，补贴期限为3年，每年最高30万元。

《方案》在研究制定过程中，充分吸收了企业、机构、部门各方意见和建议，针对肇庆高新区生产性服务业与生活性服务业发展存在的突出问题和薄弱环节，提出了"8+4"条行之有效、操作性强、适用当下情况的政策措施，体现鼓励存量企业提质增效与培育增量企业填补现代服务业空白产业的政策导向。

《方案》中关于培育壮大生产性服务业的8条政策举措，主要包括专业贸易公司销售奖励、引进建设专业市场、推动区外企业设立独立核算机构、生产性中介服务机构落户奖励、鼓励打造跨境电商产业园、支持低效仓储企业盘活、促进物流重点项目建设、支持海关服务本地经济发展等。另外，还明确了推动生活性服务业提档升级的4条政策举措，包括培育批零住餐企业做大做强、鼓励餐饮业提档升级、促进夜间经济集聚区建设、促进文旅重点项目建设等。

专家点评

现代服务业和先进制造业深度融合，是现代服务业专业化和高端化、产业链供应链现代化的核心内容，也是广东经济高质量发展的重要推手。

现代金融服务

▶ 政策引领

东莞高质量建成现代金融服务体系

作为粤港澳大湾区的重要节点城市，东莞深入贯彻广东省委、省政府关于当好地级市高质量发展领头羊的工作要求，全力培育新发展动能，在全省实现高质量发展的总目标中承担更大责任，这对全市金融系统全面准确地把握东莞市"十四五"期间所处的新发展阶段、贯彻新发展理念、构建新发展格局提出了更高的要求。全市金融系统要全面参与到金融强市建设中来，全方位推动构建更有效服务实体经济的现代金融服务体系。

在2021年东莞全市金融工作会议上，相关负责人强调，"十四五"期间东莞市要抢抓金融科技"技术变轨"机遇，高质量建成现代金融服务体系，大力推进产业金融深度融合发展，打造一流的金融服务实体经济的生态环境。

金融市场增长潜力加速释放

2022年，继广东赛微微电子股份有限公司成功登陆科创板仅20天后，东莞上市公司再添新军。5月12日，位于东莞塘厦镇的铭科精技控股股份有限公司正式在A股主板上市发行，成为东莞第70家境内外上市企业。

这仅仅是丰富壮大资本市场的"东莞板块"中的一个缩影。截至目前，资本市场"东莞板块"加速扩容明显，境内外上市公司增至70家，过去五年新增33家境内外上市公司，其中境内A股上市公司数量在全省地级市中的排名上升至第一位。

这一切无疑彰显着近年来东莞全力培育新发展动能，立足国家创新型城市和先进制造强市的华丽转身。

风险联防联控机制得到夯实

近年来，扶持企业发展壮大、提高抵御风险能力，防控金融风险显得尤为重要。

东莞市以预防为先、标本兼治、稳妥有序、守住底线为原则，积极发挥市防控金融风险联席会议制度的牵头抓总和统筹协调作用，成立4个专项小组，对容易产生涉众金融矛盾纠纷的关键领域，加强风险预警与处置。为了打赢防控金融风险攻坚战，东莞使出实招：通过"打早打小"，对非法集资案件处置做到稳扎稳打；通过设立上市纾困基金，对股票质押风险做到持续缓释；通过设立莞企转贷专项资金池，帮助企业衔接周转，防控信贷风险；稳妥有序化解"团贷网"案件风险，得到中央和省领导肯定。

一直以来，东莞坚持对存量网贷机构做到有序清退，切实维护社会稳定大局。2019年和2020年，东莞在全省防范和处置非法集资平安建设考评中连续获得第一名。接下来，东莞市将继续完善地方金融组织监管体系，联合镇街（园区）金融工作部门和第三方中介机构，开展辖内小额贷款公司、融资担保公司和典当行等地方金融组织的现场检查；运用非现场监管系统，全面掌握地方金融组织经营底数；落实地方金融组织监管评价办法，实施分类评级、分类监管，进一步规范行业秩序，织密非法集资防护网。

地方金融改革发展明显提速

"十三五"期间，彰银商业银行、澳门国际银行、创兴银行等一批港澳台资银行在莞设立分支机构，东莞市成为省内首个港澳台资银行齐集的地级市。

"十三五"期间，在融入粤港澳大湾区建设、建设广东省制造业供给侧结构性改革创新实验区等重大历史机遇下，中央和地方政策红利的叠加效应逐步显现，广大金融机构紧扣东莞市委、市政府的重点工作，全力优化金融资源配置，助推金融产业总量规模、发展质效和金融生态迈上新台阶，为"十四五"期间东莞打造成产融结合度深、地方金融竞争力强、境外融资渠道畅通、金融生态优良的金融强市打下坚实基础。

　　未来，东莞一方面将推动金融改革与合作交流新局面。推动莞版支持大湾区"金融80条"深入实施，加快本外币合一的跨境资金池、贸易融资资产跨境转让等业务在莞落地；推进东莞金融业"十四五"规划落地实施，从"高标准打造金融强市、加快建设现代金融体系、提升金融服务实体经济水平、实施更高水平金融开放"四个维度擘画"十四五"发展蓝图。强化金融服务先进制造业高质量发展，围绕金融服务制造业主题，针对重点产业集群、产业空间载体等，以项目化落地的方式形成市建设金融服务先进制造业高质量发展创新示范区综合工作方案，并协调鼓励辖内金融机构争取上级金融机构在增加创投资金支持、创新金融产品、丰富抵质押品上予以支持。

　　另一方面，将持续优化创新高效管用的金融新服务。强化服务产业链，推进增信集信体系建设，充分利用省市现有信息平台，促进不同层级系统间的信息共享，打破部门之间、系统之间的信息孤岛，积极开展供应链试点企业申报工作，提高中小微企业信贷获得率；完善政府性融资担保机构的风险分担机制，增强融资担保能力，并推广"投贷担"联动业务，进一步提升金融服务实体经济能力。引导金融机构服务导向，进一步加强与中央驻莞金融管理部门的沟通协同，完善银行机构服务地方经济发展综合评价指标体系，并开展小微企业金融服务监管评价，引导全市金融系统形成信息互通、目标一致、协同高效的服务实体经济的强大工作合力。

▶ **企业发展**

金融服务创新促粤澳深度合作

2021年9月，中共中央、国务院印发《横琴粤澳深度合作区建设总体方案》（以下简称《总体方案》）指出，新形势下做好横琴粤澳深度合作区开发开放，是深入实施《粤港澳大湾区发展规划纲要》的重点举措。农行广东分行扎实落实《总体方案》，强化顶层设计，加强资源倾斜，聚焦重点领域，加快产品创新和平台建设，积极投身粤澳深度融合，以办实事为落脚点，全力开拓合作区建设新局面。

确立农行横琴分行三大定位目标

中国农业银行总行高度重视横琴粤澳深度合作区建设，在促进澳门经济适度多元发展、粤澳一体化高水平开放等方面进行了顶层设计和全面部署。

为了促进横琴粤澳深度合作区发展，农行广东分行抓紧确立横琴分行未来定位和发展目标。农行广东分行党委多次召开横琴分行发展专题会议并到横琴实地考察，确立了将农行横琴分行打造为业务发展的战略支点、契合区域发展特点的特色分行和国内自贸区分行的示范行三大定位目标。

在确立农行横琴分行定位目标后，农行广东分行还制定专项支持政策，出台《关于支持横琴分行加快发展的意见》，成立横琴分行做大做强工作领导小组，并从顶层设计、差异化管理、强化客户基础和业务创新等方面制定17项支持措施。

围绕服务澳门经济适度多元发展的目标，农行广东分行加快建立信息联通机制、客户共享机制、业务互动机制等联通互动机制，与澳门分行举办多场境内外联动业务座谈会。

为重点特色领域注入金融活水

《总体方案》发布后，农行广东分行认真组织学习，并针对农行横琴分行客户服务、产品推广、审批权限、数字化转型等方面给予重点支持。针对横琴粤澳深度合作区发展"促进澳门经济适度多元的新产业""建设便利澳门居民生活就业的新家园"和"构建与澳门一体化高水平开放的新体系"三大任务，中国农业银行总行就产品创新、信贷支持以及粤澳联动、资源融合等方面给予了差异化政策支持。

2021年10月12日，广东省人民政府在澳门成功发行离岸人民币地方政府债券，农行广东分行积极参与，这是该行在密切银政合作关系、贡献农行金融力量方面的重要举措之一。

值得一提的是，为全力支持横琴粤澳深度合作区建设，农行广东分行还向合作区内重点领域、特色领域注入金融活水。

在基础设施建设方面，农行广东分行为区属重点国资企业增加授信，并提供融资融信产品支持；参与珠海横琴口岸及综合交通枢纽项目银团贷款；为区内重点电力、供热、科研项目等提供资金融通。

在高新技术、先进制造业方面，农行广东分行认定区内芯片等相关企业为重点支持科创企业，并纳入名单制客户进行管理，享受相关差异化政策，采用项目链捷贷等方式，为科创企业上下游供应商提供融资支持。

在商贸、文旅会展方面，农行广东分行依托横琴新区创新先行的优势，积极探索数字化产品的研发和应用。在商业区域开展智慧商圈建设，打造数字化金融生态圈，为"横琴购"项目搭建集商管、物管、停车缴费于一体的智慧平台，并拟在区内各大商圈推广复制；为区内多家政府机关及企事业单位搭建智慧场景，包括食堂缴费、党费缴收、门禁考勤等。

为服务粤澳居民生活，农行广东分行还加强跨境互认互通，与香港、澳门和深圳分行开办互认体系，实现广东金融社保卡在港澳地区消费、取现业务的功能应用；实现粤港澳大湾区内地城市抵押物互通，并成为系统内首家为港澳人士办理房抵e贷产品的分行。

加大跨境融资业务资源向横琴倾斜

农行广东分行长期致力于提高跨境金融业务水平，为进出口客户、外商投资企业和跨境融资企业提供优质服务。该行依托FT（自由贸易账户）自由贸易政策，支持琴澳享受政策红利。

作为广东首家FT上线银行，农行广东分行持续推出FT新产品，区内首家落地了FT全功能资金池业务，保持自贸创新活力，服务了一批对区域发展具有影响力的重点国企，有效支持了实体客户在便利化结算、低成本融资、离岸结售汇等方面享受金融创新红利。

同时，农行广东分行不断完善FT基础设施建设和配套服务。2021年三季度，该行在珠海新增22个FT经营网点并投入运营，方便符合条件的企业就近办理业务，便利客户享受自由贸易账户带来的政策红利。

这是农行广东分行完善零售金融服务体系，便利粤澳居民生活的一个缩影。农行广东分行进一步简化港澳等境外居民个人账户开立或签约的资料和流程，在农行掌银中加载更多具有横琴特色的跨境工作生活场景，做好基础性个人金融服务，着力提升居民跨境金融便利度，还利用财富中心、境内外联动，创新适合私行客户的专属产品和服务。

为支持横琴建设跨境融资中心，农行广东分行也加大融资、结算等跨境业务资源向横琴倾斜。对于金融支持粤港澳大湾区等新政或创新、数字化重点项目，该行优先选择横琴作为试点，发挥先行先试功能，并进一步强化与澳门分行的联动和协作，促进跨境联动产品多元化发展，探索深合区特色产品。

加大数字化转型投入，服务数字化场景建设也是农行广东分行支持的关键行动。该行积极参与横琴数字化政务平台共建项目，支持横琴分行配合横琴相关政府部门进一步推进商事改革，加大开放银行对接输出，还积极对接产业园区，提供智慧党费、智慧饭堂、智慧出行等配套数字化解决方案，开展智慧旅游、智慧物业、智慧出行等场景建设工作。

专家点评

企业是推动创新驱动发展的重要载体，金融是支持企业创新成长的"血液"。广东坚持金融服务实体经济的根本导向，深化金融供给侧结构性改革，加快建设现代金融体系。

商事制度改革

▶ 政策引领

佛山"一照通行"改革获国务院督查激励

2022年6月9日,国务院办公厅发布通报,对2021年落实有关重大政策措施真抓实干成效明显的地方予以督查激励。其中,佛山市凭"一照通行"改革入选"推进企业登记注册便利化、深化'双随机、一公开'监管和信用监管、落实公平竞争审查制度等深化商事制度改革成效明显的地方"。2021年,佛山市办理新设市场主体登记27.6万笔,办照一次通过率达99.7%。

佛山"一照通行"改革是指按市场主体需求整合,实现多业态经营涉及的多项许可事项与营业执照一次申请、并联审批,把每个事项每个部门"各跑一次"变为一件事"只跑一次",减少审批发证环节,同时通过营业执照归集各类许可信息,推进电子证照应用,实现"一企一照、一照通行",是佛山市深入贯彻落实国务院"证照分离"改革的重要举措。

在以前,开公司办理营业执照,要在多个部门之间来回跑,花费的时间很长,也让市民感到吃力。现在,实施"一照通行"改革能更便捷、高效与科学。佛山市按照国务院、国家市场监督管理总局关于深化"放管服"改革、登记注册便利化改革以及激发市场主体活力的部署要求,聚焦办照办证联动,搭建"一照通行"涉企审批服务平台,全面应用电子营业执照,协同推进准入准营便利化,着力提升企业办照办证服务质量和水平。

2021年，广东省委全面深化改革委员会把佛山"一照通行"改革列为广东省具有示范推广意义的基层改革创新经验，广东省人民政府印发方案全省复制推广。截至2022年5月，佛山市实有各类市场主体120.3万户，同比增长18.8%；全市新登记市场主体12.9万户，同比增长24.43%。

搭建"一照通行"服务平台　全面应用电子营业执照

佛山市市场监督管理局先行先试、主动作为，会同本市各许可审批部门，搭建"一照通行"涉企审批服务平台，统一标准规范、统一清单管理、统一身份认证、统一数据共享，企业办理营业执照时，可按办事场景同时申办多个相关许可事项，跨部门、跨层级、跨业务办理。

以统一社会信用代码关联电子证照，丰富电子营业执照应用场景，推动电子材料数据共享互认，实现证照服务"一照通行"。

通过电子营业执照，打通企业开办"一网通办"系统、各部门审批业务系统和第三方机构应用系统，实现审批系统互联互通、数据共享互认、部门联办联动，把开办企业多个部门多个事项"各跑一次"变为开办企业一件事"只跑一次"。更好地构建简约高效、公正透明、宽进严管的准入准营规则，切实提升企业办事体验和获得感。

证照联办联动　分类审批办结

围绕企业开办全流程便利化，充分尊重企业意愿，申请人办理业务时自主选择联办模式，向一个窗口提交一次材料，完成一次身份认证，即可实现材料同步流转、审批同步进行、证照及时发放。

企业开办时，根据自身需要和实际情况，可单独申办营业执照以及公章、税务、社保、银行开户等开办关联业务，也可以自主选择一次性申办涉企审批证明，通过一次申请、一张表格、证照联办，市场监管部门在0.5个工作日内核发营业执照，同步向各审批部门推送"章、税、保、金、银"及相关许可等申请和办证材料，各审批部门认领后限时审批。因此，企业开办网办率大幅提升，达到新登记业务总量的72.43%。

聚焦堵点难点　着力提升审核一次通过率

立足企业办事体验，针对证照联办后申请表单过长、企业一次性填报内容过多、审批一次通过率不高等问题，市监部门提供精准服务，让企业办事省心省力，准入准营审批服务效能大幅提升。

2021年，全市办理新设市场主体登记27.6万笔，办照一次通过率达99.7%；核准证照联办业务6.2万笔，办证一次通过率为77.7%；业务办理总体满意率达99.5%。

▶ 政策引领

广东惠企纾困出硬招

市场主体一头连着经济大动脉、一头连着百姓生活，是经济发展的活力源泉。近年，新冠肺炎疫情来势汹汹，给广东众多市场主体生存发展带来巨大挑战。为做好"六稳"工作，落实"六保"任务，广东各级市场监管部门打出一套政策组合拳，从提升开办企业便利度，降低企业经营成本以及知识产权质押融资助力企业纾困解忧等多方面入手，持续优化营商环境，帮助市场主体走出困境，激发市场主体内生发展动力。

扩增量："一站式"、零成本开办企业

"没想到之前20多天都没办下来的业务，现在两个多小时就办完了。"2020年3月16日上午，在广州市番禺区政务服务中心"开办企业一窗通取专窗"，广州某公司负责人在手机小程序上完成填资料、认证和签名事项后，一次性全免费领取了纸质营业执照、印章、发票和税务Ukey，品尝到广州商事登记再提速后的"头啖汤"。

开办企业是市场主体进入市场经营的第一步，开办企业便利度是优化营商环境的重要指标。自2020年1月正式迈入营商环境改革3.0时代以

来，广州开办企业的便利度不断提升，营商环境不断得到优化。

上线运行"广州市开办企业一网通"平台，将开办企业涉及的申请营业执照、刻制印章、申领发票、就业和参保登记、住房公积金缴存登记、预约银行开户等业务整合为一个流程，申请人只需进入平台完成一次身份认证、一表填报信息，即可"一站式"申办。早在2020年2月，广州市市场监督管理局等7部门就联合出台《关于进一步优化营商环境提升开办企业便利度的意见》，让来穗投资的创业者享受"一站式"、零成本申办企业。自2020年5月25日起，开办企业"一网通办、一窗通取"模式已在广州全市推广。

保存量：切实降低市场主体经营成本

要保市场主体，除了为新增市场主体蓬勃发展创造优质环境，还需帮助存量市场主体降低经营成本、增强发展韧性。在2020年疫情防控的特殊背景下，检验检测认证领域在服务疫情防控和复工复产等方面发挥了重要作用。

"多亏了广东质检院（广东产品质量监督检验研究院）对我们口罩生产进行质量标准指导以及检验检测认证收费减免，公司的口罩生产得以顺利进行，不仅能满足自用，还让公司新增了口罩生产供应业务。"广州某公司负责人谈及口罩生产过程中广东质检院给予的种种帮助时，仍然难掩感激之情。

由于有项目急需开工，广州某公司在2020年2月16日就复工复产，但当时口罩可谓一"罩"难求，如何满足公司几百名员工的口罩需求成为复工过程中亟须解决的问题。

口罩买不到？那就自己生产！经过前期筹备，当年3月底公司口罩生产线正式开工。但疫情前公司业务并不涉及口罩生产，投产初期对于生产标准也不甚了解。好在对于口罩生产中暴露出的包括如何调整耳带、鼻夹在内的生产标准问题，广东质检院的工作人员都热心进行指导，这让生产企业少走了很多弯路，节约了时间。

同时，检验检测认证收费减免政策也切实减轻了企业资金负担。由于生产的每一批次的口罩都需要送检，这笔费用对于生产企业来说也是不小的负担。后来广东质检院实行检验检测费用减半，很好地缓解了企业资金压力。

作为广东省市场监管局直属检验检测机构，早在2020年3月，广东质检院就推出支持企业复工复产十项服务措施，其中包括严格执行市场监管总局和广东省市场监管局支持复工复产的有关规定，在疫情防控期间，对广东省内复工复产企业送检产品质量检验检测项目收费减免50%。

"知产"变"资产"：知识产权质押融资助力企业纾困解忧

与此同时，金融活水也在不断流向市场主体。为帮助企业缓解资金压力，广东推出知识产权证券化项目和"知识产权快融贷"金融服务，鼓励企业开展技术创新，研发高价值专利，变"知产"为"资产"。

位于韶关的广东丹霞印象客栈民宿管理有限公司（以下简称"丹霞印象民宿"）自2010年6月成立丹霞印象首家特色民宿以来，经过10多年的发展，已在丹霞山区域先后运营多家网红客栈和民宿。经营团队也由3人发展到近百人，其中80%以上均是当地农村妇女，并间接带动了600多名当地劳动者实现就业和灵活就业。

但突如其来的新冠肺炎疫情给民宿运营带来较大冲击。丹霞印象民宿负责人说，受疫情影响，民宿自2020年大年初一即暂停营业，直到五月份才重新营业。因资金链承压，想去银行融资，但手头又没有其他抵押物，如何顺利拿到银行贷款一时让该民宿负责人犯了难。好在疫情期间，广东省市场监管局出台知识产权质押融资措施，鼓励和引导受疫情影响较大的中小微企业、与疫情防控有关的医药物资生产企业，以其合法拥有的专利权、商标权作为质押物从银行获得贷款，缓解企业因疫情带来的经营压力，支持地方经济良性发展。

与传统印象中的民宿运营企业不同，丹霞印象民宿很早就有商标意识，并于2015年注册"丹霞印象""韶州印象"等商标。在多方协助下，丹霞印象民宿向韶关市仁化县农村商业银行提交知识产权质押融资申请。

知识产权质押融资有什么好处呢？第一，知识产权质押无须固定资产抵押贷款，这对轻资产公司是较大的利好；第二，银行在办理知识产权质押的申请批准上要求的手续和时间大大减少，便于企业更快更方便拿到贷款；第三，知识产权质押的贷款利息较低，基本与基准利率持平，成本比固定资产贷款和信用贷款更少，对中小微企业起到"回血"功能。

有了这笔贷款，企业不仅能够及时进行设备翻新和更换，保持正常运作，而且对未来的发展也充满信心。

专家点评

广东以敢为人先的勇气和魄力，在全国率先推进商事制度改革，并持续深化，不断激发市场主体活力，推动粤港澳大湾区市场准入规则衔接。

双链融合

▶ 政策引领

粤式沃土催生专精特新"小巨人"

2019年8月，在中央财经委员会第五次会议上，习近平总书记提出，要"培育一批'专精特新'中小企业"。

"中小企业好，中国经济才会好。"中共中央政治局委员、国务院副总理刘鹤2021年9月在全国"专精特新"中小企业高峰论坛在线致辞时强调了中小企业的重要性。

在这个论坛举办前不久，工业和信息化部公示了第三批2930家专精特新"小巨人"企业。公示名单显示，截至2021年9月，中国专精特新"小巨人"企业数量已达4762家，而广东（包含计划单列市深圳）"小巨人"数量为429家，全国排名第二。

什么是"专精特新"？

"专精特新"是指专业化、精细化、特色化、新颖化。作为制造业大省的广东，如何打造专精特新"小巨人"企业，从而建立起一支制造业生力军，让小配件蕴含高技术、小企业支持大配套、小产业干成大事业，为广东的产业基础高级化、产业链现代化发展作出贡献。

据工业和信息化部统计，专精特新"小巨人"企业超八成居所在省份细分市场首位，九成集中在制造业领域。就在广州黄埔区云埔街道上第三批公示的专精特新"小巨人"企业已达5家，而黄埔区的"小巨人"

企业数量为32家。不仅是广州黄埔区锚定专精特新企业，为高质量发展提供了样板，深圳、东莞、佛山……整个广东都在全力激发中小企业创新、创业、创造能力，通过培育市级"两高四新"（专精特新）企业、省级专精特新企业、专精特新"小巨人"企业、制造业单项冠军企业，打造梯队级制造业主力军，夯实中国制造业转型升级的硬实力。

盛产"小巨人"的街道

站在广州黄埔港眺望，百舸争流，千帆竞发。自古就是华南门户的广州黄埔区再迎收获季：工业和信息化部公示的第三批国家级专精特新"小巨人"企业名单中，广州共有47家企业上榜，其中黄埔区以26家的数量遥遥领先。加上前两批，2019年至2021年的三年间，黄埔共培育出国家级专精特新"小巨人"企业32家，其中4家成长为单项冠军示范企业、3家成长为单项冠军产品企业，居广州榜首。

其中，明珞装备是全球唯一实现数字化工厂虚拟制造与工业物联网大数据应用落地的智能制造企业；方邦电子高性能电磁屏蔽膜打破日本垄断，国内市场占有率位居第一……在新一代信息技术、人工智能、生物医药、新能源、新材料等关键领域，这些企业创造了多项全球首创、全国领先、湾区第一的先进技术。

如果说黄埔区是广州入选"小巨人"国家队的最大赢家，云埔街道则是黄埔"离'小巨人'最近的地方"。作为黄埔区"最牛"街道，云埔街道之于黄埔，堪比粤海街道之于深圳南山。

驱车从云埔一路到云埔五路，不到10分钟，明珞装备、五舟科技、弘亚数控、中崎商业机器、瑞松科技……入选第三批"国家队"的专精特新"小巨人"企业映入眼帘。

云埔街道培育专精特新"小巨人"企业的故事仅是广州乃至广东锻造制造业主力军梯队的缩影。

作为全国中小微企业最活跃的城市，深圳2021年以134家"小巨人"企业入选数位列全国第三。同时，深圳还以累计169家"小巨人"企业的入选数位列全国第四、广东第一，有专精特新"小巨人"企业的街道共

47个，成为业界关注的热点。

在制造业基础雄厚、中小企业发展活跃的东莞，生产了全球近半锡膏印刷机、能挺住台风的塔式起重机、蓝牙行业出货量排名全球前三的企业，都来自专精特新"小巨人"组团。2020年，东莞有34家"小巨人"企业，实现了国家级零的突破，占广东总数的40%。2021年，东莞有45家"小巨人"企业进入公示名单，不仅数量实现翻番，还跻身全国"小巨人"企业十强榜单。

广东省制造业"十四五"规划明确，全省计划在产业链重点节点培育形成一批专精特新"小巨人"企业和单项冠军企业，助力打造具有国际竞争力的产业集群和企业群。广东还提出，力争未来五年推动300家"专精特新"中小企业登陆沪深交易所主板、创业板、科创板、新三板等。

专精特新"小巨人"企业在广东找到了生长的沃土，得益于这里强大的制造业产业资源、成熟的市场环境和良好的营商环境，众多中小企业可以专心在细分市场扎根创新发展。这样的产业生态也将引领新时代的工业化发展。

▶ 政策引领

广东进军全球新型工业化高地

2021年，"十四五"大幕拉开，南粤上下踔厉奋发。

在不平凡的2021年，危与机并存，彩虹与风雨共生。继往开来，广东如何落实中央经济工作会议精神，育先机、开新局？加快数字化、网络化、智能化和绿色化转型，推进重大短板技术、装备创新发展，创造适应新需求的有效供给、高端供给，对标国际先进产业集群，发力培育建设20个战略性产业集群……2022年展现的是广东深化供给侧结构性改革的新气象，2022年开启的是广东继续经济高质量发展的新征程。

第一章 创新

科技创新　筑起新开局硬底气

中央经济工作会议提出，科技自立自强是促进发展大局的根本支撑。

"十三五"期间，广东坚持把自主创新作为推动高质量发展的重要支撑。2021年，广东区域创新综合能力连续五年位居全国第一，全省研发经费支出从2017年的2344亿元增加到2021年的超3800亿元，占地区生产总值比重从2.61%提高到3.14%；全省研发人员突破110万人；发明专利有效量、PCT国际专利申请量等指标均居全国首位。

推进科技创新，企业和政府携手出击。广东"大手笔"投入核心技术攻关和基础研究，对标国家实验室布局已组建了10家省实验室，建设近20家高水平研究院，高新技术企业从2015年的1.1万家增加到2021年的超5.2万家。

"十四五"时期，广东将深入实施新一轮技术改造，加快数字化、网络化、智能化和绿色化转型，推进重大短板技术、装备创新发展，创造适应新需求的有效供给、高端供给。

"落实中央经济工作会议精神，广东最有条件在多个领域起到示范带头作用。"经济学家向松祚认为，作为创业创新大省的广东有着深厚的经济基础和产业优势，在科技创新等方面可以通过市场化的办法，如设立政府引导基金、建立企业联盟、加强产学研的合作等，以达到更好的效果。

向松祚建议，政府要创造更好的竞争环境，加大基础教育投入，大力保护知识产权，"继续吸引全球优秀人才来到粤港澳大湾区，广东将在新的发展阶段大有可为"。

着眼全局　锻造产业链新优势

为高质量发展增添新动能必须锻造产业链新优势。中央经济工作会议指出，产业链供应链安全稳定是构建新发展格局的基础。作为全国第一经济大省，广东以全世界3.5%的工业产值、用制造业立省的底气深度参与全球竞争，围绕产业链部署创新链，围绕创新链部署人才链，围绕人才链部署教育链。

2021年，面对新冠肺炎疫情的冲击，广东的制造业依然交出高分答卷。广东省统计局的数据显示，2021年，广东规模以上工业企业实现利润总额1.09万亿元，首次突破万亿元大关，同比增长16.1%。其中，计算机、通信和其他电子设备制造业利润总额增长35.2%。

着眼全局，广东在描绘高质量发展蓝图中先人一步。

早在2020年，广东出台了《广东省人民政府关于培育发展战略性支柱产业集群和战略性新兴产业集群的意见》（以下简称《意见》）及20个战略性产业集群行动计划。截至2021年，20个战略性产业集群增加值达4万亿元左右，约占全省GDP的1/3。2022年一季度经济数据显示，广东新能源汽车产量增长189.6%，充电桩增长119.0%，新能源汽车产业集群实现"质"的飞跃，成为广东制造业高质量发展的一道缩影。

从5G应用、机器人制造、新能源智能化汽车到集成电路、液晶面板、新材料、生物制药等产业，广东正全面发力布局十万亿级的20个战略性产业集群。身处7000万人口的粤港澳大湾区，广东制造业产业链完备，紧抓粤港澳大湾区国际科技创新中心建设的历史机遇，积极融入国家科技创新大局，将形成经济高质量发展的新战略支点。

《意见》有利于推动广东发挥优势产业引领作用，对升级广东产业链的生态体系起到以点带面的积极效应。

"十四五"期间，广东将打好产业基础高级化和产业链现代化攻坚战，积极推进产业、科技、教育深度融合。广东继续奔跑，行而不辍，未来可期。

绿色先行　低碳发展新篇章

2022年，在世界环境日活动期间和中国国际消费品博览会上，一个小小的塑料瓶子竟成了焦点——达能（中国）食品饮料有限公司（以下简称"达能中国饮料"）运用突破性"碳捕捉"技术制作的首个"智慧碳"概念瓶，为绿色包装发展带来了全新思路。

过去的10年，是中国先进制造业突飞猛进的10年，也是食品制造业迈向现代化绿色发展的10年。达能中国饮料这家总部位于广东的饮料领军企业，以其日新月异的发展讲述着全球先进食品生产技术和管理经验在中国落地的故事，是广东工业融合"全球技术"和"本土探索"，推进现代化、绿色化发展的一个缩影。

达能中国饮料属于世界500强企业，总部注册地位于广东中山。占地5.6万平方米的达能中国饮料中山工厂不仅是达能在中国最早的工厂，也是最大的工厂之一。2022年，达能中国饮料宣布投资研发全新的"碳捕捉"包装技术，通过回收富碳气源中的二氧化碳，直接转化为生产PET瓶所需的关键原料，从源头减少二氧化碳排放。达能中国饮料运用全球领先技术，为本土饮料行业探索突破性的环保包装解决方案。

像这样的绿色发展探索，达能中国饮料早在十多年前就开始了。从2008年起，达能中国饮料就开始密切跟踪计算产品"全生命周期"的碳足迹，并不断进行改进和优化。通过数字化管理，细到污水处理系统每一秒钟处理多少污水、楼顶的太阳能面板每秒钟生产多少电能，达能中国饮料工厂都有实时监控。

中山工厂是达能中国饮料首个安装光伏能源项目的工厂，其15%的电能来自光伏发电。在中山工厂的顶部，一排排湛蓝色的太阳能面板正在阳光下闪烁着，不断将太阳能转化成电能，为脉动生产线供能。自2017年至今，通过光伏发电，中山工厂已累计减少二氧化碳排放量超过9300吨。2020年，达能中国饮料中山工厂获得工信部"绿色工厂"称号，同时也获评2020年中山市"十大绿色环保企业"。达能饮用水和饮料大中华区高级副总裁庞雅克透露，2023年，包括中山工厂在内的所有饮料生产工厂都将实现"碳中和"。

在庞雅克看来，绿色生产和运营，提高效率、减污降碳，最终都将推动环境效益、气候效益、经济效益多方面共赢，从而促使企业获得更高效、更可持续的长期发展。

不断投入、推进可持续发展的背后，是达能这家跨国企业对广东活跃的消费市场和良好营商环境的坚定信心。2022年，达能中国饮料还在

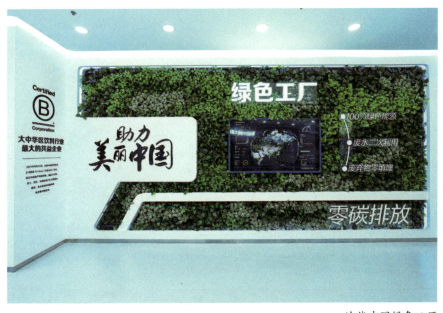

达能中国绿色工厂

中山工厂投产了创新气泡饮"灵汽"的全国首条生产线。

"我们将首条创新产品线放在中山工厂，不仅因为其产能强劲且稳健，更因为我们在这里的生产和经营得到了有力的支持，取得了长足的发展。"庞雅克说。

先后两次在广东任职累计近10年，这位来自法国的"新广东人"对广东有着深刻的感情。"广东出色的营商环境给企业带来的支持给我留下了很深的印象，各级政府部门的务实高效、开放透明也为企业的发展和壮大提供了很大的助力。"庞雅克说。

专家点评

产业链与创新链之间相互交织、相互支撑。产业链创新链"双链融合"的协同效应为广东进一步夯实制造业发展根基和现代化经济体系底盘提供了充沛的动力。

"广东强芯"行动

▶ **政策引领**

广州南沙"芯芯"向荣

　　2022年5月，"广东强芯"工程重大项目，目前国内唯一一家专注于车规级、具备规模化产业聚集及全产业链配套能力的碳化硅芯片制造项目芯粤能有限公司实现主体封顶，9个半导体产业相关项目集中签约，涉及总投资300亿元，年产值达630亿元。

　　近年来，南沙引进培育芯粤能、芯聚能、晶科电子、联晶智能、南砂晶圆等一批龙头企业，初步形成了覆盖宽禁带半导体设计、制造、封测、材料全产业链完整生态。

半导体产业"芯芯"向荣　实体经济根基有力夯实

　　广东芯粤能半导体有限公司是国内最大的面向车规级和工控领域碳化硅芯片制造和研发企业。公司投资建设的面向车规级和工控领域碳化硅芯片制造项目（以下简称"芯粤能碳化硅芯片制造项目"）已被列为"广东强芯"工程重大项目，是目前国内唯一一家专注于车规级、具备规模化产业聚集及全产业链配套能力的碳化硅芯片制造项目，产品主要应用于新能源汽车、充电桩、工业电源、智能电网以及光伏发电等领域。项目一期达产后年产值可达40亿元，二期达产后合计年产值将达100亿元。

　　近年来，我国新能源汽车产业的高速发展带动宽禁带半导体产业蓬勃兴起，发展碳化硅等宽禁带半导体已被写入国家"十四五"规划。南沙依托粤港澳大湾区地理几何中心的独特区位优势，国家新区、自贸试验区、粤港澳全面合作示范区等重大政策优势，和以千亿级汽车产业集群为引领的现代产业体系优势，正积极建设宽禁带半导体设计、制造和封测基地，形成全产业链集群发展，构建粤港澳大湾区宽禁带半导体产业链协作生态圈，推动广东成为我国集成电路半导体产业"第三极"。

九大项目集中签约打造"湾区制造"新名片

芯粤能碳化硅芯片制造项目的落地，填补了南沙宽禁带半导体全产业链中的制造环节。

目前，广州南沙集成电路产业园已初步形成覆盖宽禁带半导体设计、制造、封测、材料全产业链的完整生态，推动南沙新区成为国内首个实现宽禁带半导体全产业链布局的地区。

不仅如此，一批与半导体产业相关的项目也在2022年5月集中签约，着力延链补链强链，塑造产业高质量发展新优势。9个与半导体集成电路产业相关的重大项目集中签约，包括巨湾技研储能器件与系统生产基地、融捷集团系列、安捷利封装载板和类载板等9个重大项目，涉及总投资300亿元，达产后年产值可达630亿元，打造半导体集成电路"南沙制造""湾区制造"新名片，将为南沙高质量发展注入新的强劲动力。

接下来，南沙将更加自觉服务国家重大战略需求，抢抓半导体和集成电路产业发展历史机遇，建设特色鲜明、实力强劲的半导体和集成电路产业创新集聚区，更好服务广东打造中国集成电路产业"第三极"，为高水平科技自立自强贡献南沙力量，推动南沙加快建设立足湾区、协同港澳、面向世界、面向未来的国际合作战略平台。

▶科研推动

国之重器打造"硬核"力量

加快建设大湾区综合性国家科学中心、高标准建设国家实验室、积极探索关键核心技术攻关新型体制的"广东路径"……站在"十四五"开局的新起点上,作为改革开放排头兵的广东高瞻远瞩,坚持创新在现代化建设全局中的核心地位,建设具有全球影响力的科技和产业创新高地,正朝着建设更高水平科技创新强省的目标迈进。

三大科学城串起创新主动脉

随着散裂中子源、强流重离子加速器装置、加速器驱动嬗变研究装置、中微子实验室等一批重大科技基础设施在广东落地,广东的原始创新能力正在不断加强。

2020年7月,粤港澳大湾区综合性国家科学中心获批建设。同年12月,广东与中科院开展新一轮全面战略合作,中科院与深圳、东莞合作共建粤港澳大湾区综合性国家科学中心先行启动区,光明科学城、松山湖科学城等先行启动区正在稳步推进。

作为大湾区综合性国家科学中心主要承载区的南沙科学城,也已经启动建设。规划面积99平方千米、被定义为"百年科学城"的南沙科学城,将面向深海、深地、深空,聚焦海洋、能源、空天、信息、生物等领域,集聚全球高端创新资源,建设世界级重大科技基础设施集群和一批前沿交叉研究平台。此外,南沙科学城核心区域明珠科学园,将聚合、提升中科院在广州的研究力量,推动中科院各类创新机构、高端创新平台在南沙集聚。

南沙科学城、松山湖科学城、光明科学城,三城闪耀,串联起广东源头创新的主动脉。

深入实施"广东强芯"行动

在打好关键核心技术攻坚战上，广东正在积极探索技术攻关的"广东路径"。广东支持构建涵盖重大研究项目、国家联合基金、省内联合基金、省自然基金项目的基金体系，形成基础研究社会多元化投入模式；同时，围绕产业发展和核心技术瓶颈，选准攻关突破方向，深入推进九大重点领域研发计划不放松，并且积极争取在更多领域以省部联动形式实施国家重点研发计划专项。

广东将深入实施"广东强芯"行动，加快在集成电路、工业软件、高端设备等领域补齐短板，瞄准人工智能、区块链、量子科技、生命健康、种子科学等前沿领域加强研发攻关，加快培育未来产业。

从2017年起，广东完成了三批共10家省实验室布局，截至2022年5月，广东共有国家重点实验室30家、省重点实验室430家，并且正在积极引进国家级创新资源在粤建设近20家高水平研究院。

打造一流产业发展创新创业生态

广东企业向来敢为人先，勇于探索和突破。根据《中国区域创新能力评价报告2020》，广东"企业创新"指数高居榜首。广东鼓励以企业为主体、产学研结合建设新型研发机构，支持企业加快技术创新，并且不断完善以企业为主体、市场为导向、产学研深度融合的技术创新体系。全省高新技术企业数量从2015年的1.1万家增加至2021年的超过5.3万家，居全国首位。

广东将加快推动国家高新区地市全覆盖，继续有序推进省级高新区布局，推动粤东粤西粤北高新区协同发展。还将开展高新区"一区一特色"行动，结合广东20个战略性产业集群布局，促进战略性新兴产业优秀成果产业化，集聚培育高水平创新型产业集群和高水平科技企业，在高新区着力打造国际一流产业发展和创新创业生态。

在科技企业孵化载体建设方面，广东推动全省建设省级以上大学科技园16家、科技企业孵化器1036家、众创空间986家，不断完善"众创空间—孵化器—加速器—科技园"孵化链条体系。

此外，定位为广东创新发展中不可替代战略科技力量的广东省科学院，也相继在佛山、江门、珠海、梅州等地落地产业技术研究院。广东省科学院提出，要将自身打造成为卓越的综合产业技术创新中心，围绕广东省高质量构建"一核一带一区"区域发展格局以及培育发展"双十"产业集群行动计划，围绕产业链来部署创新链，合理布局创新资源和力量，更加积极主动地布局粤东粤西粤北地区，为当地的可持续发展、未来的产业集聚提供服务和支撑。

科技创新已经成为广东构建新发展格局的内核动力，展望未来，广东将对标全球主要科学中心和创新高地，打造全球科技创新重要策源地。

专家点评

半导体及集成电路产业已经成为广东省制造业发展的"重中之重"。大力推进"广东强芯"行动，重点突破第三代半导体材料与器件等关键技术，芯片自主替代步伐有望再提速。

人才 "磁场"

广东人才驿站助力脱贫攻坚

自2016年6月起，广东启动"扬帆计划"人才驿站平台建设，依托驿站多形式柔性引才用才，深入粤东粤西粤北贫困地区助力脱贫攻坚。2020年4月，全省14个地市建成各级人才驿站364个，通过"驿站进镇村""专家请进门""培训到地头"等方式，破解经济欠发达地区引才困局，有效带领贫困人口脱贫致富，助推当地经济产业发展。

"科技特派员"依托技术助力高效脱贫

截至2020年11月，广东在茂名、潮州、河源等14个地市建成市、县（区）、镇（村）各级驿站364个，在当地骨干企业设置分站123个，建成配套服务基地153个，形成"总站+分站+服务基地"的布局，实现粤东粤西粤北地市全覆盖。

其中，充分发挥人才驿站成果转化平台作用，坚持以产业需求为导向引入专家人才开展技术攻坚，促进技术成果与贫困地区需求紧密联动，促进农民增收致富。

清远连山壮族瑶族自治县人才驿站密切联系"陈嗣建育种创新工作室"团队，帮扶培养本地科技创新人才70名、持证上岗农业种植技工490名，每年组织600多家农户开展合同制种植2000多亩农田，生产优质杂交稻种子50万千克，产值2000多万元，户均增收1.6万元。

第一章 创新

阳山县人才驿站引进9名蚕桑专家，组建技术研究团队，培养40名本土人才，通过技术创新改良切实解决了养蚕农户的技术性问题，造就了一大批户均5亩、年增收2.5万元的专业养蚕村，带动该县及周边蚕区年增收3170.5万元，高效助推全县扶贫工作。

全省人才驿站培训农村劳动力4223人

除了用好"科技特派员"，人才驿站还发挥"培训扶智班"作用，提高人员素质实现持久脱贫。针对部分农户种植农产品操作不规范、技术不到位的情况，茂名分界镇人才驿站制定了智力扶贫挂钩安排表，围绕龙眼种植及加工、果菜和红烟种植等重点领域，对贫困户实施人才"一对一""一对多"结对帮扶，在果蔬生长的关键时节组织农技人才现场指导，促进贫困户增收增益。

广东对参加技能培训专项帮扶的贫困劳动力，按每人每天不超过50元、每年不超过500元的标准发放生活补贴，以提高贫困劳动力参训积极性。与此同时，人才驿站起到沟通对接桥梁作用，引进专家团队与项目助力当地企业发展，积极协调、引导服务对象就地用工，优先吸纳本地贫困户，实现产业发展与脱贫攻坚相结合共推动。

茂名化州人才驿站依托化州化橘红药材发展有限公司以合作种植化橘红的形式扶持散农户700多户近4000人。据估算，合作农民每人每月能获得收入近4000元，每户年均增收1万～2万元。云浮新兴人才驿站引入华南农业大学教授吴珍芳，促成温氏集团采取"企业+农户"合作模式，带动合作农户增收164.3亿元。

而肇庆怀集人才驿站为当地岳山茶场建立博士工作站，引入华南农业大学茶学博士张凌云教授等3名专家，实现年产值增长20%，每年吸纳贫困户用工480多人次，人均年增收1万多元，实现企业发展与农户脱贫双丰收。

人才"秒批"筑巢引凤

人才是第一资源。深圳作为全国最大的移民城市，是一个因人才而兴、因人才而盛的城市。党的十八大以来，深圳大力推进人才强市战略，为深圳创新发展提供了强有力的人才支撑。为推进中国特色社会主义先行示范区建设，深圳更是提出全方位打造国际化人才集聚高地。

见证大学毕业生"秒批"落户

2018年6月起，深圳市推行普通高校毕业生落户新政策，在落户方面取消纸质审批文件和现场报到环节，实现系统自动核查"秒批"办理。办理落户的毕业生只需坐在家中，使用电脑轻松操作，就能获得系统自动"秒批"，不用再到行政服务大厅奔波。

2019年2月28日，深圳将无人干预自动审批的落户"秒批"新政策从大学毕业生拓展到在职人才引进、留学回国人员引进、博士后入户及其配偶子女随迁，全面实现4种人才"秒批"引进，让更多的人才受益。

1980年深圳经济特区建立之时，全市只有2名技术员。2019年底，深圳市专业技术人员达183.5万人。深圳人才队伍规模持续扩大：2016年至2019年，分别新引进全职院士6名、12名、12名、9名；2017年至2019年，分别引进各类人才26.3万名、28.5万名、28.4万人；截至2019年，认定的高层次人才累计达15 381人。

深圳经济特区建立40多年来，正是一批又一批"移民"人才，才成就了深圳今日的发展奇迹。深圳的发展史是一部人才聚集发展史，深圳特区成立后不久就大胆冲破传统体制对人才的束缚，在全国率先推出一系列开风气之先的创新人才政策，吸引了蔚为壮观的"孔雀东南飞"。新时期，随着先行示范区的建设，深圳又提出开展国际人才管理改革，打造国际人才集聚高地，广聚天下英才。

第一章

创新

尊重人才的社会氛围

位于深圳南山区的深圳湾超级总部基地，集聚了腾讯、阿里、百度、华润、恒大、迈瑞医疗等知名企业，真可谓寸土寸金。就在深圳湾超级总部基地毗邻之地，深圳却大手笔打造了全国首个以"人才"命名的主题公园，占地面积77万平方米。

人才公园的建成，凸显了深圳珍惜人才、尊重知识、鼓励创新的城市特色。事实上，深圳经济特区建立40多年来，不断在人才政策、服务、环境等方面加大创新力度，营造了尊重人才、尊重知识的社会氛围。

党的十八大以来，深圳大力推进实施人才强市战略。2017年，深圳设立首个法定人才日，并出台《深圳经济特区人才工作条例》；2019年，实现4种人才"秒批"引进。

深圳按照市场化机制运作方式，以公助民办模式大力支持华大基因研究院等大量新型研发创新机构建设，推动形成了创新成果和人才快速集聚的"磁场效应"。截至2021年3月，深圳已累计建成国家重点实验室6家、广东省实验室4家、基础研究机构12家、诺奖实验室11家、省级新型研发机构42家，各类创新载体2700多家。

深圳人才公园

落实个税补贴　打造国际化人才集聚高地

在深圳工作的境外高端人才和紧缺人才，可获得上一年度个税补贴。2020年6月30日，深圳市人力资源和社会保障局、科技创新委员会、财政局联合发布了《深圳市境外高端人才和紧缺人才2019年纳税年度个人所得税财政补贴申报指南》。落实境外人才个税优惠补贴，是深圳打造国际人才聚集高地的一个缩影。2019年，中共深圳市委六届十二次全会作出部署，积极抢抓建设粤港澳大湾区和中国特色社会主义先行示范区"双区驱动"重大历史机遇，进一步推动机制、政策、服务等领域改革创新、先行示范，充分发挥高层次人才的独特作用，率先打造国际化人才集聚高地。

《关于深圳市2019年国民经济和社会发展计划执行情况与2020年计划草案的报告》披露，深圳2020年要开展国际人才管理改革，进一步深化人才发展体制机制改革，大力引进、培养、集聚、造就适应和引领高质量发展的国际化高端人才。深圳将实行更加开放便利的境外人才引进和出入境管理制度，率先试点技术移民管理，加快推进深港澳人才、技术跨境流动。

专家点评

广东一直是吸引全国乃至全球人才的"磁场"，聚焦"高精尖缺"，打造科技创新主力军，引育集聚一流科技领军人才和创新团队、青年科技人才、卓越工程师等，聚天下英才而用之。

第二章

协调

协调既是发展手段又是发展目标，同时还是评价发展的标准和尺度。

——2016年1月18日，习近平总书记在省部级主要领导干部学习贯彻党的十八届五中全会精神专题研讨班上的讲话

"最富的地方在广东，最穷的地方也在广东。"区域发展不平衡不协调，曾是困扰改革开放先行地广东的突出问题。

2021年，随着赣深高铁正式开通，河源结束不通高铁的历史，广东迎来"市市通高铁"时代。一座座新城平地起，一个个产业共建项目加速向粤东粤西粤北布局，为区域经济注入强大活力。

不谋全局者，不足谋一域。协调是持续健康发展的内在要求。习近平总书记明确要求广东提高发展平衡性和协调性。

　　产业旺了，村民富了，小康路上，一个也不能少……作为全国经济大省，十年来，广东加快构建"一核一带一区"区域发展格局和全省一盘棋的统筹机制，全面推进乡村振兴，农村居民收入增速连续十年超过城镇居民、2021年达2.2万元，城乡居民收入比缩小到2.46:1。

　　"短板"成为"潜力板"、"落后村"蝶变"样板村"……十年来，珠三角核心区、沿海经济带、北部生态发展区优势互补、协同发展，全省区域发展差异系数缩小到0.53。

　　路通财通万事通。全省高铁运营里程、高速公路通车里程、机场旅客吞吐量、集装箱吞吐量均居全国第一，实现县县通高速、市市通高铁，本科院校、高职院校、技师学院、三甲医院、高水平医院等实现21个地市全覆盖。

　　干在实处无止境，走在前列谋新篇。经济大省笃行不怠，正绘就一幅区域协调发展的新图景。

理论视角·专家观点

雄关漫道真如铁 文化强省再出发

◎ 李凤亮 南方科技大学党委书记、深圳大学文化产业研究院创院院长

> 广东要创新思路,引领湾区,走向国际,勇做新型文化业态发达区、对外文化贸易先导区、文化金融融合试验区、国际文化交流示范区。

改革开放以来,广东的文化产业发展经历了几个阶段,都表现出领风气之先的特点。从20世纪70年代末80年代初的迪厅、录像厅遍地开花,到90年代全国流行广东拍摄的影视剧,如《雅马哈鱼档》《外来妹》《公关小姐》《情满珠江》等,还有领先全国的广东新闻出版业等,都体现了广东的文化影响力独树一帜。进入新世纪,广东文化产业更加蓬勃发展,文化装备业、工艺美术业等都借势发达的制造业繁荣起来,一直到今天数字创意产业的领先发展,形成一批科技化、创意化、规模化、国际化的文化产业集团,呈现出比较多元的新兴业态。比如腾讯,虽然是一个互联网企业,但主营收入是互动娱乐,包含了游戏、动漫、影视、音乐、文学、旅游等板块。

当下广东文化产业的科技化、创意化、规模化、国际化，带动了本地经济的发展，也塑造了区域的新形象。像深圳这样一个当年的渔村，曾是人们眼中的"文化沙漠"，现在却是引领全国文化产业创新发展的"文化绿洲"。

"文化+"跨界助力岭南文化焕发异彩

广东的文化产业总体来说，发育比较早，发展比较快，而且体量比较大，业态比较新，尤其是以"文化+科技""文化+旅游""文化+金融"等跨界融合所催生的新型文化业态比较成熟，附加值也高。这与广东改革开放所奠定的市场机制、毗邻港澳面向海外的外向型经济形态，以及超前的文化消费观念密切相关。广东的文化消费整体上是走在全国前列的，广东人喜欢旅游、热爱影视消费，广东的电影票房非常高，这与南方所处地理环境有关，这里天气比较热，夜间活动时间比较长，夜文化、夜经济比较发达。这些年通过广交会、文博会、文交会，广东文化产业进一步走向国际，这"三会"甚至成了观测中国乃至全球文化产业发展的风向标。

文化不仅可以成为一种产业，更重要的是它作为一种创意，渗透到很多的行业门类当中，所以它是在不同的层面显现出来的，既有自身的发展，包括自身内部的跨门类、跨要素融合，也包括与外界的跨业态、跨文化、跨地域融合。华强主题乐园现在遍布全国，安徽芜湖因为建了4个方特主题乐园，竟然从一个重工业造船城市蝶变成著名的旅游城市。这就是文化的力量。

从传统业态到新兴业态，岭南文化在其中的作用非常突出。这些年，通过对传统文化的创造性转化和创新性发展，岭南文化不断焕发异彩。2022年的冬奥会上，奥运奖牌的正面纹饰就借鉴了南越王墓出土的玉璧，"冰墩墩"由广州美术学院师生设计，春晚里也有很多岭南元素，可见古代地处偏远的岭南地区及其文化借由经济的发展开始走向舞台的中央，日渐为主流文化所接纳，这也与它自身雄强、包容、务实、创新的精神特质有关。反过来，这种精神也推动着文化产业的发展。但岭南文化的底蕴、能量还有进一步释放的巨大空间。

 ## 以创新思路推动广东文化产业高质量发展

广东建设文化强省与国家启动文化强国建设差不多是同步的，应该说广东文化建设取得了丰硕成果。一是文化理念超前。广东及其各市县都非常重视精神观念的打造，像十年前提出的新时期广东精神"厚于德、诚于信、敏于行"，深圳提炼出的以思想的解放和理念的先行为前提的"十大观念"，都极具时代色彩。二是公共文化服务发达。广东因为经济发展快，公共文化服务的城乡差别逐步缩小，大力推动了公共文化服务的优质化、均等化、便捷化，有的地方还领先国际。珠三角有些城区的文化场馆比部分地级市的都要好。三是文化产业发达，已经成为广东经济的一个支撑。广东文化产业产值占全省地区生产总值5.59%，连续7年成为支柱产业。在全国文化产业版图上，广东占全国总产值的13.8%，其中文化装备业产值占24%，动漫产值占1/3，文化产品出口占一半。四是文艺精品佳作不断。这些年从文学到音乐、美术舞台剧，乃至"粤派批评"，广东都可圈可点，经常获得各种奖项。在推动文旅融合、打造全域旅游方面，广东也有亮眼成绩。可以说，广东正在从文化资源大省迈向文化强省。

国家进入了一个新时代，广东文化产业发展也到了一个新阶段。特别是广东省委、省政府对扎实推进文化强省建设十分重视，推出了系列工程，前景可期。促进广东文化产业高质量发展，还要创新思路，开拓思维。

一是抓住新机遇。习近平总书记高度重视文化创新，重视传统文化的创造性转化与创新性发展。当前第一个机遇是在双循环的新发展格局下，文化需求空前旺盛。据联合国教科文组织研究，人均GDP超过8000美元，文化消费的品质要求更高。2019年我国人均GDP超过1万美元，人们对广州、深圳等地更高，高质量文化需求会激发文化供给。第二个机遇就是粤港澳大湾区为促进文化交流、文明互鉴、文化消费提供了更多机会，对我们搭建各种文旅联盟提出了急迫需求。第三个机遇是创新驱动催生了新兴业态发展，广东要抓住这个机会，加快数字创意产业发展。第四个机遇是当前大力推动的跨界融合。广东在这方面有过成功经验，通过跨界融合，克服了高端文化资源不足的瓶颈，整合了全国乃至全球的文化要素，推动文化产业快速发展。

二是找准新定位。在这方面，广东要创新思路，引领湾区，走向国际，勇做新型文化业态发达区、对外文化贸易先导区、文化金融融合试验区、国际文化交流示范区。

三是创造新模式。推动文化产业高质量发展，要强化原创，加强文化版权打造和转化。要形成可推广的业态模式，在推进文化产业、文化消费数字化方面形成广东模式、广东经验。

四是汇聚新资源。广东的文化发展过去在汇聚全国乃至全球人才资源、艺术资源、创意资源、文化资本资金方面做了很多工作，接下来要进一步创新观念，扩大文化开放的力度，抓住"双区驱动"重要机遇，建设好人文湾区，为"一带一路"建设打造重要的文化桥头堡。

●○ 多形式促进文化事业与社会协调发展

习近平总书记非常重视文化和社会的协调发展，特别是对传统文化的重视，实际上这也是中国传统"天人合一""天时地利人和"这种协调发展理念的体现。

对广东来说，至少可从几个方面来促进文化和社会的协调发展，特别是在中国特色社会主义新时代，一是要大力推动传统文化的创造性转化和创新性发展，要把岭南文化包括广府文化、客家文化、潮汕文化当中能够进入当代的部分，进行创造性转化、创新性发展。

二是要特别重视当代社会的文化创造，创造人类文明新形态。近代以来的广东社会，在思想观念上一直走在全国前列。特别是改革开放之后，广东形成了促进社会发展进步的很多先进理念，比如注重效率、兼顾公平、发挥市场作用、强调公正法治等，这些都是非常好的发展理念。要把当代社会发展的文化理念有效地提炼出来、总结出来、表现出来，形成文化观念和社会的互动。

三是要注重发展广东特色的具有国际视野的新兴的文化产业业态，这既是经济社会发展的重要组成部分，也是文化不断更新的渠道。通过文化产业新兴业态的发展，可以进一步地推动文化和社会的协调发展。在这方面，广东走在全国前列，而且未来在"双区驱动"的机遇之下，还会有更好的发展。

李凤亮

扫码关注
"广东加速度"

从美术设计领域看广东文化强省建设

◎ 谢昌晶　广州美术学院党委书记

广东文化强省建设，离不开广大乡村的文化建设和精神文明建设，生态宜居，是乡村振兴的内在要求，在这个维度上，美术与设计大有作为。

　　文化兴则国家兴，文化强则民族强。新时代，广东在贯彻"创新、协调、绿色、开放、共享"的新发展理念过程中，始终坚持文化建设与经济建设的协调发展，在推进经济高质量发展的同时不断推进文化强省建设，充分发挥美术和设计等文化因子在服务经济社会发展中的重要作用，在打造重大作品、重要展览，推进高等美术教育，以文化艺术助力乡村振兴等方面，均取得了新成就、新突破，不断满足了人民日益增长的美好生活需要，并展现了文化与经济协调发展、相互促进的广阔前景。

大型展览成果丰硕　社会审美力提升

近年来，在美术领域，广东美术界多馆联动打造了一系列高水平、高质量的大型展览，催生了一批具有中国气派、岭南特色、时代魅力的美术作品，唱响了昂扬的时代主旋律，吸引了大批观众走进美术馆感受"时代之变、中国之进、人民之呼"，有力地推动了精神文明与物质文明的协调发展。

2017年举行的"其命惟新——广东美术百年大展"，从中国美术馆首展开始，之后又在广州的广东美术馆、深圳的关山月美术馆巡展，单是在广东美术馆展出期间就吸引了三四十万观众进场观展；2018年举行的"大潮起珠江——广东改革开放四十周年展览"，从中国美术馆移师广东美术馆展出时，观展人次也达到二十多万；2021年举办的"广东省庆祝中国共产党成立100周年美术作品展"，展出17天共2515个党支部到现场接受了党史学习教育和爱国主义教育。这一场场大展，既坚定了广东美术界的文化自信，为广东美术家攀登新的高峰夯实基础，也有力地促进了社会审美力的提升，发挥了聚人心、暖民心、强信心的作用。

2019年，第十三届全国美术作品展览盛大举行，在全部4202件入选作品中，广东入选作品总数达到383件，入选作品数排名由上一届的第四位上升到了首位；除此之外，广东省水彩粉画、综合画种的入选作品数都位列全国第一，中国画、油画、漆画、雕塑、版画、壁画、实验艺术等画种的入选作品数均进入全国前三，彰显了与经济大省相匹配的文化大省面貌。其间，广州第一次承办全国美展"综合画种·动漫作品展"和"港澳台·海外华人展"两个展，深圳也承办了"水彩·粉画作品展"，展现了广东的美术实力和城市竞争力，助推了大湾区中心城市的高质量发展。

未来，对标"新发展阶段、新发展理念、新发展格局"的重要要求，践行习近平总书记在中国文联第十一次全国代表大会、中国作协第十次全国代表大会开幕式上的重要讲话精神，广东在整合各美术机构力量，共同推进重大创作、重要展览，打造更多具有传播度、辨识度、美誉度的扛鼎之作上，将继续大有可为。

"冰墩墩"成冬奥"顶流"　广东设计引人注目

在设计领域，广美师生团队创作的北京冬奥会吉祥物"冰墩墩"成为传递友谊和温暖、备受世界各国人民喜爱的"顶流"，产生了现象级的影响，集中体现了广东的创意设计和文化制造在全国的位置，展现了广东设计与时代共进的品格。

凭借着改革开放桥头堡的区位优势，广东在设计行业一直走在全国前列。广东包装技术协会成立于1981年，是全国成立最早的协会之一；广东省广告协会成立于1984年。这两个老牌协会代表了广东设计具有深厚的底蕴。同时，广东文化产业总量、增速连续18年居全国首位，文化产业在全省GDP中的比重也居全国首位。

2019年元月，广美师生团队递交的16件北京冬奥会吉祥物设计稿，有3件在全球征集到的5816件设计稿中脱颖而出进入了前十。初选结果出来后，一名冬奥组委成员当即表示："广东是中国改革开放的前沿阵地，名不虚传。"

其后，广美师生团队在不断完善"冰墩墩"的设计过程中与时俱进，既注重其国家文化象征和体育精神象征意义，也注入了更多全球性、流行性的文化特质，尤其是外壳上冬奥场馆"冰丝带"的添加，使"冰墩墩"有了色彩与温度，增强了动态感和科技感，彰显了高科技竞争时代中国人立足当下展望未来的态度。

从广东走向世界大舞台的"冰墩墩"，也触发了跨界的现象级大讨论，除了设计师，文学家、经济学家、产业学者等都在热议以"冰墩墩"为契机，中国的文化创意产业迎来新突破的可能性，广东设计再次备受瞩目。无疑，当前正在努力打造未来智慧城市、迎接未来科技的粤港澳大湾区，需要更多的"设计+"——比如"设计+数据""设计+智能"等，让设计驱动整个产业发展，助力产业从"制造"转向"智造"。

 ## 广美申博成功　高等美术教育迈上新台阶

在美术教育领域，面向"双区"战略，为实现广东省美术学和设计学高层次办学零的突破，为粤港澳大湾区高质量发展提供更强有力的美术、设计领域的人才保证和智力支撑，按照《教育部　广东省人民政府共同推进粤港澳大湾区教育合作发展　支持深圳建设中国特色社会主义先行示范区工作备忘（2019—2020）》的要求，广东省全力支持广州美术学院申报新增博士学位授予单位和美术学、设计学两个一级学科博士学位授权点。

作为华南地区包括粤港澳大湾区唯一独立建制的高等美术学府，在省委、省政府和上级主管部门的支持下，广美积极按照博士学位授予单位基本条件指标要求，抓重点、补短板、强弱项，通过加强顶层设计、持续深化改革、实施人才强校工程，全面推进特色高校建设和内涵式发展，在人才培养、学科专业建设、科研创作、社会服务、文化传承创新等方面均取得新突破。

2021年11月，经国务院学位委员会审议批准，广州美术学院正式获批成为博士学位授予单位；美术学和设计学获批为一级学科博士学位授权点，自批准之日起，可开展博士研究生培养工作。广美成功获批成为博士学位授予单位，填补了粤港澳大湾区乃至华南地区美术学科和设计学科博士点空白，为推动广东省美术高等教育办学层次和办学质量迈上新台阶奠定了坚实的基础。

作为新增的博士学位授权点，广州美术学院将凭借着后发优势，综合借鉴国内乃至国际优秀的培养经验，努力打造大湾区格局下面向国际的一流博士点，形成以博士为领头，硕士、学士多层次办学并进的广东美术人才培养新格局，发挥好粤港澳大湾区美术与设计领域的龙头引领作用，在高层次艺术人才培养和科研创作及服务社会方面走在全国前列。

同时，为进一步对接"双区"战略，以更高远的视野格局深化改革，以高层次艺术人才培养激发区域发展活力和动力，2020年，广东省教育厅、佛山市人民政府、广州美术学院、佛山市禅城区人民政府正式签订了共建广州美术学院佛山校区协议。佛山校区将充分发挥广州美术学院和佛山市各自的优势，强强联合，优势互补，重点布局引领艺术与科技融合发展新趋势的专业和学科方向，突出科教融合、产教融合、艺科融合、跨界创新等新时代办学特色，积极开展重大、前沿的"政产学研"协同创新研究，使其成为粤港澳大湾区文化创新集聚地、产业集群升级和区域经济转型的驱动器。

打造生态宜居家园　助力乡村振兴

广东文化强省建设，离不开广大乡村的文化建设和精神文明建设，生态宜居，是乡村振兴的内在要求，在这个维度上，美术与设计大有作为，并取得了令人瞩目的系列成果。

一方面，广东美术界展开了一系列美术志愿服务和社会公益活动。如2020年，组织近50位画家参与"聚焦脱贫攻坚　助力乡村振兴"采风创作活动，创作了近百件体现决胜全面小康、决战脱贫攻坚、推动乡村振兴发展的美术作品。

另一方面，广州美术学院积极发挥高等美术院校所长，开展形式多样的绘美乡村"三下乡"活动，并通过产学研平台深度介入美丽乡村建设，打造具有全国影响力的生态宜居家园。

如广州市从化区温泉镇南平村静修小镇项目，广美团队自2017年开始介入该项目的改造，以南平村"山、泉、林、溪、石"五大特色生态要素为依托，通过改造凤溪栈道景观、升级环山绿道、建设红叶公园等方式，将自然与现代有机结合，在一年半的时间里打造出一个适合修身、修心和修意的山水艺术社区。南平村静修小镇取得了农业农村部评选的2019年全国"一村一品"示范村镇、"2019年中国美丽休闲乡村"，以及文化和旅游部授予的"全国乡村旅游重点村"等国家级荣誉称号。

2021年，由东莞市乡村振兴局和东莞广州美院文化创意研究院联合打造的"东莞特色精品示范村东坑镇井美村美丽乡村规划设计"方案，在国家林业和草原局主办的第三届全国林业草原行业创新创业大赛"景观规划设计赛道"全国总决赛中脱颖而出，荣获社会组唯一的金奖，成为深入践行习近平总书记"绿水青山就是金山银山"发展理念，推动乡村可持续发展和城镇化进程的优秀案例。

未来，通过美术和设计增强城乡审美韵味、文化品位，推动城乡协调发展，推动乡村物质文明与精神文明协调发展，前景令人期待。

文化与经济的发展具有内在统一性。在广东文化强省建设的推进过程中，美术界通过大活动、大展览，努力推出更多精品力作，大力培养名家大师，必将为经济发展提供更强大的精神动力；设计界面对新技术带来的人类生产方式、生活方式、传播方式的新变革，主动将艺术设计融入更大的领域，让艺术、科技和创意形成合力，必将有助于创造新需求、形成新产业，不断提升产业层次；而美术教育领域，从大湾区的大视野出发，以系统创新思维开展设计研究，向内纵深至美术和设计的前端，将国际前沿科技、先进社会企业成果、美育成果等引入学院教学，向外拓展到社会大环境，探索设计的需求与对象、方法与路径、美育与文化，必将有助于向世界推出一种中国艺术教育的新方案、新方法，提升中国文化的影响力。

扫码关注
"广东加速度"

广东：变短板为"潜力板" 以协调发展开新局

◎ 顾乃华　暨南大学发展规划处处长、"一带一路"与粤港澳大湾区研究院常务副院长、产业经济研究院教授、博士生导师

广东在促进粤东粤西粤北地区振兴发展的基础上，提出加快构建"一核一带一区"区域发展格局，这是在粤港澳大湾区国家战略提出之后，广东进一步构建区域发展格局的新探索，也是把发展短板加快变成"潜力板"的关键一步。

党的十八大以来，以习近平同志为核心的党中央科学判断经济形势，提出以"创新、协调、绿色、开放、共享"为主要内容的新发展理念。贯彻新发展理念是新时代我国发展壮大的必由之路。

实现区域协调发展是贯彻落实协调发展理念的重要方面，也是广东发展的重要课题。党的十八大以来，广东致力增强区域发展协调性，推动省内区域发展取得显著成效。珠三角核心区发展能级不断提升，广州、深圳的辐射带动作用更加明显，区域协作不断增强，粤东粤西粤北深入实施振兴发展战略，区域发展水平持续提升，区域经济社会发展的

第二章　协调

整体性、协调性也有一定改善。但同时，我们也应当看到，区域间的发展差距仍旧明显，进一步推进区域协调发展仍面临较多难题。

区域发展不平衡三大难点待破解

总体来看，广东的区域经济发展不平衡主要体现在以下三个方面。

一是区域经济实力存在较大差距，珠三角和粤东粤西粤北经济总量悬殊。根据《广东统计年鉴2021年》数据，2020年，粤东粤西粤北12市GDP合计占全省比重19.2%，其中东翼占6.4%，西翼占7.0%，山区占5.8%。粤东粤西粤北在全省的经济占比进一步缩小，而珠三角九市的经济总量占比扩大到80.8%，两者GDP的绝对差距已经超过4倍。在珠三角九市中，区域差距也比较明显，仅广州、深圳两市的GDP就占全省的47.6%。

二是区域发展所处阶段明显不同，珠三角的经济发展水平更高。受经济实力的影响，珠三角地区的劳动力受教育水平更高，人力资本积累更快，科技创新和技术进步对经济增长的作用更加突出。而粤东粤西粤北的发展还在要素规模扩张阶段，不少城市处于交通末端，还有一些山区，发展程度较为落后，对人才、资金、技术等要素资源吸引力相对薄弱，经济发展的创新动力不强，对高新技术产业的集聚能力也不够。

三是区域产业层次差距明显，粤东粤西粤北地区的产业配套能力还有待加强。珠三角特别是广州、深圳的产业发展层次较高，而粤东粤西粤北的产业基础还相对薄弱。尽管在省内已经形成了一些产业协作共建的对口帮扶机制，如建设广清经济特别合作区、深汕特别合作区、深河产业共建示范区等，但这些产业分工还并不是很深入，要想实现真正的区域产业联动发展还有较长的路要走，粤东粤西粤北地区的投资环境、营商环境、产业配套能力还需进一步提升，才能接得住产业、引得来企业。

为了弥补区域发展不平衡不协调的短板，广东在促进粤东粤西粤北地区振兴发展的基础上，提出加快构建"一核一带一区"区域发展格局，这是在粤港澳大湾区国家战略提出之后，广东进一步构建区域发展格局的新探索，也是把发展短板加快变成"潜力板"的关键一步。应紧紧围绕这一战略，按照全省一盘棋的思路，以加强交通基础设施互联互通为基础，进一步强化珠三角核心引领带动作用，推动北部生态发展区绿色发展，加快建设现代化沿海经济带，大力促进城乡融合发展。

●◯ 力促省内不同区域各展所长、优势互补

粤港澳大湾区中的珠三角九市，是在广东省内经济发展中起到引领带动作用的九大核心城市，相比粤东粤西粤北地区，经济发展水平较高，资源要素相对集中，不仅有广州、深圳这种经济实力雄厚、创新能力突出的超大型城市，还有佛山、东莞等制造业大市。在"双区"叠加"乘数效应"不断释放的利好下，广州、深圳加快"双城"联动、强强联合，核心区主引擎作用进一步凸显。粤东地区自然资源丰富，在海洋经济、侨乡侨资等方面具有得天独厚的优势，民营经济也比较发达。粤西地区东接粤港澳大湾区、西临环北部湾经济区，地理位置优越。粤北山区土地、林业、矿产和旅游资源丰富，生态环境优势较为突出。"一核一带一区"区域发展格局的提出，就是在充分尊重和考虑省内各区域的资源禀赋优势的基础上，着力促进不同区域各展所长、优势互补，加快实现更加充分、更加协调、更加平衡的区域发展。

具体来看，珠三角要发挥核心引领带动作用，需要进一步提升发展能级，但其发展空间已经相对受限。以深圳为例，经过40多年的高速发展，工业用地已经所剩无几，为了实现更高质量的发展，就需要把一些产业转移出去，这是产业梯度转移发展的普遍规律。珠江口东西两岸的经济发展也并不平衡，以珠海为代表的珠江口西岸都市圈的辐射带动作用较弱，也需进一步加强区域产业协作，提升城市发展能级。另外，粤东粤西粤北地区还有比较丰富的土地资源，劳动力、水、电等要素资源相对充裕，发展成本比较低，在产业梯度转移和协作发展的过程中具有明显的后发优势。

因此，发挥不同区域的资源禀赋优势，推动更平衡、更协调的区域发展，重点是要加强区域协作。珠三角地区依然是发展核心，要加快集

第二章

协调

聚高端产业，突出创新驱动、示范带动作用，引领全省发展；从珠三角沿海向东西两翼拓展构成的沿海经济带，要进一步深化区域合作，加强产业共建，加快推动重大产业、战略性新兴产业向东西两翼沿海地区布局，共同打造世界级沿海经济带；北部生态发展区应立足生态优势，坚持生态优先、绿色发展，与珠三角高端产业加强对接协作，加快构建与区域发展功能相适应的绿色产业体系。

粤港澳大湾区建设带动城市群高质量发展

2019年中共中央、国务院印发《粤港澳大湾区发展规划纲要》（以下简称《纲要》），《纲要》提出，将港澳融入国家战略发展框架，不仅能为港澳拓展经济腹地，也为促进珠三角进一步开放融合、广东深层次推进区域协调发展带来更多机遇。

珠三角城市群拥有较为完整的产业链供应链体系，但除深圳、广州外，其他城市的自主创新能力并不突出，优质公共资源也相对欠缺。同时，受土地、原材料、劳动力等生产要素成本攀升，国内外经济不确定因素增多，疫情形势严峻反复等影响，珠三角的外向型经济发展已经受到明显制约。另外，港澳的产业结构比较单一，服务业高度发达，土地空间有限。而由于内地城市，特别是像深圳、上海这样国际化程度较高城市的飞速发展，香港、澳门也面临越来越激烈的竞争，尤其是澳门，博彩业一业独大，受到疫情冲击较大，面临巨大压力，产业多元化势在必行。

珠三角与港澳地区的产业互补性较强，粤港澳大湾区通过打造三大极点，促进差异化的分工与全方位合作，全面带动城市群崛起。具体来看，港深的现代金融与科技创新可以深度融合；澳珠的全方位合作既可助力澳门经济适度多元化，又可提升珠海发展能级；广佛同城化建设，为广州的商贸服务和佛山的工业制造都提供了更大发展空间。同时，以"两廊两点"为主要架构的创新体系又将三大极点的发展串联起来，以此带动整个大湾区城市群的高质量发展。

港澳地区在我国对外开放过程中具有独特地位，一个是国际金融、航运、贸易中心，另一个是中国与葡语国家交流合作的纽带，都是加快推动内地"走出去"和"引进来"的重要桥梁。而广东省本就是我国对外开放的窗口，粤港澳大湾区在原有的珠三角城市群的基础上，加入了港澳，合力打造构建新发展格局的战略支点。

广东举全省之力推动粤港澳大湾区建设，积极推进经贸规则与港澳衔接，大力开展城市间的跨境合作，不仅为省内城市承接港澳高端要素创造了条件，也为探索区域合作体制机制创新积累了更多宝贵经验，有利于增强珠三角地区的核心引领带动作用，更好地统筹珠三角与粤东粤西粤北地区的产业布局，在更大范围形成梯度发展、分工合理、优势互补的产业协作体系，加快带动广东全省实现协调发展，进而更好发挥经济大省的优势，增强对全国发展的带动作用。

区域产业共建开拓协调发展新路

产业共建是广东促进城乡区域协调发展的一项实践创新，既能为珠三角更高水平的发展腾挪空间，又能为粤东粤西粤北协调发展注入强大动力。

目前，广东已经形成了如广清、深汕、深河等一批产业协作共建的对口帮扶机制，并且成果丰硕。广清经济特别合作区启动建设，广清空港现代物流产业新城建设加快推进，广清产业转移工业园已发展为年产值超过百亿的省级先进工业园区。深汕特别合作区加快建设，海王医药、比亚迪等一批龙头企业落户汕尾，有利于吸引更多上下游企业加速集聚。深河产业共建示范区建设进展顺利，深圳南山河源高新区共建产业园起步园区已建成开园，中兴通讯生产研发培训基地落户，助力河源加快打造千亿级电子信息产业集群。

近年来，广东上下紧紧把握粤港澳大湾区、深圳中国特色社会主义先行示范区"双区"建设的重大战略机遇，因地制宜、分类施策，"一核一带一区"建设取得积极成效。但同时，广东区域发展不平衡、不协调的情况仍然存在。作为全国经济大省，必须尽快培育新的区域经济增长极，提高广东经济发展的平衡性和协调性。

广东此前按照五大都市圈的布局加快区域协调和城乡融合发展，"大广州""大深圳"这两大都市圈因为有广州、深圳两大龙头城市的加持，已经形成了区域"双核"增长极。

为了着重支持珠江口西岸、汕潮揭、湛茂都市圈发展壮大，广东制定了支持珠海建设新时代中国特色社会主义现代化国际化经济特区、支持汕头建设新时代中国特色社会主义现代化活力经济特区、支持湛江加快建设省域副中心城市的专项文件，其目的就是要激发其他三大都市圈的发展动力，推动珠江口西岸崛起、沿海两翼齐飞，进一步减小区域发展差距，培育更多新的经济增长极。珠海正在全方位推进珠澳合作，共同增强澳珠极点作用，并已经建立横琴粤澳深度合作区。广州与湛江、深圳与汕头的深度协作机制也已经建立，将会更快带动沿海经济带东西两翼发展。

尽管广东的区域产业共建和新经济增长极培育已经取得一定成效，也积累了不少经验，但区域产业协作还有很大的合作空间，产业共建的体制机制也需进一步完善。

一是珠三角核心区内部发展协调性有待增强。在珠江口西岸，以横琴粤澳深度合作区为主要载体的粤澳共商、共建、共管、共享的新体制还处在探索完善阶段，除了要继续加强珠澳极点合作之外，还要进一步深化珠江口东西两岸协同发展，加快东岸创新要素和产业资源向西岸延伸布局，打造更多融合发展支撑点，才能持续强化珠三角的发展引擎功能。

二是对口帮扶机制需要持续完善。在对粤东粤西粤北地区的帮扶上，以广湛、广清、深汕、深河等对口帮扶机制为主要抓手，除了积极促进产业跨区域转移，共建产业园区、创新载体等合作平台，还需在规划衔接、利益协调、激励约束、资金分担、信息共享、政策协调等体制机制上不断探索创新，推动以"一盘棋"的思维来构建区域创新链、产业链和供应链。

顾乃华

扫码关注
"广东加速度"

全面建成小康社会

▶ 政策引领

连樟村蝶变记

2019年10月23日，距离习近平总书记到清远调研仅过去一年，连樟村的面貌已焕然一新。村庄里的文化设施越来越丰富，公厕等各种配套设施也逐渐增多。驻村第一书记江金球说，目前连樟村正在建设的项目达19个，建成后村容村貌会更上一个台阶。

一年来，当地干部群众牢记总书记的殷殷嘱托，撸起袖子加油干，推动经济社会发展取得新成就、人民群众展现新风貌。

他，致力于农村电商发展

"发展互联网农村电商，助推乡村产业发展，全面建成小康社会一个都不能少。"走进位于英德市英红镇的果康源农产品专业合作社生产加工基地，正对着大门的二楼阳台走廊白底墙上，印着一行硕大的红字，显得格外醒目。合作社理事长宋勇辉称，这句话是激励自己和社员行动的格言。

2018年，习近平总书记在英德市电子商务产业园调研时，来到果康源展销部，关心合作社各种农产品的销路。宋勇辉说："总书记问道，

第二章 协调

你是怎么把农产品卖出去的？我说，通过线上线下全网销售，主要依靠电子商务。总书记说，很好，要多为农民卖农产品。"

宋勇辉是一名地地道道的农民，也是远近闻名的农村电商达人。2013年底，他参加了广东省"百万农民学电脑"粤北片区（清远）培训班，开始"触网"。2014年1月，他出资组建电商运营团队开设天猫店销售英德红茶，但因为缺乏经验而失败了。

后来，他发现网上很少人卖广东特产水果，于是改变策略，在电商平台销售自家果园产的黄皮、杨桃、柠檬、番石榴等水果。2015年1月，宋勇辉牵头成立了专业合作社，通过"基地+专业合作社+农户+互联网"的方式，带动100多户村民种植红薯，并于当年8月建成农产品厂，对农产品进行深加工，提高了农产品附加值。2018年开始，他还带头试验以滴灌技术种植红薯，第一年效果不明显，第二年效果显著，亩产翻了一番。

"我们现在的短板就是太粗放，很多初级农产品没有生产许可证，没办法上各类平台销售。"宋勇辉表示，合作社筹资300万元在2019年建立符合食品安全认证的3条农产品加工生产线，确保生产的产品达到食品卫生要求，"我们要从以前的小作坊变成品牌企业"。

"我一直牢记总书记的嘱托，帮农民多卖点农产品，带动更多人增收致富。"宋勇辉说，他对未来发展充满信心，"生产线建成后，可以将生产效率提高10倍，带动500户以上的农民致富奔康"。

他，奔走在乡间带领村民致富

2019年10月21日傍晚，赶着送村里一名参加主题教育活动的老党员回家，陆飞红简单扒拉了几口饭，3分钟就解决了自己的晚餐。然后，他又急忙赶回村里的党群服务中心，与村两委委员们碰头，落实23日乡贤、外嫁女返乡活动有关细节。布置完有关工作，已经是晚上7时多，陆飞红这才松了一口气。

陆飞红是村民公认最忙的人，加班加点是常态。问他过去一年做得最多的事情是什么，他开玩笑地说"晒太阳"。村里现在同时有19个项目在推进，作为统筹者的陆飞红，都得一一跟进落实，加上连樟村各种接待视察任务多，陆飞红是首席解说员，每天都在村里来回穿梭，自然

2020年6月19日，"脱贫奔小康文明新生活"广东省决战决胜脱贫攻坚社科普及系列展演活动在清远连樟村举行首场展演。

日晒机会很多。

2018年，习近平总书记来到连樟村时，陆飞红在村委会门口迎接，一见面便给总书记敬了一个标准的军礼。原来，陆飞红17岁入伍参军，19岁退伍回到了家乡。"当时村里正在招聘民兵营长和治保主任，月薪600元，因为工资太低，年轻人都不愿意干，时任村支书卢福德看中我务实肯干，极力动员我留在村里工作。说句心里话，当时我犹豫过、徘徊过，也想去外面打工挣钱。"

"媳妇常问我，这份工作很辛苦，收入又微薄，你到底图个啥？我也没有什么大的想法，就是觉得我是一个兵，党和国家培养了我，我要为乡亲们做点好事、干点实事。"陆飞红说。2017年4月，扶贫工作队结合村级换届选举，推选陆飞红担任村党总支书记，他上任后就带领村民拆掉200多间破旧房屋，着手推进发展产业项目、环境整治等。

"总书记来我们村考察调研后，更坚定了我留在村里服务的决心。"陆飞红说，自己要扮演好乡亲们脱贫致富带头人的角色，在各级政府的大力支持下，让连樟村实现振兴发展。陆飞红说，偶尔闲下来时，他喜欢站在党群服务中心的天台上远眺群山、近看村庄，"看着越来越好的家乡，村容村貌一天比一天漂亮，产业项目越来越多，村民们安居乐业，觉得再苦再累都是值得的"。

他，努力脱下"贫困帽"

困难群众是习近平总书记最牵挂的人。2018年，习近平总书记一行来到连江口镇连樟村，走进贫困户陆奕和家中，详细了解他的家庭情况，询问他生活怎么样、有哪些困难。坐在椅子上，习近平一直紧紧地握着陆奕和的手。回忆起当时场景，陆奕和觉得就像发生在昨天一样，至今回想起来依然激动。

2016年以前，陆奕和家中6口人只有他一个劳动力，因3个小孩读书、妻子患病残疾、父亲年事已高，他被牵绊着不能外出打工，经济来源十分有限。2015年，他们家人均可支配收入不足3000元。

"以前村里没啥产业，没有就业机会，自己又脱不开身，一家人的收入全靠几亩田。最困难的时候是2014年、2015年。大女儿上大学，二女儿和儿子又同时上高中，还有老人家和老婆要看病，真的是借钱度日。"陆奕和一家集因学、因病、因残、因缺劳力等多种情况致贫，于2016年被认定为贫困户，但随着村里的产业发展，他家也逐渐脱贫。

2019年，陆奕和承包的竹山超过60亩，每年仅卖竹笋的纯收入就有三四万元，加上闲时他可以去村里的仙草园、农业科技园务工挣钱，他的收入越来越高。最让陆奕和开心的事情是二女儿和儿子考上了大学，二女儿学历史文化教育，儿子学医，而大女儿已大学毕业参加工作。村里人都说，以前，陆奕和沉默寡言、不太爱笑，如今变得爱笑了，脸上常挂着笑容。

▶政策引领

车村三年"逆袭"记

走进惠州博罗县泰美镇车村，一幅幸福的乡村画卷徐徐展开。村庄干净整洁，一栋栋农家庭院错落有致，沿路见蔬果，庭院闻花香。在新时代文明实践站功能室，村民或下棋或把玩乐器，学生练习书法；老人在广场喝茶聊天，闲适的生活让城里人都羡慕不已。

作为一个历史悠久的古村，泰美镇车村近年来人居环境建设水平不断提升，村容村貌更美了，文艺活动更丰富了，焕发着新气象。

村民日子越过越红火

车村毗邻东江，离圩镇比较远，曾经交通不便，村容村貌落后，村民生活困苦。2017年，车村还被戴上了"党组织软弱涣散村"的帽子。

"这些都是老皇历了，车村今时不同往日，不再是穷乡僻壤。"对于车村的变化，村民有着说不完的话：道路硬底化，装上了路灯；村庄干净整洁，有生活污水处理设施，还有垃圾收集点、定时清运；清拆了破旧泥砖房，村容村貌更美；村里有了文化广场，村民休闲有好去处；芦泰公路建成，车村不再偏僻……

村容村貌焕然一新，村民生活逐渐富裕。曾经的贫困户车业浩深有感触，从紧巴巴的日子到小康生活的"逆袭"仅用了短短三年时间。2017年底，因病致贫的车业浩被纳入精准扶贫对象，在帮扶单位以及镇、村的帮助和支持下，通过小额贷款的方式在家发展养鸡养猪养鱼产业，小日子过得越来越红火。2020年9月，仅卖猪便收入4.5万元，"现在养了两头母猪、20多头小猪，圈养了一批鸡，承包了8亩鱼塘，日子越过越好！"车业浩笑着说道，接下来他还计划在家附近的空地上打造乡村农家乐。

"车村通过扶贫与扶志、扶智相结合，引导贫困户自主经营种养生产，自力更生创业脱贫，带领村民脱贫致富奔小康。"泰美镇车村相关负责人介绍，2020年，全村结对联系贫困户15户，通过修路、改水改厕、改造住房等，改善了贫困户的生活环境。同时，通过取得上级扶持村集体经济项目分红增加村集体收入，助力村民增收。如今，"惠州市生态村""博罗县三星级名村""博罗县文明村""泰美镇优秀基层党组织"等荣誉越添越多。

千年文化培育文明乡风

"'忠孝传家、诗书继声'这八个字一直是车氏家族代代相传的家训。"在车氏宗祠里，70多岁的退休老教师车应腾为大家阐述着村史家训，下面坐着的有镇村干部，有普通群众，有老党员，也有小朋友，大家都认真听讲。

生活富裕了，村民开始追求精神生活，打造内心的"小康"。车村山灵水秀，人文底蕴深厚。村内有一座2000多年历史的汉朝古庙——姚夫人庙，一座640多年历史的明朝京城王侯府第式建筑——车氏宗祠。现如今，车氏宗祠已成村庄文明乡风的孕育之地，每逢传统节日来临，这里便开展群众性文明实践活动，引导居民尊道重义，移风易俗。

为了增强村民的文化自信和对乡村的热爱之情，新时代文明实践站还打造了村史馆，将村情村史、老物件、老照片梳理展陈，激发村民积极地参与乡村文化建设和乡村经济发展。除此之外，音乐室、国画室、棋牌室等功能室一应俱全。镇村干部表示，功能室与村里的小学共用，适合对孩子们开展艺术教学，提升孩子们的综合素质。

有了新时代文明实践站，村里的文化活动也丰富起来。镇村干部介绍，2020年，共举办主题活动40余场次，活动对应人群涵盖全村各个年龄段。村民车影兰高兴地说："吃不愁穿不愁，闲来没事跳跳广场舞，村里还不时有文化活动、文艺表演、孩子的公益培训班等，生活很幸福！"

专家点评

全面建成小康社会是中国共产党向人民、向历史作出的庄严承诺，是14亿多中国人民的共同期盼。广东牢记嘱托，如期全面建成小康社会，让人民群众的获得感成色更足、幸福感更可持续、安全感更有保障。

"一核一带一区"

▶ 政策引领

活力广东打造五大都市圈

2021年2月9日，广东省自然资源厅发布了《广东省国土空间规划（2020—2035年）》（以下简称《规划》）编制的初步成果并进行公众咨询。《规划》提出未来十五年内全省国土空间开发保护的总体格局和安排，将围绕构建"一核一带一区"区域发展格局，全面构建安全、繁荣、和谐、美丽的高品质国土。

交通：构建"12312"交通圈

《规划》提出，优化"一核一带一区"产业空间布局，建设世界先进制造业高地。同时，加快构建五个现代化都市圈。携手港澳构建国际一流湾区，推进都市圈协同一体发展。以超大特大城市以及辐射带动功能强的城市为中心，以"一小时通勤圈"为基本范围，建设广州都市圈、深圳都市圈、珠江口西岸都市圈、汕潮揭都市圈、湛茂都市圈等五个现代化都市圈。以都市圈为主体形态推动强核筑带、带动北部融湾，促进城际空间功能协同一体。

值得关注的是，《规划》将通过构建"12312"交通圈、建立"三横六纵两联"的综合交通体系、提升交通基础设施服务水平，以及预留六大重要廊道来提升城乡居民出行品质。

"12312"交通圈主要是指1小时通达粤港澳大湾区、汕潮揭都市圈

第二章

协调

113

和湛茂都市圈内部；2小时通达粤港澳大湾区至粤东粤西粤北地区；3小时通达全国、东南亚主要城市；12小时通达全球主要城市。构建"三横六纵两联"的综合交通体系旨在对接国家综合交通骨干网布局，推进高快速铁路、高速公路和高等级航道网建设，形成综合立体、能力充分、高效衔接的综合交通网络。在提升交通基础设施服务水平方面，稳步推进国、省道提质升级，提升县道、乡村公路技术等级和覆盖率。

《规划》预留了六大重要廊道，包括京港澳高速磁悬浮、沪（深）广高速磁悬浮，以及粤北至沿海经济带高快速铁路、琼州海峡通道、粤东至粤西沿海高铁、北部生态发展区快速铁路。首次明确提出了两大磁悬浮高速通道的构想。

环境：至2035年，全省建设2.6万千米碧道

《规划》提出打造集约高效的城镇空间。按照2035年全省常住人口规模1.3亿、年均增长约115万人、城镇化水平约80%的预测目标推进城镇化发展。珠三角地区人口从2018年的6301万到2035年规划为8440万，常住人口城镇化率达90%。

同时，建设品质一流的珠三角世界级城市群。按照极点带动、轴带支撑的网络化布局要求，建设以广州、深圳为双核心的两大国际化都市圈及协同发展的珠江口西岸都市圈，加快珠江口东西两岸融合互动发展。另外，建设以珠三角世界级城市群为核心，汕潮揭、湛茂都市圈为

"12312"交通圈构建逐步成形

两翼的中国南海岸大都市带。

《规划》提出营造记得住乡愁的农业空间。培育珠三角都市农业区、粤东精细农业区、粤西高效农业区、粤北生态特色农业区四大农业功能片区和蓝色农业带。优化精细农业空间布局，塑造精美农村特色风貌。同时，塑造山清水秀的生态空间。全省划定生态保护红线52 782平方千米，占全省陆海总面积21.80%；全省陆海自然保护地29 549平方千米，占全省陆海总面积12.08%。

至2025年，全省建设7800千米碧道，全省重点河段骨干碧道网络基本形成。至2035年，全省建设2.6万千米碧道，实现"水清岸绿、鱼翔浅底、水草丰美、白鹭成群"的美好愿景。

愿景：打造世界窗口、活力广东、诗画岭南、宜居家园

国土空间规划是国家空间发展的指南、可持续发展的空间蓝图，是各类开发保护建设活动的基本依据。《规划》以当好"两个重要窗口"为主题，坚持"高水平保护、高质量发展、高品质生活、高效能治理"的规划理念，提出面向未来广东国土空间开发保护的基本思路。

《规划》提出"世界窗口、活力广东、诗画岭南、宜居家园"的发展愿景，"中国特色社会主义先行区、高质量发展的引导区、美丽中国建设的典范区、开发包容智慧的宜居家园"的总体定位，"安全国土、繁荣国土、和谐国土、美丽国土"的发展目标。

提出"一核两极多支点"的开发利用格局。"一核"指强化珠三角核心引领带动作用。"两极"是支持汕头、湛江建设省域副中心城市。"多支点"则是建设若干个重要发展支点。此外，构建"一链两屏多廊道"的国土空间保护格局。"一链"指构建南部海洋生态保护链。"两屏"为加强北部环形生态屏障和珠三角外围屏障整体保护。"多廊道"即形成通山达海的生态廊道网络系统，加强以重要河流水系和主要山脉为主体的生态廊道保护和建设。

蓝图已绘就，全省正吹响构建"一核一带一区"、加快推进区域协调发展的新号角。

▶ 科研推动

"永兴号"穿越海底主航道

"永兴号"盾构机攻克广湛高铁湛江湾海底隧道最大难关

2022年9月13日上午10时，由广东广湛铁路有限责任公司投资建设，中国铁路设计集团有限公司承担EPC工程总承包，中铁十四局集团承建的广湛高铁湛江湾海底隧道"永兴号"盾构机顺利穿越湛江湾主航道，其间对湛江湾主航道未造成任何影响，标志着湛江湾海底隧道成功攻克了新的技术难关，取得进展性突破。

湛江湾海底隧道是全线控制性工程，单洞双线，其中盾构段7551米，盾构开挖直径14.33米，管片外径13.8米，是国内目前独头掘进距离最长的穿海高铁盾构隧道。

"湛江湾主航道是湛江湾海底隧道工程中的一级风险源，也是穿

"永兴号"盾构机

越的最深处，对盾构机操作、参数控制、设备性能等要求十分严格，施工面临诸多困难与挑战。"盾构经理王浩介绍，湛江湾主航道下水压更大，盾构机在海底最低点长距离掘进承压性能面临巨大考验。同时，随着掘进里程的延伸，在海底超长距离掘进条件下，物料运输、刀具磨损换刀、泥浆管路防爆、盾尾密封安全、长距离通风等技术难题需要逐一破解。

此次通过的湛江湾海底隧道主航道长195米，为湛江湾海域最重要的海上运输线，最大水深20.8米，最低点覆土16.7米，最大水压6巴，相当于在一个指甲盖大小的面积上承受6千克的压力，施工难度和风险很高。

为顺利实现"永兴号"盾构机穿越湛江湾主航道，项目加强海上监测与洞内监测，实行24小时领导盯控，并邀请盾构专家把关研讨技术方案，确保以最快的速度、最小的扰动完成盾构下穿任务。穿越主航道期间，广湛公司、总包部、监理单位以及项目部形成联动机制，制订严密的施工方案和应急处置方案，优化施工组织，强化过程安全质量管控，并通过智慧指挥中心实时监控湛江湾主航道各项数据和"永兴号"各项参数，确保安全平稳穿越。

湛江湾海底隧道顺利穿越主航道，标志着广湛高铁项目建设进入"加速度"阶段。

国内独头掘进距离最长海底隧道

隧道全长9640米，其中明挖段1148米，U形槽段1140米，盾构段7551米，海域段约2500米，盾构开挖直径14.33米，管片外径13.8米，内径12.6米，是国内目前独头掘进距离最长的大直径穿海高铁盾构隧道。

该隧道具有开挖断面大、地质条件差、废弃泥浆多、易结泥饼、建设标准高、关键技术多等特点，国内外可供参考经验少。中铁十四局结合多年来穿江越海盾构施工的丰富经验，对此次穿海盾构机的刀盘结构、刀具类型、环流出渣、耐压耐腐蚀性能等各方面进行了针对性研究、设计。

任重道远、砥砺前行。粤西加快融入粤港澳大湾区联动发展步伐，

第二章 协调

广湛高铁海底隧道建设

积极落实省委、省政府关于构建"一核一带一区"的决策部署，发挥差异化优势，探索一条质量更高、结构更优的发展新路。

专家点评

加快构建形成由珠三角地区、沿海经济带、北部生态发展区构成的"一核一带一区"区域发展新格局，是广东提高发展平衡性协调性的重大举措，也是打造新发展格局战略支点的重要抓手。

区域产业共建

高铁拉来"黄金万两"

高铁拉来的人流、物流、信息流、资金流，进一步吸引了珠三角企业向粤东粤西粤北进行更大范围和更高层次的产业转移，形成极具活力的经济带和新的增长极。

振兴粤东粤西粤北，交通先行。2021年，随着赣深高铁的正式开通，广东省河源市结束了不通高铁的历史，这也意味着广东省实现了"市市通高铁"。"高铁时代"渐行渐近，列车所到之处，一座座新城平地而起，一个个高端项目从珠三角加快向粤东粤西粤北布局，重构着广东区域发展的新格局。

粤北：高铁把招商送上快车道

乐昌地处广东最北端，距离珠三角300～400千米，对很多企业来说，这刚好处在一个物流半径的临界点，地理区位处于劣势。乐昌产业转移工业园2006年成立，但直至2014年，园区才落地16个项目，平均每年2个，珠三角的企业过去考察，开车要3～4小时，交通不便是很多企业放弃投资的主要因素。

起初规划的武广高铁乐昌东站距工业园区仅一步之遥。这"一步"让乐昌人民等了很多年。2012年4月，武广高铁英德西站正式开通运营，让乐昌重新燃起对高铁站"转正"的希望。当年8月，乐昌市委市政府与

第二章 协调

武广客运专线有限责任公司签订站房建设合同：乐昌东站建设为办理客运业务的中间站。

2017年，高铁站开通后，从广州、深圳到乐昌不到一个半小时，对珠三角企业来说很具诱惑力。珠三角地区正面临着产业结构调整和城市功能升级，已经开始了新一轮产业辐射和转移的高潮，乐昌正式融入珠三角"一小时经济圈"，这里将成为众多企业的"抢滩之地"。

高铁站开通当天，园区就集中签约了6个招商引资项目，合同投资总额13.95亿元。而到园区进行投资考察、洽谈的知名企业，比2016年同期多2倍以上。以乐昌东站通车为契机，园区工作的重点也从以往的招商引资变成了招商选资。

粤西：从原材料到新设计

位于粤西的云浮，2014年成为中国高铁城市网络的一员后，也借着高铁的"东风"酝酿新一轮的产业转型升级。从高铁云浮东站下来，不到6千米的地方，就是云浮新区的核心区。这个几乎与南广高铁通车同期设立的新区，针对云浮石材、不锈钢等传统优势产业的需求，推动卫浴空间定制产品、石材景观产品、石材机械设计等项目的设计开发和产业化。

混凝土融入纳米技术制作成灯具，石材边角料经过设计创新后制作成音箱外壳，线条简约的大理石卫浴制品……在云浮创新设计中心800平方米的设计展示推广中心，各种别出心裁的工业设计产品一下子就赢得了参观者的好评。云浮创新设计中心是云浮市政府、云浮新区投资建设的"两中心一基地"之一，已于2016年10月正式投入使用。

粤东：区域发展"同频共振"

依托高铁潮汕中心枢纽而规划建设的高铁新城拥有绝佳的地理区位优势：地处汕潮揭三市的地理中心，距离潮州市区约18千米，距离揭阳市区约23千米，距离汕头市区约22千米，距离揭阳潮汕国际机场约8千米。2013年底通车的厦深高铁潮汕站，每逢节假日"一票难求"成了当地人最大的忧虑。

潮州市政府对高铁新城有着明确的定位规划：依托厦深铁路潮汕站，打造粤东轨道交通枢纽，强化珠三角地区、海峡西岸经济区和赣闽粤原中央苏区的合作，发展商务办公、商贸物流、文化创意等现代服务业，建设区域性总部基地，为粤东地区特色商品打造国际贸易平台。

在当地人看来，高铁新城的建设对于粤东城镇群布局建设、促进汕潮揭同城化、加快区域一体化发展有着重大的战略意义。潮州依托高铁站建设高铁经济区，揭阳背靠机场发展空港经济，汕头也在加快汕头港的建设，粤东三市已就推动高铁、空港和海港联动发展达成共识，实现优势互补、互利共赢。

高铁将加速整个粤东地区与珠三角地区人员、物资、信息、资金交流，助力区域经济发展"同频共振"。

产业共建为区域经济造血

高铁所到之处，珠三角和粤东粤西粤北地区正在加速形成1～2小时交通圈，跨区域活动和要素流动正在急剧增加。广州航海学院航运经贸学院院长主要从事航运与交通经济等方面的研究，在他看来，高铁增强了珠三角对粤东粤西粤北的扩散效应，将促进广东经济由珠三角地区向粤东粤西粤北梯度推进，实现平衡发展。

"企业可以考虑将运营总部、研发中心、营销中心置于发达的珠三角地区，将生产基地建在成本较低的粤东粤西粤北地区。"高铁提高了运输效率，这客观上有利于广东省调整产业结构、健全产业链、形成珠三角与粤东粤西粤北协同分工的发展格局。

事实上，随着高铁线向粤东粤西粤北的延伸，越来越多企业正加速布局粤东粤西粤北，汕尾比亚迪、清远长隆等一系列来自珠三角的重大项目加速落地，优质资源向粤东粤西粤北聚集。

2016年底，广东省财政厅提出的财政扶持政策统筹安排210亿元用于鼓励有技术含量的珠三角地区企业优先在省内梯度转移，推动珠三角与粤东粤西粤北产业共建。

振兴粤东粤西粤北，产业共建是关键。打造跨区域产业链，是实现

第二章 协调

珠三角和粤东粤西粤北一体化发展的关键，产业共建相当于造血，在更大程度上促进了地方经济可持续发展。搭建产业共建平台，让跨区、跨市的企业找到合适的落脚点，做好跟踪服务，引导企业有序、有梯度地转移，闯出一条区域协调发展新路。

▶ **政策引领**

全省一盘棋促粤东粤西粤北发展

珠三角与粤东粤西粤北地区之间发展不平衡问题是广东面临的突出短板，也是广东实现高质量发展必须迈过的坎。基于此，广东近年来坚持全省一盘棋，实施粤东粤西粤北振兴发展战略，以交通基础设施建设、产业园区扩能增效、中心城区扩容提质为"三大抓手"，推动区域协调发展取得显著成效，促进全省一体化发展。

交通改善，粤东粤西粤北发展提速

上午9点半接到广州客户电话，立马订潮汕到广州东最近一班动车，下午3点就赶到了客户办公室，这是潮州人林先生一天的行程。林先生2017年辞工回老家创业，便捷的交通让他感觉自己好像没离开广州。

离珠三角地区越来越"近"了，这是粤东粤西粤北地区老百姓越来越明显的感受。这得益于广东省委、省政府实施粤东粤西粤北振兴战略，把交通网络外通内联作为"三大抓手"之一，推动粤东粤西粤北地区交通条件实现根本性改变。

广东近年开展的高速公路建设大会战，主战场就在粤东粤西粤北地区。而按照《广东省高速公路网规划（2020—2035年）》，到2035年，广东将新增高速公路47条，形成"十二纵八横两环十六射"主骨架高速公路网，总里程达到1.5万千米。届时，粤东粤西粤北交通将进一步改善。

所谓"路通财通"，这些交通区位条件得到明显改善的地区，往往能较快进入工业化和城镇化的快速推进阶段，加快成长为粤东粤西粤北地区新的增长极，并带动周边地区发展，从而促进区域协调一体化发展。

产业共建，狠抓超亿元大项目

2016年，汕尾高新区红草园区还什么都没有，如今一栋栋现代化厂房拔地而起。短短两年的时间，红草园区从无到有、从小到大，成为汕尾最火的产业集聚地之一。红草园区之所以不断壮大，得益于汕尾与珠三角地区间的产业共建。2017年，汕尾产业共建走在全省前列，亿元以上新动工项目33个，大幅超额完成省定任务。

汕尾产业园区的发展，正是珠三角与粤东粤西粤北地区产业共建的一个缩影。2016年，广东提出产业共建，推动同一产业、企业在珠三角和粤东粤西粤北整体布局、一体发展，形成同一水平、优势互补的分工合作格局。借此，把先进的生产力引到粤东粤西粤北，而不是传统的落后产业转移，更不是污染企业转移。

广东产业共建的一大特色是狠抓亿元以上大项目和龙头项目，提出每年20个投资超亿元的工业项目落户共建产业园。按照有关计划，粤东粤西粤北每个地市未来五年都要新形成产值超500亿元的产业集群，催生区域发展的内生动力。

广东省统计局相关报告指出，珠三角地区对口帮扶粤东粤西粤北地区工作机制逐步完善，形成全面对接、共同发展的良好态势。粤东粤西粤北将继续积极与珠三角开展产业共建，高水平承接产业转移，把粤东粤西粤北打造成为珠三角产业拓展首选地和先进生产力延伸区。

专家点评

广东以"政府推动、企业主体、市场运作、合作共赢"的方式，引导推动珠三角产业向粤东粤西粤北有序转移，积极探索区域协调发展、促进共同富裕的新模式。

▶ **政策引领**

粤西空港经济乘"机"起飞

2022年3月24日，随着航班HU7043起飞，湛江吴川机场正式投运。机场启用对粤西而言，不仅仅是交通建设的高光时刻，更是湛茂都市圈发展的新起点。湛江、茂名两地以空港经济区建设为纽带，推动湛茂都市圈繁荣。两座城市有望在生产、技术、资本等方面加强合作，增强粤西地区整体竞争力，促进粤西地区沿海经济带建设。

湛茂都市圈进一步融合

按照广东省委、省政府的规划，在"一带"即沿海经济带建设中，重点推进湛茂阳都市区加快发展，强化基础设施建设和临港产业布局，疏通联系东西、连接省外的交通大通道，拓展国际航空和海运航线。据《广东省综合交通运输体系发展"十三五"规划》，广东将重点打造"5+4"骨干机场，其中在粤西地区重点推进的就是湛江机场迁建工程。作为粤西地区综合交通体系的重要组成部分，湛江机场的迁建对粤西地区进一步完善综合交通体系至关重要。

湛江吴川机场距湛江市直线距离32千米，距茂名市直线距离38千米。新机场建成启用，湛江与茂名之间的距离在拉近，都市圈进一步融合。

交通基础设施快速发展

都市圈融合，交通基础设施先行。作为新机场的配套项目，湛江吴川机场附近的高速公路、市政道路、接驳专车等交通配套设施快速发展，掀起了一轮交通基础设施建设的新高潮。

湛江吴川市以机场建设为契机，统筹推动机场、高铁、城际、高速公路等各种交通方式无缝对接，东向将进一步强化湛茂阳城市发展轴，西向加速坡头、吴川、廉江的城镇化连接，南向将强化"与海南相向而行"。茂名化州市则打通贯穿境内的207国道、沈海高速、汕湛高速与湛江吴川机场的道路，打造现代立体综合空港物流中心。

更让人瞩目的是，湛江吴川机场未来将实现"空铁转运"无缝对接，现在的深湛铁路正线将改线经过机场设地下机场站。目前，深湛铁路湛江吴川机场支线预埋结构工程已通过项目整体竣工验收，湛茂两座城市正在大力推动项目发展。

规划建设空港经济区

在广东省十三届人大五次会议召开时，省《政府工作报告》提出：以省国土空间规划为依据，制定实施广州、深圳、珠江口西岸、汕潮揭、湛茂五大都市圈发展规划。

实际上，以空港经济区为纽带，湛茂都市圈建设正在不断加速。湛江、茂名两地早已谋划乘"机"而飞，从区域协调发展的高度规划建设空港经济区，打造一流的航空枢纽、"港产城"高度融合的创新发展示范区和生态宜居空港城，加快推动湛茂都市圈发展。

2021年6月，湛江吴川空港经济区起步区一期工程正式动工，主要发展航空运输保障、航空物流、空港旅游、先进装备制造、航空资源循环、商贸会展、大健康和现代农业八大产业。茂名空港经济区上升为茂名市发展第四平台，迎来了千载难逢的发展机遇。其中，空港经济区中的空港物流产业园核心项目可谓百花齐放：茂名化州保税物流中心（B型）已获省政府批复建设，项目首期84亩用地已落实；中通快递入园建设，首期92.5亩用地已落实。

▶ **政策引领**

深汕携手共赢打造区域协调样本

汕尾，一个革命老区，建市晚、底子薄，广东欠发达的老区。2013

年，深圳开始对口帮扶汕尾。从此，深圳把全面对口帮扶汕尾当作自家的事来办，为促进粤东粤西粤北振兴发展不遗余力，累计投入各类帮扶资金44.48亿元，在园区共建、精准扶贫等方面进行了大量有益的探索和创新，有力推进了区域协调发展，实现共赢。

汕尾投资，可享深圳扶持政策

深圳对口帮扶汕尾的重点工程是"深汕特别合作区"，由深汕两市合建，深圳主导经济事务。与深圳主导产业相配套，重点发展新一代信息技术、航空航天、新能源等八大主导产业，并围绕龙头企业重点打造云计算、食品药品、港口物流等产业集群。2016年7月，华润集团新一代数据中心正式启用投产，将来在满足自用的基础上，可为国内外其他互联网用户提供云计算服务或IDC（互联网数据中心）托管服务。

除了地理优越和生产成本较低，政策扶持无疑也是吸引龙头企业的重要因素。深圳企业到合作区投资，可以享受深圳在相关产业的扶持政策。合作区到处都是深圳元素，服务上也与深圳并无差别。

经过布局，深汕特别合作区"港产城"融合发展格局初步形成，现代产业新城的发展蓝图已成为招商引资的一张靓丽名片。据不完全统计，合作区将以PPP（政府和社会资本合作）方式投资130多亿元完成主干路网，引进165个项目，深圳主导建设发展而汕尾配合征地形成合力，合作区正成为大工地和广东发展新亮点。

引进龙头企业，培育产业集群

陆河县新河工业园早在2006年就已经设立，定位是建筑装饰城，但由于各种原因，招商引资一直停滞不前。2013年，广东省发出了振兴粤东粤西粤北的动员令，新河工业园因此重新启动。从2015年签订协议到一期项目的投产、首台电动大巴的下线，汕尾比亚迪用了不到半年时间。负责人介绍，比亚迪落户汕尾，并非落后产能转移，而是该公司产业的重要延伸和坚强后盾。比亚迪在深圳每年有几千订单，从工厂走货运物流到深圳距离太远，物流成本极高，而汕尾到深圳只有100多千米，工厂把车充好电后，司机直接开到深圳公交公司交货。这样就省了物流成本，这对公司来说是很大利好。

以"前店后厂"的产园共建，主导引进龙头企业培育产业集群，改写当地经济格局，引领跨越式发展。仅比亚迪的进驻，就为陆河地区生产总值带来至少200%的增量，并提供2万个就业机会，为"脱贫奔康"奠定了坚实的基础。

深圳总部+汕尾基地，无缝对接

汕尾市政府相关负责人表示，对深圳来讲，（汕尾）相当于一块经济飞地，能够有效地承接深圳部分的城市功能和部分产业生产环节的疏解和转移，不是低端落后产能的转移，而是产业的区域分工与协作。

深汕特别合作区管委会相关负责人说，合作区合作发展的模式就是创新，协调正是合作区应有之义，对"共享发展"大家的理解是百姓得到好处。"除了这个外，合作区在制度上，比如说生产总值的70%算深圳，30%算汕尾，财政收入50%留当地，25%给深圳，25%给汕尾，制度上就实现了共享。"

专家点评

城乡区域发展不平衡是广东高质量发展的最大短板。为了加快补齐短板，广东持续推动"核""带""区"打好特色牌、协作牌，进一步形成主体功能明显、优势互补、高质量发展的区域经济布局。

文化强省

▶ **政策引领**

广东做好"文化答卷"

2022年5月12日，新鲜出炉的《广东省2021年度博物馆事业发展报告》显示，全省博物馆的"家底"越来越丰厚：截至2021年末，全省博物馆达367家；全省有国家一、二、三级博物馆82家，数量居全国第二位；全省博物馆藏品达251.98万件（套）。这是广东在文化强省建设方面取得的成果之一。

近年来，广东始终把文化强省建设纳入"1+1+9"工作部署，摆在更加突出的位置，坚定文化自信，增强文化自觉，努力塑造与广东经济实力相匹配的文化优势，做好一张又一张"文化答卷"。其中，在公共文化、文艺创作、文化遗产方面，成绩令人振奋。

公共文化答题：覆盖全面

"三馆合一"省级标志性文化工程开工建设，该项目主体结构已封顶；中山市基层综合性文化服务中心"三三三"工作模式被文化和旅游部向全国推广；2020年12月底，汕尾市文化馆过渡馆建成开放……

五年来，广东公共文化基础设施建设取得历史性突破，为人们提供了更多文化阵地和更好的公共文化服务。目前，广东公共文化基础设施基本实现省、市、县、镇、村五级全覆盖。全省涌现粤书吧、智慧书房、读书驿站等2000多个新型阅读空间，公共文化设施网络进一步织密。公共图书馆总藏量等多项指标居全国首位，广州图书馆基础服务量连续6年居全国第一。

文艺创作答题：精品迭出

话剧《深海》获得第十七届中国戏剧节优秀剧目奖；全国首部4K粤剧电影《白蛇传·情》票房达到1389.7万元，成功登上中国戏曲电影票房榜首，并刷新了中国戏曲类电影票房历史纪录；曲艺作品《大营救》获得第十八届"群星奖"……

"十三五"期间，广东注重艺术精品的创作和展演，文艺精品层出不穷，满足了"老广们"的文化需求。全省创作200多台大型主旋律剧（节）目，演出总场次超过4万场。

舞剧《醒·狮》、舞蹈《与妻书》、粤剧《白蛇传·情》、潮剧《李商隐》，以及广东粤剧院曾小敏、广东潮剧院林燕云等一批优秀舞台艺术作品和个人，分别荣获舞蹈"荷花奖"、表演"文华奖"、戏剧"梅花奖"等重要奖项。

文化遗产答题：焕发光彩

广东开平仓东遗产教育基地入选"全球世界遗产教育创新十大优秀推荐案例"；2019年、2020年广东英德青塘遗址、"南海I号"两个项目连续入选"全国十大考古新发现"；2021年，全省博物馆开发文创产品2305款，实现文创产品收入3993.39万元……

"十三五"期间，广东注重对岭南文化的保护利用，加强对考古成果的挖掘、整理、阐释，以"绣花功夫"让陈列在岭南大地上的文化遗产"活"起来。

广东率先实施组建区域考古工作站、取消基建考古企业收费等举措。7个展览荣获全国博物馆十大陈列展览精品奖项，5个案例入选全国"'非遗进校园'十大优秀实践案例"和"十大创新实践案例"，打造了南粤古驿道、广州永庆坊等岭南新名片。

省文物考古研究所升格扩编为省文物考古研究院，清远英德岩山寨遗址入选"'考古中国'重大项目",填补了岭南文明起源阶段聚落考古空白。

"粤读通"项目助力文化强省建设

2022年的"4·23世界读书日","粤读通"2.0版本上线,为读者提供更便捷、内容更丰富的服务,助力广东文化强省建设。

"粤读通"是由广东省立中山图书馆(以下简称"省图")提出并建设,实现全省域"一张网,一个码",是馆际读者服务共享的具体举措。该项目是广东省文化和旅游厅面向公众推出的首个针对个人应用服务的电子证照。截至2022年4月底,已有超过20万人次开通并领取了"粤读通"电子证照。

2020年12月,省图提出了"粤读通"工程的设想,并与省内各级公共图书馆达成广泛共识,于2020广东图书馆学会年会期间启动项目建设。系统自2021年3月启动开发工作,10月便完成全广东省21个地市公共图书馆用户信息的互联互通,真正实现全省"一证通"。到2022年4月23日,"粤读通"2.0版本上线,同时推出"阅读丰富您的生活"——广东省粤读通数字资源服务平台。该平台将逐步汇聚全省22家公共图书馆的数字资源,包括电子图书、音视频资源等。

读者在"粤读通"微信小程序的"资源"板块,或用电脑登录"广东省粤读通数字资源服务平台",即可查询并免费使用全省各公共图书馆的数字资源;通过扫码关联平台后,还可将电子图书、数据库等"一键发送"到身边的电脑,随时随地畅享阅读。

▶ **政策引领**

留住乡愁　守住根脉

悠久灿烂的文化、独特的自然地理环境,为广东留下丰富的历史文化遗产。习近平总书记在视察广东时强调要高度重视历史文化保护,要求我们注重文明传承、文化延续，让城市留下记忆，让人们记住乡愁。多年来，广东无论政府还是民间，都为岭南文化的传承做了大量工作，努力守护着岭南文化的根脉，也丰富了老百姓的文化生活。

传承粤剧：全球粤剧"发烧友"赴穗参与盛宴

在岭南文化里，粤剧是一大瑰宝，其发展状况最能体现岭南文化的传承。2016年6月12日，第七届羊城国际粤剧节在广州举行，全球20个国家和地区的粤剧社团、7000多人来到羊城。为何粤剧"发烧友"都要来参加这一场粤剧盛宴？在很多华人眼里，广东其实就是粤剧发展传承的中心，这里有着适合粤剧发展的土壤。

全球最大的粤剧专业团体广东粤剧院和广州粤剧院就在广州，而在广东其他县市也有不少粤剧专业团体。在湛江吴川，城乡居民历来有酷爱看粤剧的传统，"村村做大戏，处处锣鼓响"是"粤剧之乡"的最好写照。

"近年来，广州的粤剧团体发展得不错。"广州市振兴粤剧基金会理事长表示，其标志就是每年不断有新的剧目出现，还有一大批优秀的青年粤剧演员成长，脱颖而出。以广州粤剧院为例，这几年创排了不少

曾小敏、文汝清《白蛇传·千年之恋》

粤剧新戏，包括《梅岭清风》《司徒美堂》等。在2015年第27届中国戏剧"梅花奖"评选中，该院的欧凯明获得"二度梅"、吴非凡获得"一度梅"。

除了专业团体，在广东民间还散落着数量众多的"私伙局"。仅"中国曲艺之乡"广州市荔湾区就有"私伙局"团队78支，其中能为群众进行演出的团队有40多支。

非遗保护：古琴、剪纸、木雕等皆获传承

除了粤剧，其他岭南文化也一样得到发展传承。十余年来，广东的非遗保护工作走在全国前列，创下了多项全国第一，并逐步由单一、静态保护向全面、活态、整体性保护转变。

统计数据显示，广东全省共有粤剧、古琴艺术、剪纸、皮影戏四个项目入选联合国教科文组织"人类口头与非物质文化遗产代表作名录"。另外，广东有国家级非物质文化遗产代表性项目165项、省级代表性项目701项；国家级非物质文化遗产代表性传承人132人、省级非物质文化遗产代表性传承人837人。

为了保护、传承岭南文化，广东从制度上进行了保障。2020年，广东省文化和旅游厅印发《广东省"十四五"时期非物质文化遗产传承发展实施方案》（以下简称《方案》）。《方案》指出，到2025年，将完成对50名省级非遗代表性传承人的记录；组织非遗传承人群参加研修和培训累计超过1万人；建成10个省级以上文化生态保护区等。2021年，广东省共投入中央资金3577万元和省资金3374万元支持全省开展非遗保护传承。

旧城"微雕"："绣花功夫"雕刻城市，传承文化

2021年5月，广彩国家级传承人陈文敏、广绣市级传承人王新元的非遗大师工作室入驻广州非遗街区（永庆坊）。至此，非遗街区已汇聚广彩、广绣、珐琅、骨雕、榄雕、醒狮、箫笛、古琴等项目的非遗大师工作室12间。

从一片危旧老房到通过国家4A级旅游景区创建验收、创建广州首个

非遗街区，永庆坊的改造方案经历过多次转变，最后，广州摒弃大拆大建的城市更新模式，转向修缮保护，用"绣花功夫"雕刻城市，传承文化，留住乡愁。

改造后的永庆坊焕然一新　摄影/马灿

"未识广州，先闻西关。"永庆坊位于有百年历史的西关老街恩宁路上，是岭南文化的荟萃之地。如今行走在永庆坊的古建筑群落间，难以想象这里曾是广州市危旧房最集中的区域之一。

2018年10月24日下午，习近平总书记来到广州市荔湾区西关历史文化街区永庆坊，沿街察看旧城改造、历史文化建筑修缮保护情况。他指出，城市规划和建设要高度重视历史文化保护，不急功近利，不大拆大建。要突出地方特色，注重人居环境改善，更多采用微改造这种"绣花功夫"，注重文明传承、文化延续，让城市留下记忆，让人们记住乡愁。

如今，西关永庆坊旅游景区已经成为国家4A级旅游景区，成为游人品味广州百年老街市井气息、体验岭南文化艺术魅力的新窗口。

不仅是永庆坊，作为一座拥有2200多年历史的城市，广州历史遗迹丰富。为了传承文化、留住乡愁，近年来广州对泮塘五约、黄埔古港、沙面、北京路等蕴含深厚历史底蕴的地标均进行"微雕"，使其重焕活力，再现文化底蕴。

古宅保护：展示岭南建筑特色　探寻非遗传承之路

循着佛山旅游地图，走进位于佛山禅城的南风古灶景区，首先映入眼帘的就是两座有着500余年历史的古窑——南风古灶和高灶。在这两座名窑旁，充满岭南特色的明清古建筑群正无声地讲述着一段关于石湾、关于佛山、关于岭南的历史。

南风古灶旁的明清古建筑皆为南北朝向，古宅坐落整齐。在南风古灶错落的明清古建筑群中，有一间房屋别具一格，它就是林家厅。林家厅建于明代，原是当地林氏家族的家庙，在清代嘉庆年间，林家三兄弟林绍光（嘉庆丙辰进士）、林龙光（乾隆壬子乡试举人）、林缙光（嘉庆戊辰乡试举人），将家庙改建为居室，俗称"林家厅"。

除了林家厅之外，南风古灶明清古建筑群中还有一间承载着沧桑历史的古建筑——高庙偏厅。高庙始建于清代，又名"福善祠"，现为佛山市文物保护建筑，是石湾现存的"三大古迹"之一。

时光流转至今，林家厅已成为一个石湾粤剧"私伙"的集中地，周边的粤剧爱好者都集中在这里进行艺术交流，每周定期来这里表演粤剧。此外，南风古灶景区还会在明清古建筑群中不定期组织古琴演奏、书法品鉴、茶饮品鉴等活动，传扬佛山传统文化的同时，让更多市民和游客领略岭南建筑之美。

据南风古灶景区相关负责人介绍，景区内设立了国际艺术家村，现已有多名国内外知名艺术家进驻，将来会有几百名艺术家、创意者长期在此生活、创作。同时，南风古灶以明清古民居为据点，引入一批中外文化工匠、中国非物质文化遗产传承人、原创匠人入驻，已有烧窑、拉坯、微雕、剪纸、古琴、咏春拳、油纸伞等十几个非物质文化遗产项目。南风古灶景区将打造"非遗文化研习基地"，形成丰富的文化产业生态圈。

传承文化，守住根脉。广东始终牢记习近平总书记嘱托，用心用力做好文化遗产保护传承工作，大力推进岭南文化"双创"工程，并将之列为文化强省建设"六大工程"之一，加强文化资源整体保护，推动岭南文化焕发新的时代光彩。

▶ **科研推动**

从"一墩难求"看广东设计的敢为人先

"你买到'冰墩墩'了吗？"自北京冬奥会开幕以来，这成了北京乃至全国人民常挂在嘴边的一句话。"冰墩墩"，这只披着冰雪外衣的熊猫，凭借着憨态可掬的外形、圆滚滚的可爱造型迅速赢得了全国人民的喜爱，成为2022年当之无愧的"顶流"，由它衍生出的各类纪念商品更是引发了抢购热潮。

近6000件作品参与竞争，广美三种方案入围前十

2018年8月8日，北京冬奥组委正式面向全球公开征集北京2022年冬奥会和冬残奥会吉祥物设计方案。两个月之后，北京冬奥组委有关领导到广美举行宣讲会，从那一天开始，时任广州美术学院视觉艺术设计学院院长曹雪便组建了一支14人的团队，由7名老师，7名学生组成。而廖向荣则负责带领三名成员进行三维环节的创作。

据廖向荣回忆，此后的20天里，他们做了十六种方案，在正式投稿后，这些方案与来自全世界的共5816件作品一同进行竞争。"结果出来后，我们就有三种方案入围前十。"廖向荣介绍，在2019年春节前，接到了入围的通知后，14人的团队马上需要签订保密协议，并从2019年大年初二开始，他们"瞒着"家人，回到了学校开始下一轮的细化深入创作。

入围前十的三个方案之一就是"冰糖葫芦"，而"冰墩墩"的形象远远还没出现。在连续10个月的奋战过程中，大的修改有21次。但始终没有被改掉的是一开始创作的"冰糖葫芦"上的那层糖浆——后来成为独特的"冰晶外壳"。

由于需要保密，每一次修改完，相关材料不能通过网络传输，不能快递，唯有由团队成员专人带着修改好的材料飞到北京，到点上交材料后又是闭门不出，等待修改回复，然后再拿着修改意见回到广州修改。试过几次把设备都带了过去，拿到反馈意见后，就马上连夜赶工。这个过程中，除了体力上的压力，更难受的是心理压力，尽管如此，这样一个团队自始至终，没有一人退出，全员全力以赴。

作为"冰墩墩"设计团队主创成员，叶梓琪在回忆参与"冰墩墩"的设计时说，"冰墩墩"深受全球欢迎，付出总有回报，不分昼夜修改手稿成为毕生难忘的经历。北京冬奥会梦幻般的开幕、祖国运动健儿取得佳绩，也给"冰墩墩"添了一把火。可以说，它的火热来自背后有一个繁荣强盛的祖国。

"冰墩墩"载入中国体育美术史册

当年，电影《功夫熊猫》上映之后，不少人感叹，"功夫"和"熊猫"都是中国的的文化元素，但"功夫熊猫"却被外国人抢注了。对大熊猫形象，我们从来不乏想象，但《功夫熊猫》电影出来后，大熊猫形象似乎形成了某种视觉烙印。然而，这一次"冰墩墩"的出现，似乎又让我们对大熊猫的形象有了新的想象。

"在我们确定往大熊猫方向去创作之后，就专门把所有跟大熊猫形象相关的图片集中起来，创作时尽可能地跟已有的大熊猫卡通形象拉开距离。其中，我觉得最满意的是'冰墩墩'的能量环的设计，灵感来源于冬奥会主场馆外围不断变化的光带，一个椭圆形的环正好跟'冰墩墩'头部冰晶的开口吻合，并且我们在颜色上直接采用了奥运的五环颜色。"廖向荣坦言，当时给大熊猫形象头部的冰晶设计开口，并没有找到一个非常合适的设计理由，只是从视觉美学上做了设计，而能量环的出现，使得原本的设计完全有了另一层含义，而且是更深的含义。

《携手奔向美好未来》向世界推广岭南文化

2022年1月24日，由广州美术学院"冰墩墩"主创团队成员廖向荣、叶梓琪等带领学生们完成的《携手奔向美好未来》动画双语版上线，再次表达对北京冬奥会的诚挚祝福。为了让《携手奔向美好未来》及时推出，学校放寒假前一周，团队成员熬夜剪辑，又回到了创作"冰墩墩"时的状态。

叶梓琪说，这个MV创作历时2个月左右，由广美师生共同完成。其中有一段纯音乐的内容，团队把粤剧、茶文化、醒狮等岭南文化元素融入其中，既表达对冬奥会的祝福，也向世界推广中国岭南特色文化。

广州美术学院视觉艺术设计学院党总支书记罗培庆表示，"冰墩墩"的诞生是设计的传承与突破，是广美在艺术创作领域和服务国家重大战略方面取得的新成就，扩大了广美的社会及行业影响力，更扩大了中国设计、中华文化在世界范围内的影响力。"冰墩墩"的"出圈"，完整覆盖了文化

《携手奔向美好未来》动画双语版

产业全链条，集中体现了广东的创意设计和文化制造在全国的位置。

"冰墩墩"向世界传达了向着全面建设社会主义现代化国家新征程，向着实现中华民族伟大复兴的中国梦继续奋勇前进的中国新形象。罗培庆介绍说，作为"冰墩墩"的诞生地，广州美术学院视觉艺术设计学院围绕文化强省建设计划，抓住机遇，充分发挥粤港澳大湾区地域相近、文脉相亲的优势，充分发挥艺术设计的引擎作用，服务于社会高质量发展，推动岭南文化的进一步产业化，积极开展丰富多彩的文艺设计主题活动，助力大湾区的文化创意产业建设，以"设计为民，文化为先"为定位，在文化理念传播、文化品牌提升、文化专题建设、文化产业更新、文化产业人才培养等方面，发挥学院的特长，助力大湾区文化圈升级，唱响时代主旋律。

专家点评

广东要坚定文化自信、增强文化自觉，守护好精神家园、丰富人民精神生活，塑造与经济实力相匹配的文化优势，深入推进文化强省建设，不断凝聚奋进新征程的强大精神力量。

第二章 协调

新型城镇化

▶ **政策引领**

推动广深超大城市"瘦身"记

　　深入推进农业转移人口市民化是"十四五"时期新型城镇化的首要任务，包括深化户籍制度改革，放开放宽除个别超大城市外的落户限制，鼓励超大特大城市取消年度落户名额限制。2022年7月12日，国家发改委发布的《"十四五"新型城镇化实施方案》（以下简称《方案》）明确了上述内容。《方案》涵盖了我国多年来在城镇化建设方面必须坚持的基本方向、指导原则，也对存在的问题进行了规划，方案具体、全面、前瞻性强，广东省委党校原副校长、经济学教授陈鸿宇认为，"有两个核心值得关注，一是农业转移人口市民化问题，二是城镇化的空间布局和形态问题。"

积极破解"大城市病"，推动广深超大城市"瘦身健体"

　　根据国家统计局数据，截至2020年11月1日，全国城区常住人口在1000万以上的超大城市有上海、北京、深圳、重庆、广州、成都、天津7个城市。其中，广东拥有广州、深圳2个超大城市。

　　《方案》称，要转变超大特大城市开发建设方式，积极破解"大城市病"，推动超大特大城市瘦身健体。科学确定城市规模和开发强度，合理控制人口密度。有序疏解中心城区一般性制造业、区域性物流基地、专业市场等功能和设施，以及过度集中的医疗和高等教育等公共服务资源。

针对优化城镇化空间布局和形态，《方案》明确提出，提升城市群一体化发展和都市圈同城化发展水平，促进大中小城市和小城镇协调发展，形成疏密有致、分工协作、功能完善的城镇化空间格局。

近年来，广东坚持把提高发展平衡性和协调性摆在重要位置，把构建"一核一带一区"区域发展格局作为新时代破解区域协调发展难题的重大举措。2020年，广东提出打造广州、深圳、珠江口西岸、汕潮揭和湛茂五大都市圈。2021年12月发布的《广东省新型城镇化规划（2021—2035年）》对五大都市圈的范围进行了清晰界定。

放开落户限制，吸收农民工落户

"十四五"时期要坚持存量优先、带动增量，着力提高农业转移人口市民化质量。这首先要求深化户籍制度改革，放开放宽除个别超大城市外的落户限制。对此，《方案》重申了2019年以来相关文件的要求：对城区常住人口在300万以下的城市，全面取消落户限制，确保外地与本地农业转移人口落户标准一视同仁；对城区常住人口在300万～500万的I型大城市，要全面放宽落户条件；对城区常住人口在500万以上的超大特大城市，要完善积分落户政策，精简积分项目，确保社保缴费年限和居住年限分数占主要比例，并与"十四五"规划和2035年远景目标纲要的要求一致，鼓励取消年度落户名额限制。

除了深化户籍制度改革，"十四五"期间还要通过完善城镇基本公共服务提供机制、提高农业转移人口劳动技能素质、强化随迁子女基本公共教育保障、巩固提高社会保险统筹层次和参保覆盖率、强化农民工权益保障等措施推进农业转移人口市民化。

陈鸿宇表示，这次《方案》明确提出要提高户籍人口城镇化率，而全面取消落户限制，能够让城区常住人口300万以下城市容纳更多农村人口进入城市，转变为城市人口。"这次落户门槛的打破，要求城市敞开大门吸收农民工落户，同时落实好自身的实施方案，完善配套机制。农民工在就业、社保、医疗保障等方面略有欠缺，在这方面，广东应该要尽快补上这块短板。"

▶政策引领

广东松绑广深以外城市落户限制

广东省十三届人大三次会议上，省《政府工作报告》中明确提出，加快推进新型城镇化，放开放宽除广州、深圳以外的城市落户限制，做强做优县域经济，不断提升中心城区、县城和中心镇承载能力。

代表们在审议省《政府工作报告》时，"落户放开"与"人才引进"成为热词。不少代表表示，随着落户限制逐步放开，大湾区人口有望加速流动。

"放开落户限制将大大增加城市对人才的吸引力，对于企业来说，将能更好地引入人才、留住人才。"看到这一消息，省人大代表、广东昭信集团股份有限公司董事长梁凤仪开心地说。

在高质量发展的关键时期放开户籍限制政策，对广东来说无疑是一个喜讯。广东产业转型领先于全国，就业吸引力较强，放开放宽落户限制体现出更强的包容性，将会吸引更多人才前来就业。特别是粤港澳大湾区内城市，在吸引人才方面会更有竞争力。梁凤仪表示，2020年的佛山将充满活力，户籍限制放宽、GDP突破万亿大关、广佛全域同城化写入省《政府工作报告》……无疑都将加大佛山对人才的吸引力。

受益的不仅仅是人才，更是企业。无论是传统制造业还是高新产业，都离不开高水平人才和高技能人才。人才在粤港澳大湾区内自由流动，将为企业在择人、用人、留人等方面带来更多的选择。

一旦落户限制放开放宽，佛山跟周边省市的区域经济社会联系也将进一步强化。一方面是基础设施上互联互通；另一方面人的流动带来的社会联系也会加强，产业可能随之外溢。

"在放开的同时，我们也应有相对应的约束机制。"梁凤仪表示，"我们应该让前来的人才既有满腔热情，也有冷静思考。让他们明白应该为了建设而来，而不是奔着福利和待遇而来。"

"放开落户限制，对区域发展、人才集聚和资源流动是很有好处的。"来自惠州代表团的省人大代表刘光滨认为，现在的竞争不仅是人才的竞争，更是人口的竞争。

一个城市有空间的时候，人口的导入能最大限度地拉动当地经济的发展。惠州无论是发展空间、基础设施、交通位置还是营商环境都具备优势，且越来越好，尤其是启动建设"丰"字形交通轴线后，必将吸引更多人流。

如何才能用好这个政策？首先必须打造好的产业平台。产业可以聚集非常多的高端人才和人口，应通过产业集聚，实现可持续的人口导入。

产业聚集人气，不断发挥效应。户籍限制的放开，对粤港澳大湾区的城市来说是非常好的举措。有人气，就会有效益，有效益就能更好地加大基础设施的投入。随着大量的人口导入，将为城市带来非常深远的影响，在产业、人才、城市品质等多方面激发城市的潜力。

专家点评

到2035年，广东将基本实现新型城镇化，全省常住人口城镇化率预计将达到82%，城镇常住人口11 000万人，城镇化发展方式全面转型，发展质量全面提升，城镇化空间布局和形态全面优化，城市功能品质全面完善，新型城乡关系全面建立，人的全面发展在新型城镇化进程中得到充分彰显。

社会治理

▶ 政策引领

广东创新社会管理机制为全国探路

改革开放40多年来，千千万万的流动人口来到广东，在为广东经济社会发展发挥巨大作用的同时，也带来了前所未有的社会管理和公共服务压力。

从暂住证到居住证，从积分入户的探索到推动基本公共服务均等化……40多年来，广东大胆进行社会管理体制机制创新，从管理向服务转变，为全国探路，破解流动人口难题，不断增强流动人口的获得感、幸福感、归属感。

经济大省，广东流动人口遥遥领先

得益于改革开放先行一步的政策引领，20世纪80年代，广东外资企业、私营企业逐渐兴起，劳动密集型企业快速扩张，大量流动人口涌入广东。

广东省公安厅的官方数据显示，1990年第四次全国人口普查时，广东省流动人口为390多万，并以省内流动为主，外省流动人口仅占全部流动人口的32%；2000年第五次全国人口普查时，广东省流动人口达2100多万，年增长率高达18%，外省流动人口是省内流动人口的2.51倍；截至2018年6月底，广东省流动人口达4400多万，其中珠三角九市流动人口4300多万，占全省流动人口比例超九成。来自外省的流动人口有近3000

万，占总流动人口比例超六成。

"在广东约18万平方千米的土地上，密集生活了上亿人，其中有4400多万是流动人口。流动人口在为广东经济社会发展发挥巨大作用的同时，也带来了前所未有的管理压力。"广东省公安厅治安管理局相关负责人说。广东流动人口来得早、来得多，让流动人口的社会管理问题在广东出现得更早、表现得更充分。

作为改革开放的排头兵、先行地、实验区，广东为全国探路，从管理向服务转变，不断为流动人口提供更好的服务，向全国推广了流动人口服务管理的"广东经验"。

率先改革，居住证让流动人口享福利

一张小小的暂住证，是众多流动人口外地打工生活的开始。

1982年，广东省开始建立流动人口办理暂住证管理制度。2010年1月1日，由广东省公安厅起草的《广东省流动人口服务管理条例》（以下简称《条例》）经省人大常委会会议审议通过后正式实施，广东在全国率先实施以居住证为核心的流动人口居住证制度，取消暂住证。《条例》突出对流动人口的服务理念，明确了流动人口持居住证享有的权益，并要求逐步实现流动人口基本公共服务均等化。

暂住证与居住证虽然仅一字之差，但体现了广东省对流动人口根本理念和社会政策导向的改变，对流动人口从管理思维转变为服务理念。广东率先"吃螃蟹"，用居住证取代暂住证，引领风气之先，增强了流动人口的认同感和归属感。

2016年1月，国务院发布的《居住证暂行条例》正式实施，暂住证退出历史舞台。2017年，广东省对照上位法修订《条例》，把居住证的定义从单一的居住证明扩充至作为享受基本公共服务和便利、申请登记常住户口的证明。这一张小小的居住证，让广东的流动人口从此可以享受十多项公共服务和便利。

明显提速，不断提高居住证含金量

让外来人员过上美好生活，是广东服务流动人员的目标和方向。在居住证制度实施后，广东流动人口基本公共服务均等化明显提速。广东各部门各司其职，以居住证为载体，探索为流动人口逐步提供均等的基本公共服务，促进流动人口和谐融入。

其中，广东人社部门健全均等化技能培训政策，采取不分户籍、均等化的劳动者技能晋升终身补贴的培训模式，每提升一次技能，给予一次补贴，帮助异地务工人员提升技能后稳定就业。

广东教育部门加大教育资源投入，下达随迁子女接受义务教育相关资金，着力解决流动人口随迁子女接受教育问题，并适度放宽随迁子女高考报考条件。

广东住建部门推进安居工程建设，整治住房租赁市场，大力推进公共租赁住房建设，将流动人口纳入住房保障，使异地务工人员的居住条件得到明显改善。

广东各地市也因地制宜、各显神通，赋予居住证持有人更多的公共服务和便利。广东省公安厅治安管理局表示，下一步将积极协调相关部门，不断扩展居住证持有人享有的公共服务和便利的范围及种类，拓宽、拓深居住证的使用范围和应用领域，不断提高居住证含金量，推动流动人口在子女教育、住房、医疗保险等方面切实享受同等的基本公共服务和相关福利待遇。

广东经验，积分入户政策推向全国

2010年8月30日，来自广西壮族自治区钦州市灵山县农村的谢红芬从中山市公安局工作人员手中接过户口簿，成为全国首个通过积分制将户口成功转入中山市的外来务工人员。

在中山试点后，2010年6月，广东省政府出台了《关于开展农民工积分制入户城镇工作的指导意见（试行）》，明确在广东全省范围推广积分入户政策。

积分入户制度的实施，打破了户籍制度坚冰，为广东成千上万的农村流动人口提供了入户城市的机会，也为户籍改革提供了一个可行的"广东样本"。

随着2014年《国务院关于进一步推进户籍制度改革的意见》的印发，发轫于广东的积分入户政策正式推向全国，为全国农村流动人口进入城市提供了制度化的渠道，成为北京、上海、武汉等城市流动人口入户的重要途径。

改革开放40多年来，无论是居住证制度改革，还是积分入户制度的先行先试，抑或流动人口基本公共服务均等化，广东敢闯敢试、敢为人先，在流动人口服务管理模式上一直走在全国前列，为全国农村流动人口融入城市贡献了广东智慧。

▶ 政策引领

群众点赞"平安厅"

"顺德区容桂街道红旗路，几乎每晚都有摩托车'炸街'，我知道要抓现行难度大，请交管部门尽力处理一下。"

"位于禅城区季华大桥底下，东平路段，每天晚上到凌晨三点，改装车、摩托车飙车'炸街'，排气回火严重扰民，甚至多部改装车非法聚集……已持续半年之久，实在忍无可忍……"

来自广东省公安厅的信息显示，自2021年5月1日广东公安"平安厅"信箱开通以来，多名佛山群众来信反映非法改装车"炸街"噪声扰民问题。接到群众来信后，省公安厅、佛山市公安局主要领导高度重视，佛山市公安局立即组建"猎飙"工作专班，全城联动，多措并举，标本兼治。2021年5月至2022年2月，佛山全市共查处小型汽车非法改装飙车违法行为1371宗，有效减少交通安全隐患及噪声扰民现象，群众纷纷点赞。

第二章 协调

佛山警方：滚动巡查，精准拦截，源头治理

"改装车'炸街'不仅噪声扰民，而且存在极大的交通安全隐患。我们也在持续不断地进行打击查处。"佛山市顺德区公安局交警大队相关负责人介绍，部分年轻人盲目追求炫酷和竞速追逐的刺激，甚至和警方玩起了"捉迷藏"，对改装车"炸街"的打击查处变成了"游击战"。

改装车"炸街"屡禁不绝，原因在于部分群众法治意识淡薄，公安机关打击查处的力度、精准度不够，社会面非法改装车的生存土壤没有被彻底铲除。为整治这一问题，在线索来源方面，佛山警方通过"平安厅"信箱、"市长直通车"等渠道，对乱鸣喇叭及夜间飙车、"炸街"噪声扰民情况进行分析研判，对高发路段及周边道路滚动巡查，同时利用大数据梳理出违法嫌疑车辆轨迹，精准拦截。

在打击查处方面，佛山警方对近年来查处的非法改装重点车辆采取"回头看"，发现依旧存在非法改装等违法问题的，依法顶格查处；加大对酒吧、KTV、夜宵城等违法飙车驾驶人聚集场所周边道路的巡查力度，对违法改装车辆进行现场查扣。

在执法力度方面，无牌、假牌、套牌、无保险、非法改装车辆一律扣车；酒驾、无证驾驶的人员一律拘留；达到报废标准的车辆一律强制报废；涉及其他违法犯罪行为的一律立案调查。

在源头治理方面，对查处的改装车辆深挖改装源头，对改装车辆的修车门店依法严格处罚；以店查车，关停一批非法组织试车、飙车的服务商、窝点。在宣传教育方面，加强对飙车、"炸街"打击整治力度及相关法律法规的宣传。

群众点赞："平安厅"信箱非常高效

据统计，2021年5月至2022年2月，佛山全市共查处小型汽车非法改装飙车违法行为1371宗，处罚教育1371人，得到群众的点赞。

"给'平安厅'信箱写信大概一两个星期之后，这个事情就彻底

解决了。我觉得非常高效，超出了我的预期。"家住佛山市禅城区东平路某小区的巫先生对"平安厅"信箱的高效处置赞不绝口。巫先生说，东平路路面平直，噪声污染困扰小区居民长达半年之久，其间也有人报警投诉，但始终难以根治。2021年5月，他从朋友处获悉"平安厅"信箱这一渠道，便抱着试试看的想法写信，现在小区居民终于可以睡个好觉了。

"平安厅"信箱专班工作人员表示，广东公安将继续践行以人民为中心的发展思想，始终着眼于人民群众的"急难愁盼"，继续求真务实办好群众来信反映的事情，切实解决群众"急难愁盼"问题。

专家点评

广东持续加强和改善社会治理，注重在提升社会治理社会化、法治化、智能化、专业化水平上下功夫，加快构建共建共治共享社会治理新格局，推动基层治理体系和治理能力现代化建设不断迈上新台阶。

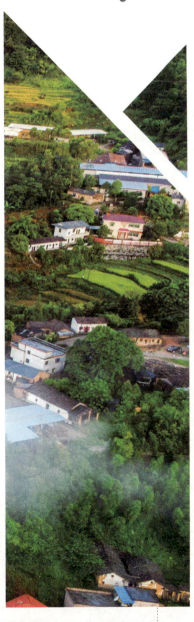

第三章

绿色

东濠涌以及遍布广东各地的绿道，都是美丽中国、永续发展的局部细节。如果方方面面都把这些细节做好，美丽中国的宏伟蓝图就能实现。

——2012年12月，习近平总书记在广东考察时的讲话

美丽碧道成为广东一张亮丽生态名片。截至2021年底，广东累计建成碧道2900千米，优美的生态环境成了人民幸福生活的底色。

党的十八大以来这十年，广东大力推动美丽广东建设，坚持绿水青山就是金山银山，近五年真金白银投入7500亿元推进环保设施建设和污染治理，污水管网长度达7.34万千米、增加1.9倍，污水和垃圾处理能力分别增加73.8%和253%。

绿水青山广东蓝，全省大气环境质量连续7年全面达标，2021年空气质量优良天数比例为94.3%，$PM_{2.5}$平均浓度降至22微克/米^3，527条城市建成区黑臭水体基本消除，茅洲河、练江从污染典型变为治污典范。

水流潺潺、鱼儿嬉戏，绿树成荫、鸟鸣清脆……珠三角国家森林城市群，华南国家植物园获批设立，全省森林覆盖率达58.7%。两岸风华道不尽，一江春水碧岭南，已从梦想照进现实。

理论视角·专家观点

"南粤红"与"广东蓝"斗艳争芳

◎ 赵细康　广东省社会科学院副院长

广东必须以更高的政治站位，以对历史和人民高度负责的态度，努力探索经济与环境协调的绿色发展之道，承担起广东作为我国改革开放的排头兵、先行地、实验区的时代责任。

改革开放40多年来，广东经济总量由1978年的186亿元增长至2021年的12.4万亿元，经济规模扩大了100多倍。在如此高速的增长条件下，广东依然保住了绿水青山，实现了经济"南粤红"与环境"广东蓝"的斗艳争芳。2021年，广州环境空气质量全面达标，其中，$PM_{2.5}$年平均浓度24微克/米^3，连续五年稳定在较低浓度水平，持续在国家中心城市中保持最优。2022年一季度，广东全省空气质量优良天数比例（AQI达标率）为96.8%。

我国改革已经进入攻坚期和深水区，经济已由高速增长阶段进入高质量发展阶段，环境与发展的关系更加复杂多变，需要跨越一些常规性和非常规性关口。作为我国改革开放的排头兵、先行地、实验区，广东省在我国开启全面建设社会主义现代化国家的新征程中，资源环境对发展的约束将更加显著，发展与环境的许多棘手问题会最先遭遇，探索生态文明建设的任务将更加艰巨，其示范价值无疑将更加显著。

从社会主要矛盾转化的高度，认识广东生态文明建设的紧迫性

党的十九大报告指出，我国社会主要矛盾已经转化为人民日益增长的美好生活需要和不平衡不充分的发展之间的矛盾。这既是重大的政治论断，又是重大的理论创新。推进生态文明建设，必须对主要矛盾的变化进行准确把握、辩证理解。

从经济学意义上讲，生态文明建设的实质是提供生态环境服务。既然是一种服务，必然涉及供给与需求两个大的方面。从供给角度看，生态环境服务具有供给的自然属性，比如自然山水、名山大川、湖光山色、花鸟虫鱼、蓝天白云，这些都无需人类生产，是大自然的免费馈赠品。工业化以来的人类生产活动，在一定程度上侵蚀和污染了自然生态环境，减少了生物多样性。所以，不恰当的经济发展方式，本质上是一种对自然生态环境服务供给的减损行为。而生态文明建设，则是对这种减损行为的抑制或减缓。广东是我国经济大省，如果生态文明建设滞后，发展方式不及时转变过来，很有可能会成为生态环境服务供给的减损大省。

从需求角度看，马斯洛的需求层次理论认为，人的需求是有层级的，并且是一个从低级到高级、从外在到内在、从基础的物质需求到更高的生态需求和精神需求的发展过程。从经济学的角度看，生态环境服务具有典型的正常商品特征，即收入越低，需求就越小；收入越高，需求就越大。在收入较低时，人们对其他商品和服务的需求要高于生态环境服务。假定生产与污染之间具有正相关性，生产规模的扩大必然带来污染的泛滥。这时，良好的生态环境就成为人们的一种需求奢侈品，需求就会急剧上升。

"十四五"将开启全面建设社会主义现代化国家新征程、向第二个百年奋斗目标进军。党的十九届五中全会审议通过的《中共中央关于

第三章 绿色

制定国民经济和社会发展第十四个五年规划和二〇三五年远景目标的建议》中提出：广泛形成绿色生产生活方式，碳排放达峰后稳中有降，生态环境根本好转，美丽中国建设目标基本实现。这说明我们的现代化是人与自然和谐共生的现代化，是绿色低碳发展的现代化。

广东是改革开放的排头兵、先行地、实验区，但从几十年的发展历程来看，过去突出解决的还是老百姓吃穿、奔小康的问题，接下来我们要全面建设社会主义现代化，要让老百姓过上美好生活，环境问题将成为新的显著的短板。习近平总书记说，要"让城市融入大自然……让居民望得见山、看得见水、记得住乡愁。"[①]老百姓也都希望住在这样的城市里，但现实的情形是，城市里的许多人打开窗户看不见山、望不见水，只见楼挨楼。

在2020年9月22日第七十五届联合国大会一般性辩论上，习近平主席宣布中国将提高国家自主贡献力度，采取更加有力的政策和措施，二氧化碳排放力争于2030年前达到峰值，努力争取2060年前实现碳中和。这一庄严承诺将对未来中国社会经济发展产生深远影响，"碳达峰"意味着我们向大气中排放的温室气体不再增加，从某种意义上可以说是粗放式发展的"天花板"；"碳中和"则要求更高，通过植树造林等方式，排放的碳与吸收的碳相等。

应对气候变化是中国对国际社会的庄严承诺。广东是改革开放的排头兵，进入新发展阶段将是全面建设社会主义现代化的排头兵，需要继续践行生态文明理念，转变发展方式，实现绿色转型、高质量发展。

◑ 从践行"两山论"的政治站位，勇担广东生态文明建设的时代责任

习近平总书记运用马克思主义哲学基本理论和方法，对环境与发展之间的辩证关系用"绿水青山"与"金山银山"进行了缜密论述、系统阐明。关于"绿水青山"与"金山银山"的关系，习近平总书记2013年9

---

① 习近平2013年12月12日在中央城镇化工作会议上的讲话。

月在哈萨克斯坦纳扎尔巴耶夫大学发表重要演讲时进行了深刻阐述。

"两山论"的思想精髓可概括为三点。第一，双赢思想。即既要绿水青山，也要金山银山。这是正确处理"两山"关系的最佳路径。第二，择优思想。即宁要绿水青山，不要金山银山。当一个地区环境容量有限，或者发展对环境的冲击太大时，必须把保护绿水青山放在更加重要的位置。第三，转化思想。即绿水青山就是金山银山。绿水青山作为生态资源、生态环境，本身就具有经济价值，可以直接或间接地转化为生产力资源。因此，保护生态环境本身就是保护生产力，就是发展生产力。

习近平总书记寄语广东要以更大的作为实现"四个走在全国前列"、当好"两个重要窗口"，要以壮士断腕的勇气，果断淘汰那些高污染、高排放的产业和企业，为新兴产业发展腾出空间。习近平总书记的殷殷嘱托和谆谆教诲，既为广东生态文明建设指引了方向，也提供了根本遵循。

深圳过去40多年取得辉煌成就其中一个很重要的原因就是践行了"两山论"，树立了"人与自然和谐共生"理念，坚持走生态优先之路；树立了"绿水青山就是金山银山"理念，坚持走绿色发展之路；树立了"良好生态环境是最普惠的民生福祉"理念，坚持走民生为本之路；树立了"山水林田湖草是生命共同体"理念，坚持走系统治理之路。深圳的经验说明，环境就是生产力，保护环境就是发展生产力，有了好环境就会吸引好的要素，优秀的企业、优秀的人才就会聚集，从而实现经济社会和生态环境全面协调可持续发展。

不难理解，生态文明建设搞好了，生态环境服务在经济体系中的比重也就加大了，经济体系的现代化程度也会更高；生态环境服务的供给质量提高了，发展的质量也将更高；人民日益增长的生态环境服务需求得到满足了，社会也就更加和谐；生态环境服务的国际竞争力增强了，开放的水平也就更高，开放的新格局也就自然形成了。相反，如果广东的经济发展了，环境却变差了，广东如何承担起向世界展示我国改革开放成就和国际社会观察我国改革开放的"两个重要窗口"使命？深圳的经验对整个广东乃至全国的发展都有重要指导意义，既是对过去宝贵经验的总结，也是接下来我们必须牢牢把握的原则，必须倍加珍惜、长期坚持，在实践中不断丰富和发展，不断探索新的经验。因此，广东必须以更高的政治站位，以对历史和人民高度负责的态度，努力探索经济与环境协调的绿色发展之道，承担起广东作为我国改革开放的排头兵、先行地、实验区的时代责任。

 ## 从重点治理与整体推进有机统一的维度，协同打好污染防治攻坚战和生态文明建设持久战

生态环境问题产生的根源在于人类生产和消费行为中存在的负外部性现象，即企业和个人在生产和消费活动中把本应由自身承担的生态环境成本转嫁给了其他人和全社会来承担，导致了资源要素和社会福利的错配，扭曲了经济结构，是一种典型的市场失灵现象。而推进污染治理和生态文明建设则是要对这种市场失灵现象进行纠偏，通过外部成本的内部化，实现资源合理配置，改善经济结构，提升发展质量，这也是绿色发展的本质含义。因为这种外部性成本是经济社会发展日积月累的结果，是经济社会活动各领域、各方面、各环节负外部性成本的加总，所以生态环境问题的形成具有长期性、系统性、复杂性特征。因此，解决生态环境问题不可能"毕其功于一役"，不能够"头痛医头，脚痛医脚"，需要进行长期治理、系统治理。

推进生态文明建设，要深刻领会习近平生态文明思想蕴含的世界观、方法论，坚持两点论和重点论的统一，分清轻重缓急，短长结合，标本兼治。既要立足当前，以重点领域、重点流域和关键环节作为突破口重点推进，着力解决群众反映强烈、严重制约转型升级的突出问题，打好污染防治攻坚战；又要着眼长远，系统推进，持之以恒，打好生态文明建设持久战。

应当注意的是，在当前经济运行稳中有变，经济发展面临一些新问题、新挑战的大背景下，必须坚决贯彻"稳中求进"的工作总基调。要创新环保方式，不搞简单的"一刀切"，切不可使环保成为压死企业的"最后一根稻草"。要因地施策、因事施策、因企施策，环保工作必须让企业有出路，而不是逼企业走绝路。环保犹如给病人治病，必须辨证施治、标本兼治。在环保政策的工具箱里，要少用甚至不用刚性、简单粗暴的"一刀切"手段，多采取弹性、灵活、协商的方式。企业生产前期有大量人力物力投入，设备也有折旧期，简单关停当然容易，但企业

如何过渡生存？人员如何安置？可不可以采取环保协议、环保合同等更加灵活稳妥的方式？这方面，发达国家曾经既有教训，也有经验。这些都是当前污染防治攻坚战应当认真研究的重大问题。

　　打好生态文明建设持久战，必须久久为功，潜心做好经济生态化和生态经济化两篇大文章。推进经济生态化，实现绿色发展，应在转变发展方式上、调整经济结构上下功夫。因此，不能离开经济谈环保，必须把环保作为倒逼、引领经济结构调整和转型升级的重要推手，把推进生态文明建设与建设现代化经济体系、推进高质量发展结合起来。如果说环保侧重于破，创新侧重于立的话，应以立先行，以立促破，破立结合。目前，广东的新经济发展良好，创新引领全国，应继续发挥既有优势和潜力，把环保作为创新的重要方向，以新技术、新工艺改造传统产业，将绿色产业培育为新的经济增长点。当经济体系中新的、绿色成分不断增多时，也意味着旧的、灰色部分的份额减少，结构调整和转型升级也就加快了。

　　省委十二届四次全会就提出了构建"一核一带一区"区域发展新格局，高标准建设生态发展区的战略构想，这是贯彻落实"绿水青山就是金山银山"思想的重要体现。建设粤北生态发展区不是停止发展，而是要以生态优先和绿色发展为引领，以生态经济化为主线，在高水平保护中实现高质量发展。生态价值需要市场机制来定价。离开了市场，生态服务的供给与需求就无法对接。没有资本，生态就无法增值。因此，生态经济化必须把市场机制引进来，把资本引进来，把生态资产与外部市场、外部需求连接起来。

理论视角·专家观点

多举措推动绿色低碳发展，促进经济社会全面绿色转型

◎ 曾雪兰　广东工业大学碳中和与绿色发展协同创新研究院执行院长、广东工业大学生态环境与资源学院教授

> 广东以约占全国7%的能耗总量和5%的碳排放总量支撑了全国10.9%的经济总量，绿色低碳循环发展已经成为经济转型升级的内生动力，这是支撑广东省碳排放率先达峰后稳中有降的硬实力。

　　绿色发展是生态文明建设的必然要求，也是建设美丽中国的重要基础和推进社会主义现代化建设的重大原则。广东作为经济大省、人口大省和能源消耗大省，近年来，我们深入学习贯彻习近平生态文明思想和习近平总书记对广东重要讲话和重要指示批示精神，全面贯彻新发展理念，坚定践行"绿水青山就是金山银山"理念，大力推动绿色低碳发展，促进经济社会发展全面绿色转型，扎实推进各项工作，取得了积极成效。

　　一是推动产业转型升级，持续优化经济结构。2020年，我省三次产业比重调整为4.3：39.2：56.5，服务业增加值比重从2015年的50.3%提升至2020年的56.5%，比全国、江苏、浙江分别高2、4、0.7个百分点；先进制造业和高技术制造业增加值占规模以上工业增加值比重分别为56.1%和31.1%，比2015年分别提高7.6、5.5个百分点，产业继续向中高端水平迈进，初步形成以先进制造业为支撑、现代服务业为主导的现代产业体系。支柱产业不断壮大，形成电子信息、绿色石化、智能家电等7个万亿级产业集群。战略性新兴产业发展迅猛，5G产业、数字经济规模均居全国首位。现代物流业、电子商务业、健康服务业快速发展，新兴服务产业和跨境电商、市场采购贸易等新业态、新模式蓬勃发展。

二是大力发展清洁能源，不断提高能源清洁化水平。2020年，我省煤炭、石油、天然气、一次电力及其他能源的比重约为33%、26%、11%、30%；非化石能源消费比重提高到29%，比全国、江苏、浙江分别高14、19、9个百分点。"十二五"以来，全省万元生产总值能耗和碳排放分别累计下降32.4%、44.7%，相当于全国平均水平的64%和53%，位居全国前列。

三是聚焦水、大气、土壤等重点领域持续攻坚，深入打好污染防治攻坚战。大气环境质量持续领跑先行，2020年，全省空气质量优良率达到92.5%，$PM_{2.5}$浓度下降到22微克/米^3，优于世界卫生组织过渡期第二阶段目标值，较2015年下降30.3%。水环境质量取得重大突破，2020年，实现9个劣Ⅴ类国考断面全部清零，地表水国考断面水质优良率达到87.3%，县级以上集中式饮用水源100%达标。土壤污染防治稳步推进。

四是深入开展国土绿化行动，着力推进生态环境修复。全面停止天然林商业性采伐，加大公益林补偿力度，2020年中央和省财政对省级以上公益林补偿标准达到平均每亩40元（位居全国前列），全省完成人工造林2.7万公顷、中幼龄林培育41.77万公顷，全省森林覆盖率达58.66%。

五是强化体制改革创新，生态文明制度体系逐步健全。"十三五"时期，省委全面深化改革领导小组专门设立省生态文明体制改革专项小组，牵头推动生态文明体制改革工作。我省出台实施生态文明建设目标评价等一系列改革方案，制定、修订城乡生活垃圾管理、绿色建筑、湿地保护等30多部地方性法规，生态文明顶层设计和制度体系建设不断完善。

生态环境保护工作是广东一直以来高度重视的部分，尤其是"十三五"以来，广东把生态文明建设和生态环境保护作为新时代广东改革发展的重大政治任务和重大民生任务抓紧抓实，把污染防治攻坚战纳入全省"1+1+9"工作部署系统谋划、全面部署、强力推进，出台污染防治攻坚战三年行动计划，连续三年高规格召开推进会。可以看到，广东已经形成的比较明显的形势有以下三个方面。一是推动形成生态环境与经济发展共赢局面。持续推动产业、能源、交通结构优化调整，出台绿色石化、新能源、安全应急与环保等20个战略性产业集群行动计划，加快构建现代产业体系。全省全面完成10万千瓦及以上（不含W型火焰锅炉和循环流化床）燃煤电厂超低排放和节能改造，超额完成钢铁、水泥等行业"十三五"去产能任务，经济发展新旧动能加速转换，资源能源消耗强度大幅下降。大力发展海上风电、核电新能源产业。全面推广新能源汽车，2021年全省公交电动化率达97.5%。在全国率先实现内河港口岸电全覆盖，大力推行内河船舶LNG动力改造。2020年全省单位GDP化学需氧量、氨氮、二氧化硫和氮氧化物排放量较2015年分别下降36.26%、35.14%、34.10%和30.07%，绿色发展水平明显提升。二是有力解决一批人民群众身边突出的生态环境问题。以高标准推进中央环保督察整改为契机，强力整治茅洲河、练江等重污染流域，使其逐步恢复水清鱼跃，让流域两岸群众切实感受到生态环境质量改善的成果，成为督察整改的正面典型。2985个饮用水源一级保护区内违法项目、建筑以及1412个县级及以上饮用水水源地环境问题清理整治全部完成，县级以上集中式饮用水源水质100%达标，人民群众的饮水安全得到有效保障。三是大力倡导绿色低碳生活方式。通过开展低碳日、世界环境日、节能宣传周、爱粮节粮宣传周、垃圾分类启动仪式等活动，引导全社会学习了解节能环保、绿色低碳知识，提升生态文明意识。推行生活垃圾分类，实施碳普惠制度，引导公众践行绿色低碳生活方式。

广东是国家首批低碳试点省，广州、深圳、中山又分别是我国第一批、第二批和第三批的低碳试点城市，在推动经济社会绿色低碳发展方面，起步早，走得快，实现生态文明总体目标具有一定的基础和实力。

一是能耗水平和碳排放水平位居全国前列。广东以约占全国7%的能耗总量和5%的碳排放总量支撑了全国10.9%的经济总量，全省万元生产总值能耗约0.35吨标准煤、二氧化碳排放量约0.5吨，分别相当于全国平均水平的64%和53%，绿色低碳循环发展已经成为经济转型升级的内生动力，这是支撑我省碳排放率先达峰后稳中有降的硬实力。

二是具有全国最大的区域碳交易市场。广东是全国首批7个碳排放权交易试点之一，经过近10年的不断探索，广东碳市场已建设成为法规体系健全完善、监管真实有效、市场主体参与度高的区域碳市场。从2013年以来，我省碳交易每年的履约率都在99%以上，到2021年末，碳排放配额累计成交量和金额分别为1.997亿吨和46.1亿元，稳居全国各区域碳市场首位。广东首创的公众低碳激励机制——碳普惠制，为树立全民低碳意识打下了良好的基础，为精准扶贫和生态补偿作了有益探索。广东碳普惠核证减排备案已累计签发192万吨，为贫困地区等三类地区带来直接经济收益超3000万元。

三是具有一批近零碳排放示范工程和技术。广东是全国最早开展近零碳排放示范工程的省份，首批启动了汕头市南澳县、珠海市万山镇等5个示范工程，并顺利通过工程验收，取得了良好的示范效果。为进一步深化近零碳排放示范工程的成果，2021年开展了韶关、广州从化、深圳前海、珠海横琴等第一批碳中和试点示范市（区）建设。在碳捕集、利用与封存技术应用方面，广东建有亚洲第一、全球第三的碳捕集技术平台，也是亚洲第一个多线程开放式技术平台，是继挪威和美国之后全球第三个同类型的技术平台。该平台于2019年5月在汕尾海丰华润电厂正式运营，捕集二氧化碳总量达到20 000吨/年。

"十四五"时期，我国生态文明建设进入了以降碳为重点战略方向、推动减污降碳协同增效、促进经济社会发展全面绿色转型、实现生态环境质量改善由量变到质变的关键时期，广东要做好以下工作：一是推动能源绿色低碳转型。坚决控制化石能源消费，尤其是严格合理控制煤炭消费增长，有序减量替代，大力推动煤电节能降碳改造、灵活性改造、供热改造"三改联动"。大力发展新能源，传统能源逐步退出建立在新能源安全可靠的替代基础上，建设以新能源为主体的新型电力系统，加快构建清洁低碳安全高效的能源体系。二是推动产业结构转型升级。深度调整优化产业结构，加快服务业数字化网络化智能化发展，推动现代服务业同先进制造业、现代农业深度融合。大力发展绿色低碳产业，加快形成绿色经济新动能和可持续增长极。严把新上项目的碳排放关，坚决遏制高耗能、高排放、低水平项目盲目发展。三是推动重点领域节能降碳。下大力气推动钢铁、有色、石化、化工、建材等传统产业优化升级，加快工业领域低碳工艺革新和数字化转型。统筹推进低碳交通体系建设，提升城乡建设绿色低碳发展质量。四是推动绿色低碳科技创新。着力攻克一批低碳零碳负碳技术，抢占绿色低碳科技和产业创新制高点，大力培育绿色低碳新动能。五是推动生态系统保护和治理。推进山水林田湖草沙一体化保护和系统治理，提高生态系统质量和稳定性，有效提升森林、湿地、海洋等生态系统碳汇增量。六是开展多层次试点示范。启动建设一批"碳达峰""碳中和"试点示范项目，倡导简约舒适、绿色低碳、文明健康的生活方式，加大宣传教育科普力度，增强全民节约意识、生态环保意识。七是完善绿色低碳政策体系。构建统一规范的碳排放统计核算体系，创造条件推动能耗"双控"向碳排放"双控"转变。健全法规规章标准，完善财税、价格、投资、金融政策。充分发挥市场机制作用，深化广东碳交易试点，探索建立粤港澳大湾区碳交易市场。

扫码关注
"广东加速度"

绿水青山"广东蓝"

▶ 政策引领

"绣花功夫"建设小鸟天堂

近年来，江门市委、市政府结合自身自然生态禀赋，牢固树立和践行"绿水青山就是金山银山"理念，探索以生态优先、绿色发展为导向的高质量发展新路子，努力建设天更蓝、山更绿、水更清、生态环境更优美的美丽江门。江门已初步形成了"两屏两江一带三网多点"的生态安全格局，全市森林面积达到42.93万公顷，森林覆盖率达45.14%，城区绿化覆盖率达45.34%，人均森林碳储量14.4吨。

和谐共生造就鸟的天堂

位于江门市新会区天马村的小鸟天堂，2021年迎来了创建国家湿地公园的收官之年。

85岁的陈社燕是新会区会城街道天马村陈氏族长，据他讲述，数百年前祖辈定居天马时，当地水患严重，大家为了治水，在河口垒起沙洲种下榕树，"村民划船进出时都会带着泥土倒进沙洲"，日复一日年复一年，百年古榕树枝繁叶茂，引来鹭鸟栖息繁衍。

当地传承数百年的《陈氏家谱》记载："若扰鸟伤鸟者，勿论老少

第三章 绿色

163

新会小鸟天堂，每逢傍晚，就可以看见"万鸟归家"的景象
摄影/邓勃 汤铭明

贵贱，皆以亵神者大逆不道治罪。" 数百年来，天马村人、树、鸟共荣共生。从昔日的书屋私塾，到今天的校园课堂，爱树爱鸟始终是天马孩童从小学习的"必修课"，爱护自然的理念早已深入人心。

49岁的陈文彬在天马村出生长大，"从爷爷、爸爸那辈人的家庭教育中，我已知道无论多饿多苦，都不能砍树捕鸟，16岁那年，我成为小鸟天堂的管理人员，一干就是三十多年。"现在的他是小鸟天堂"护鸟队"队长，见证了小鸟天堂数十年来的点滴变迁。

20世纪90年代，为了提高大榕树抵御台风和潮水的能力，"我们动员天马村村民一同在大榕树附近打造了阁脚岛，种植了数百棵苗木"，如今这里已是又一座"小鸟天堂"；20世纪90年代末期，考虑到鹭鸟繁衍栖息需要，"我们打造了一座竹岛，作为鹭鸟筑巢孵化的'产房'"……类似的保护工作从未停歇。2017年，江湛铁路工程增加投资约1.8亿元，建成全球首例高速铁路拱形全封闭声屏障，为飞驰而过的列车按下"静音键"，避免惊扰到数百米外的小鸟天堂。

2016年12月，新会小鸟天堂国家湿地公园试点建设工作启动，经过

5年的建设优化，游客们表示，明显感受到动植物种类、群落更丰富了，特别是每年繁殖期，园内随处可见鹭鸟飞翔。

江门居民"出门300米见绿"

正因江门人民"像保护眼睛一样保护生态环境，像对待生命一样对待生态环境"，才成就了这棵"生命之树"。而对小鸟天堂的保护正是江门乃至广东践行"绿水青山就是金山银山"理念的生动案例。

近年来，江门市委、市政府探索以生态优先、绿色发展为导向的高质量发展新路子。江门已初步形成了"两屏两江一带三网多点"的生态安全格局。全市森林面积达到42.93万公顷，森林覆盖率达45.14%，城区绿化覆盖率达45.34%，人均森林碳储量14.4吨；建成各级各类公园共1126个，各类绿道2082千米，基本实现城乡居民"出门300米见绿、500米见园"的规划构思；蓝天、碧水、净土三大"保卫战"成效显著，2020年江门市空气质量在全国168个重点城市中排名第22位。

未来，江门还要下足"绣花功夫"，建设好小鸟天堂，从中体现侨乡生态特色，生动展示人与自然和谐共生的绿色发展理念。要把生态资源转化为产业资源，以产业发展成果反哺生态保护，探索保护与利用的双赢之路。

▶ **政策引领**

抬头可见"幸福蓝"

你一定发现，蓝天白云在广州的"出镜率"越来越高，"存在感"越来越强。在这样一个优美的环境中生活工作，广州人的幸福感相当高。权威部门的统计结果，也印证了公众的切身感受——监测数据显示，广州的空气质量一年比一年好。要说广州好，"广州蓝"必不可少。近年来，"广州蓝"在社交媒体中刷屏，频率越来越高，显示广州空气质量向好，而这样的变化，除了气象条件的"天时地利"，与人和城的努力也分不开。

国内最早开展蓝天观测的城市

广州市民出门郊游，就晒蓝天白云，神清气爽；外地游客来到羊城，感叹"广州蓝"与簕杜鹃合成之美，令人艳羡。朋友圈里这样的晒图，纯属自发，没有强制，这是对这个城市最好的认同感。

梁桂雄，广州市首个空气质量预报首席预报员。作为一名有着30多年经验的环境监测"老兵"，他见证了广州这座城如何从缺设备、缺人才、缺技术的艰难环境中走过来，一步步"摸底"城市污染源并建立起环境监测与预警预报体系的过程。

翻阅历史文档，1997—2000年，广州开展空气质量周报、日报、预报，以满足公众的知情权。2009年，广州在全国第一个建立空气质量预报员制度。也正是这一年，广州开始系统观测蓝天，成为国内最早开展蓝天观测的城市。

2010年前后，梁桂雄主持建立了空气质量预测预报系统。那时，广州可以提前24～72小时预报重污染天气，以便及时启动污染天气污染减排措施。这一成果在2010年广州亚运会期间成功应用。

还记得，亚运会开幕前两天，广州市出现不利污染天气条件。天空

蓝天白云在广州的"出镜率"越来越高

灰蒙蒙的，专家都忧心忡忡，担心亚运会开幕前无法呈现"广州蓝"。可梁桂雄很自信地说，只要加强常规的污染控制措施，就不需要启动极端的应急措施。这样的判断，是依据发言前一天晚上，梁桂雄花几个小时详细分析近期广州空气质量变化、做各种天气形势图而得出的结果。果然，亚运会开幕当日，空气质量达到良好，美丽的"广州蓝"如期出现，验证了梁桂雄的预判。

凭借亚运会期间的辛勤工作和准确判断，梁桂雄获得亚运会亚残运会先进个人和环境质量保障先进工作者荣誉。他认为，广州空气变好是"人和"的结果。近年来广州下大力气治理空气污染，成绩斐然，各项污染指标得以持续改善。

为何转好？组合拳给力

广州空气质量的逐年改善，得益于科学决策和一直坚持的"减煤、控车、降尘、少油烟"治理思路，是全市各界共同努力的结果，而周边城市的协同治理也作出了不可忽视的贡献。

早在2012年，广州市引进国内外知名专家团队为空气治理出谋划策，开展$PM_{2.5}$来源解析、大气污染物源清单建设、臭氧生成机理分析等科学研究。要解决大气污染的问题，首先要找准"敌人"在哪里。根据专家团队的调查，交通排放、能源（燃煤电厂）、工业炉窑，这三种污染的占比都在20%～25%，总体上三种加起来占到污染来源的70%以上。

2013年3月19日，广州市在对空气污染防治工作进行充分调研的基础上，对2016年和2020年的近期、远期工作进行全面部署。根据$PM_{2.5}$的初步源解析结果，提出以"减煤、控车、降尘、少油烟"为总体思路，大力控制工业、机动车、扬尘、油气等重点污染源。2013年，国务院出台"大气十条"，广州按照最新要求，在原有方案基础上修订形成了《广州市大气污染综合防治工作方案（2014—2016年）》，部署10大防治行动、57项具体措施、8个方面保障措施和3000多项具体任务向空气污染"宣战"，广州"十二五"空气污染防治工作由此驶上快车道。

环境好了，广州空气让人心醉，那蓝天白云的背后，是坚持不懈的

第三章

绿色

治污努力。连续数年，广州市针对空气整治打出的控工地扬尘、淘汰黄标车、整治小锅炉、整改燃煤电厂、产业转型升级、清洁能源推广等组合拳，让空气质量实实在在地得到了改善，对市民生活、城市建设、商贸发展的助推作用也显而易见。

蓝天经济正在发力

环境保护与经济发展，曾经一度被认为是鱼与熊掌的关系，二者不可兼得。但伴随着社会的发展和进步，"保护环境就是保护生产力，改善环境就是发展生产力"等理念，日益深入人心。

2012年12月11日，习近平总书记在广东调研时来到广州越秀区东濠涌，他说，东濠涌以及遍布广东各地的绿道，都是美丽中国、永续发展的局部细节。如果方方面面都把这些细节做好，美丽中国的宏伟蓝图就能实现；2017年全国两会上，习近平总书记指出"城市管理应该像绣花一样精细。"党的十九大报告提出，"坚持人与自然和谐共生""像对待生命一样对待生态环境"。可见，对城市环境、生态环境的重视，一以贯之。

习近平总书记曾精辟地指出，绿水青山就是金山银山。而广州的绿色转型雄辩地证明了这一点，诠释了绿色经济的澎湃动力。在打造"广州蓝"的同时，广州也积极探索推动新业态发展，新产业展现活力、新业态蓬勃发展，正成为推动经济高质量发展的重要力量。

专家点评

为子孙后代计、为长远发展谋，广东把生态文明建设摆在全局工作的突出位置，深化山水林田湖草沙系统治理，稳步推进"碳达峰""碳中和"工作，实现天更蓝、山更绿、水更清。

"双碳" 行动

联合国网站首发广州可持续发展报告

2021年3月初，广州市向联合国提交了为实现联合国2030可持续发展目标的地方自愿陈述报告，并在联合国网站登出。广州成为中国第一个在联合国网站发布该报告的城市。

可持续发展是当今人类社会的重要议题。2020年2月，广州启动了可持续发展目标地方自愿陈述工作。2021年3月初《活力　包容　开放　特大城市的绿色发展之路——联合国可持续发展目标广州地方自愿陈述报告》（以下简称《报告》）在联合国官网可持续发展目标专栏全文发布。广州向世界介绍了我国特大城市推进公平、多样、包容和开放的可持续发展理念，分享绿色发展的"广州经验"，既体现了广州作为国家中心城市，落实可持续发展目标并在绿色发展之路上坚实奋进的自信与责任担当，又以国际话语体系讲述"广州故事"，展现了广州推动老城市新活力、"四个出新出彩"的新做法、新成效。

广州注重以可持续发展理念统筹城市发展。在编制《广州市国土空间总体规划（2018—2035年）》中落实可持续发展目标，以建设美丽国土空间，推进高质量发展、高品质生活、高水平治理为规划导向，促进人与自然和谐共生，高度关注特大城市绿色转型进程中的关键议题，统筹优化空间资源要素配置，为广州可持续发展提供基础支撑和空间保障。

《报告》展示了《广州市国土空间总体规划（2018—2035年）》

第三章

绿色

响应可持续发展目标的总体情况，规划愿景与17个可持续发展目标高度契合。聚焦构建"美丽国土，空间格局"，坚持国土开发与资源承载力相匹配，统筹安排生态、农业、城镇空间，打造人与自然和谐共生的格局。推动城市空间发展模式从"扩张型"向"调整重构型"转变，以城市更新促进市域国土空间价值重构。

打造"繁荣开放，国际都市"，以引领粤港澳大湾区发展为战略基点，以科技创新提升城市发展能级，打造国际化营商环境，强化综合交通枢纽功能，强化广州国内国际双循环的战略链接城市地位。保护建设"岭南魅力，文化名城"，保护和展现历史文化特色的城市空间结构，传承文化根脉，复兴古代、近代传统中轴线，推进历史城区有序疏解。促进历史文化资源活化利用，培育创新文化族群。突出建设"包容共享，幸福家园"，建设以人民为中心的可持续发展城市和社区，健全住有宜居、幼有善育、病有良医、老有颐养、弱有众扶的公共服务保障体系。保护建设"云山珠水，吉祥花城"，以流域统筹山水林田湖海系统保护与治理，推进生态修复，积极应对气候变化，促进城市发展的低碳转型，提高多种灾害综合防御能力，打造安全韧性城市。另外，推进"岭南田园，乡村振兴"，推动富民兴村产业发展，发展都市农业，保障粮食安全，推进城乡基础设施共建共享，实现城乡统筹融合发展。

同时，《报告》重点围绕教育、水环境、产业创新与基础设施、城市和社区、陆地生物等目标领域，以数据和案例展示了截至2019年的广州可持续发展经验，反映了广州从高速发展向高质量转型的阶段性特征，并展现了广州在可持续发展方面良好的治理体系和治理能力。

广州坚持可持续发展，以空间规划为引领，取得了一系列成效。在生态保护修复方面，实施白云山"还绿于民"工程，通过拆除违建及环境整治进行生态修复，完成复绿面积超过10万平方米，新增和改造绿化面积 17 万平方米。建成6.2千米"云道"，串联城市自然山水与城市公园，以"低干扰轻介入"的方式打造可游、可赏、可玩的空中步径。

推进海岸带生态修复，实施南沙区虎门大桥北侧海岸线整治示范工程，通过沙滩换沙修复、堤防绿化、红树林种植等方式，整治超过4.4万平方米的生态环境，将受到侵蚀的海岸修复成兼具生态与游赏价值的滨海公园，打造近1千米长的靓丽海岸风景线。开展海珠湿地品质提升和生物多样性保护修复工作，保护11平方千米万亩果园，恢复垛基果林湿地风貌，修复感潮河网，营造良好动植物生境，为大量珍稀鸟类提供重要的觅食停歇地和栖息繁衍地，鸟类从2011年的70余种增加至约180种。

在绿色发展转型方面。参与国际气候治理合作，探索可持续城市降温。作为首个试点城市，广州与世界银行合作"中国可持续发展城市降温项目"，开展"酷城"行动，推进永庆坊二期旧城更新提升、中新知识城绿色生态低碳新区建设以及海珠湿地绿色基础设施降温效益评估等示范项目。保护白云山、海珠湿地、河湖水网等天然"冷源"，管控"六主多级"城市风廊，促进城市通风。

积极推进新能源利用，促进节能减碳。2019年累计建成太阳能分布式光伏发电项目总装机容量约517兆瓦，新能源汽车保有量超过22万辆，累计推广应用纯电动公交车超过1.1万辆，纯电动公交车应用规模位居全球城市前列，荣获世界C40城市绿色科技奖。实施绿色金融改革创新，依托广东省碳排放权交易市场和碳普惠制试点，以花都区为核心建设广州市绿色金融改革创新试验区，完成梯面林场开发公益林碳普惠示范项目，实现林业资源保护和13 319吨二氧化碳当量交易。

白云山柯子岭门岗　摄影/梁喻

在可持续城市和社区建设方面，通过精细化、品质化建设，为市民创造包容、优质的居住环境和公共空间。推广社区设计师活动，聘请272名社区设计师和163名乡村规划师全面入驻城乡社区；推广"小设计·大师做"系列活动，邀请国内外知名院士、大师参与白云山公园出入口、小学、口袋广场、人行桥、公共厕所、变电站等与市民日常生活息息相关的项目与设施，激活城市活力。

积极开展老旧小区"微改造"，大力推动城市更新，2016至2020年上半年累计完成349个老旧小区的改造、惠及超过150万居民，完成既有建筑加装电梯5003台、增设无障碍通道49千米、完善消防设施2.5万个，有效提升老旧小区的环境品质。实现从"厌恶型设施"到"可读可赏的城市景观"，从"剩余消极空间"到"活力积极场所"的转变，让品质建设渗透到广州的每个街角空间。

未来，广州将继续朝着基于可持续发展理念提出的面向2035年的国土空间发展愿景，不断探索具有广州特色的生态发展模式，促进广州这座千年老城市焕发新活力；同时，持续开展地方自愿陈述，跟踪自身可持续发展进程，发挥广州作为超大超市在可持续发展上的示范效应，与全球伙伴在迈向可持续道路上共同前进，为全球可持续发展作出新贡献。

▶企业发展

"绿色经济"下的企业承诺

2022年4月，一款特别的百事可乐在中国市场全新推出。好奇的消费者发现，熟悉的百事可乐竟脱下了蓝色"战袍"——瓶身塑料标签及瓶盖上的油墨印刷都消失了，只保留了具有专利的经典瓶身设计及以浮雕工艺呈现的商标。这款首度出现在国内市场的"无瓶标"版百事可乐，无声地传递出百事公司"无瓶标 共环保"的减碳主张，这也是百事公司自2021年9月启动"正持计划"以来，在包装可持续发展布局上的新举措。在"绿色经济"成为大趋势之下，百事公司以"为包装做减法"的方式，发力低碳环保，引起了广泛关注。

敢为人先　深耕中国逾40年
共荣共生　助力大湾区发展

百事公司在中国、在广东的故事，从41年前开始。

1981年，伴随中国改革开放的脚步，百事公司作出了一个重要决策：投资中国，在广东省深圳市建立百事可乐饮料工厂，开启在中国发展的序幕，也成为先行者精神的生动注脚。1988年，百事（中国）有限公司在广州成立，这是百事公司在中国区唯一的浓缩液工厂，为中国区所有百事品牌的饮料生产提供必需的核心配方。作为当年广州开发区第一家引入的外商独资企业，百事（中国）有限公司于2019年被认定为"广州市总部企业"。

大江流日夜，慷慨歌未央。41年来，百事公司扎根广东，与地方经济深度融合。资料显示，百事公司在广东已拥有饮料浓缩液工厂、食品分公司、在建的新食品工厂、4个农场以及战略合作伙伴康师傅旗下的6个百事特许灌装厂。2020年12月，百事公司投资5亿元建立百事食品佛山工厂，并于次年12月宣布增资人民币2.4亿元，扩建位于佛山的百事食品广东生产基地。备受关注的二期工程，将加大对数字化智能化制造的投

百事食品广东生产基地（二期）项目开工仪式

资，打造百事智慧工厂——这一切，为粤港澳大湾区的美好图景添上浓墨重彩的一笔。

广州是大湾区区域发展的核心引擎，也是百事公司的重点战略基地。展望未来，百事公司将通过持续在穗增资，以保障充足产能并引入新业务新产品、完成全球安全质量体系升级、推进生产与研发数字化项目落地，助力广东地区经济发展。

先行者精神，是敢为人先的魄力，是开拓创新的理念，更是走在改革前沿的广东与百事公司共有的激情。也正是这种先行者的精神以及与地方发展共荣共生的理念，令百事公司在积极履行企业社会责任、助力公益事业、支持抗疫捐赠与援助的同时，顺应新的时代发展趋势，推出可持续发展的新目标。

践行绿色减碳理念　推进可持续发展战略转型

大浪淘沙，沉者为金。随着近年广东经济飞速发展，企业面临着转型升级的挑战，数字化供应链、智能化产业链、现代化农业、可持续产业的地位愈加凸显。

自2021年"碳达峰""碳中和"被首次写入《政府工作报告》以来，"双碳"已成为各行各业的高频热词，绿色低碳话题热度不减。随着可持续发展及"双碳"目标日益被重视，不少企业开始从战略和顶层设计的角度思考可持续发展战略。

2021年9月，百事公司"正持计划"启动，这是以可持续发展为核心推进整体业务的战略转型，从采购原料、制造和销售产品，到通过标志性品牌激励消费者为可持续发展作贡献，再到整个供应链以支持社区并改善民生。

百事公司是减塑可持续理念的积极践行者，在2020年10月发起了"PepsiCo Recycling 与蓝同

"无瓶标"版百事可乐

行"项目，项目运行一年，就已联合5位行业合作伙伴，推出相关活动100多场。在2022年3月22日"世界水日"，国内首款"无瓶标"版装百事可乐正式面世，百事公司希望通过提升塑料瓶回收利用率，减少原生材料使用，减少碳足迹，携手消费者及行业伙伴，加速迈向低碳未来。相对于普通包装，"无瓶标"版的包装设计不仅减少了生产过程中的材料和能源使用，更简化了回收过程中的瓶标分离步骤，提高回收利用率，有效减少能源过度使用引起的碳排放。此外，在产品外层的多连包包装上，百事公司采用含有24%再生塑料（再生聚乙烯成分）的材料，并添加"好好回收"环保标志，以进一步践行减碳理念。

事实上，在可持续发展已成为全球趋势的大背景下，可持续发展观念正逐步成为影响消费者是否产生购买需求的关键要素。而食品饮料中包装材料的绿色设计、循环回收利用，为行业、为环境带来更长效可持续的价值和影响。对百事公司而言，可持续发展既是企业责任所在，亦是未来的生活方式。品牌在践行自身企业社会责任的同时，也鼓励更多消费者参与到这项有益于未来的事业中。

"正持计划"在大湾区落地　持续融入广东"绿色底色"

对于"正持计划"，百事公司董事长兼首席执行官龙嘉德寄予了厚望，他表示："'正持计划'体现了全新的商业实质，消费者会越来越了解品牌背后的公司以及我们对社会产生的更广泛的影响。"

百事公司"正持计划"包括正持农业、正持产品和正持价值链三个层面，从生态农场到科学配方，从节能节水到带动上下游合作伙伴共同向绿。在这个宏大构想之下，"正持计划"目标明确：以100%可持续的方式采购关键农作物和原料；实现可再生农业供应链；实现正持用水，即减少绝对用水量，并将超过100%的水回补到当地流域；提高包装可持续性，到2030年，在其全球食品和饮料产品组合中，每份产品的包装将减少50%原生塑料的使用；争取到2040年实现净零排放等。

在广州，百事公司的节能减排工作正在持续推进，包括应用绿电等可再生能源、以"绿色工厂"为方向进行厂区扩建项目、提高用水能

位于广州开发区的百事（中国）有限公司是开发区第一家外商独资企业

效、为百事产品减糖、包装减重、减少塑废提供技术支持等，力求在粤港澳大湾区打造具有代表性的绿色低碳项目。在大湾区制造业的绿色转型风潮下，具有34年历史的老厂也焕发了新动能：百事（中国）有限公司在内部率先实施了中水回用项目，每年节约用水超过1500吨；在中水回用系统后段成功增设了RO处理系统，每年实现额外节约用水超过2000吨，处于行业领先地位。

当前，广东正持续推进制造业绿色升级，大力发展节能环保、绿色低碳产业，以科技创新赋能制造业绿色转型，在绿色转型中实现更可持续的经济发展。绿色，正在成为广东经济的底色。这一切，与百事公司的可持续发展理念不谋而合，也为百事公司在广东推动"正持计划"提供了重要的决策参考。

迈向新征程，美丽广东的绿色画卷已徐徐打开。"地球与人，和谐共生"，这一美好愿景，正一步步变成现实。

专家点评

"双碳"目标是一场大转型、大变革，蕴藏了巨大的投资、能源和技术创新机遇，为高质量发展提供了新动能。

生态文明示范

▶政策引领

广州海绵城市建设见成效

2021年，广州入选全国首批"系统化全域推进海绵城市建设示范城市"。作为一座有2200多年历史的水城，广州市坐拥1368条河涌与330座湖泊。为了营造适老适幼的全人群特色水岸，近年来，广州遵循"以水定城，顺应自然"的原则，通过海绵城市建设打造生态宜居城市。

海绵城市建设超过国家达标线20%

随着海绵城市建设的深入开展，广州市已形成阅江路碧道、海珠湿地、灵山岛尖、中新知识城等具有示范意义的各类建设项目或片区50余个。通过示范带动，不断推进全市海绵城市建设成系统、成片区达标。截至2020年底，广州城市建成区306.12平方千米达到海绵城市建设目标要求，占比23.12%（以2019年为水平年），超过国家达标线20%。力争到2025年底，全市城市建成区45%以上的面积达到海绵城市的标准。

其中，广东省万里碧道省级试点之一——增城区增江碧道，统筹山水林田湖草沙多种元素，打造的立体碧道、荔湖湿地、江畔公园、半岛公园等一批休闲节点成为市民喜爱的"网红打卡点"；将增江核心段打造成人民美好生活的好去处、绿水青山就是金山银山的好样板、践行习近平生态文明思想的好窗口。

第三章 绿色

四图三表　落实全流程管控

建设海绵城市，广州非常注重规划引领，构建了"（1+12+N）+X+Y"的规划体系。广州市海绵城市规划体系实现了多维度、多层次、多专业的全方位融合衔接，不但有市、区海绵城市建设专项规划和重点片区详细控制规划（1+12+N），生态系统规划（X）与水系统规划（Y）都在海绵城市建设中发挥重要作用，三者相互衔接，相互促进。

广州市先后印发了《广州市海绵城市建设领导小组工作规则》《广州市建设项目海绵城市建设管控指标分类指引（试行）》等70余项制度和技术文件，并修编了规范性文件《广州市海绵城市建设管理办法》，逐步形成了以"四图三表""分类管控指引"等为核心要件的全流程管控体系。

城市、流域、区域通通"+海绵"

在开展海绵城市建设过程中，广州市以"核算水账"为基础，以"上中下协调、大中小结合、绿灰蓝交融"为技术思路，以"污涝同治"为主要手段，运用"+海绵"理念，对新建、改建、扩建项目应做尽做、能做尽做，落实海绵城市建设要求。

在城市维度上，结合区域自身地质、功能区划等情况，广州上、中、下可划分出特征鲜明的生态本底。按照"上蓄、中通、下排"的治理思路，划流域、算水账、控分区，理顺上、中、下洪涝关系，因地制宜确定区域海绵城市建设重点。处于城市上游的北部山区做好生态保育、涵养保护水源，加强渗透，将快速下泄的径流转变为缓慢释放的潜流，不断完善山塘水库建设，调蓄、缓释山区洪水，减轻下游压力；处于城市中游的中部城区做好水体调度，雨季预腾空库容，应对城市内涝风险，旱季通过再生水利用对河道进行生态补水，活水保质；处于城市下游的南部河网区做好洪潮防控，防倒灌，同时也为中部城区提供洪水下泄的空间，以缓解潮水顶托的压力。

在流域维度上，则通过大、中、小结合完善海绵体系。一是梳理大海绵，以流域为单元，算清水账，提出流域大海绵建设及管控要求；二是完善中海绵，通过清污分流，降低河涌水位，为雨水腾出调蓄空间；三是结合项目建设，因地制宜落实海绵城市建设理念及指标要求，建设源头小海绵。

在区域维度上，注重"源头（绿）—中途（灰）—末端（蓝）"的系统建设和有效衔接，通过绿、灰、蓝交融提升设施功效。在源头利用绿色海绵设施实现雨水的减量、减速和减污；在中途通过灰色管网厂站实现污水的精准收处和雨水的可靠排放；在末端依托蓝色空间对超标雨水进行蓄排，结合设施调度实现低水快排、高水缓排的错峰模式，系统解决洪涝问题。

加强管控　开展洪涝安全评估

广州建立了涵盖建筑小区、道路工程、公园绿地、水务工程等各类在建、拟建项目的项目库，对于每个建设项目，按照"规划—设计—施工—验收—运维"的全流程闭合管理，实现了建设项目"类型全覆盖、管理全流程"管控。

在控制性详细规划阶段，开展"洪涝安全评估"，深化地块海绵城市建设要求；在用地规划阶段，"规划条件"和"用地清单"中明确提出地块海绵城市建设管控指标；在项目生成阶段，通过"联审决策"（政府投资类）和"一书两证"的核发（政府、社会投资类）进一步压实海绵城市建设管控指标；在方案设计和施工图审查环节，落实海绵城市设计，明确施工图海绵城市建设内容审查要点；在竣工验收阶段，住建、交通、园林、水务部门均已印发了加强海绵城市竣工验收的通知，竣工验收时严格验收海绵城市建设内容；在运行维护阶段，出台海绵设施运维技术指引，广州市海绵办加强检查抽查，防止出现海绵设施重建失管、只建不管的现象。

▶ **政策引领**

现代"卖碳翁"活跃碳交易市场

　　谁节能减排多，碳配额用不完，就可以卖出去；谁改造跟不上，就要花钱买"碳"——广东正大力试点碳交易，借助巧妙的市场机制推进企业自觉节能降碳，为广东进一步创新生态文明体制机制作出探索尝试。

　　自2011年纳入国家碳交易试点以来，广东省政府出台了《广东省碳排放管理试行办法》，在此基础上省发改委制定印发了《配额管理实施细则》《报告与核查实施细则》等，初步形成了具有广东特色的碳排放管理和交易法规制度体系。广东在多方面进行了"先行先试"，是首个探索配额有偿发放机制的试点地区，也是试点中首个提出碳配额总量目标的试点地区。广东还在全国首次探索把新建项目纳入碳排放管理，避免现有项目减排、新建项目却不断扩大排放的情况发生。

碳交易引导企业节能减排

　　开盘价30.49元，收盘价32.6元，最高价32.6元，涨幅6.92%……这是在广州碳排放权交易所（以下简称"广碳所"）官网上公布的一组某日最新碳交易行情。作为广东省碳排放配额有偿发放和市场交易平台，广碳所在多方面走在全国前列：首日成交单价第一、碳配额有偿发放总量第一、碳排放交易总量第一、碳排放交易成交额第一……

　　广碳所的交易完全采用信息化手段进行，其交易的是以吨计算的"碳排放配额"，即政府分配给企业用于生产、经营的二氧化碳排放的量化指标。碳交易主管部门每年给企业核定并分配一定数量的配额。当企业实际排放超出该总量，超出部分就需花钱购买。若企业实际排放少于该总量，剩余部分可出售。自2013年底广碳所成功实现广东省碳排放有偿配额首次竞价发放，截至2019年3月22日，广东碳市场配额累计成交量突破亿吨大关，标志着广东成为国内首个成交量突破亿吨的试点碳市场。

　　这些交易的背后，是市场力量在引导企业节能减排。节能减排不一定要通过参与碳交易，但通过碳交易这种经济手段引导企业加大技术改造、产品优化、管理体制创新等，社会总体减排成本却是最低的。比如，企业投资进行技术改造，碳排放降下来了，剩余的配额就可以在交易所出售而盈利。如果企业一时没有条件改造，也可以花点钱买一些配额，待以后有了钱再改造。碳交易启动之前，企业的节能减排各搞各的，现在通过碳交易，就能实现资源的优化配置和先进激励。

广东碳交易市场不断发展，非控排企业与机构、个人投资者相继参与广东碳市场，现代"买碳翁"和"卖碳翁"不断涌现。碳配额对控排企业来说，还是一种资产，可交易、可抵押融资，比如年底一些企业资金紧张，可将部分碳配额先卖出去，一吨碳卖20~60元，可获得数百万乃至上千万元的资金补充企业流动资金，明年再将配额买回来，相当于碳权益成为一种无形的生产资本。

使企业树立资源有偿使用意识

时任广东省社科院环境经济与政策研究中心主任赵细康表示，广东的经济总量大、制造业发达、各种经济活动频繁活跃，碳交易量也大，很多交易行为都是指标性的，在广东进行碳交易试点，有相当大的先行先试意义。广东在碳交易的探索中，比较注重欧盟、美国等发达国家和地区碳排放和碳交易的经验，同时根据广东的实际，探索部分碳配额的有偿发放、探索建立碳基金等，这些对未来构建全国统一的碳交易市场都有较大的借鉴意义。中山大学教授余志认为，碳交易使企业树立资源有偿使用的意识，通过市场这只看不见的手，对能源、环境、生态资源等进行更合理、更有效的配置，这对促进节能减碳、产业结构调整和区域协调发展意义重大，也必将为生态文明建设探索出有利于资源合理配置的市场化机制之路。

专家点评

要坚持走生态优先、绿色发展之路，系统推进生态建设与保护，不断提高生态环境治理能力，加快打造人与自然和谐共生的美丽中国广东样板。

美丽乡村

▶ 政策引领

潮安龙湖书院打造古寨保育活化样板

"古之学者必有师。师者，所以传道授业解惑也……"

2021年11月20日，在潮州龙湖中学文起堂前，莘莘学子列队端站，齐声朗诵起《师说》经典选段。伴随着在空中回荡的清脆朗诵声，潮州龙湖书院文化展正式启动。众多文史专家学者齐聚凤城，在修缮一新的龙湖书院文起堂前，在直抒己见的潮安书院文化交流座谈会上，共话潮州文化中的"尊韩"传统与昌黎旧治的精神文脉。

作为潮州三大韩祠书院之一，龙湖书院位于潮安区龙湖古寨南门处，500多年来历经多次修缮和重建，是传承潮州传统文化的重要窗口。此次正值文起堂修复契机，龙湖书院文化展大幕火热拉开。这不仅是龙湖古寨中历史珍贵遗藏保育活化的样板工程，也极力推动潮州书院文化的研究、保护和传承工作，更吸引了万千潮人的关注目光，让龙湖古寨特色文旅又添一张靓丽招牌。

与韩山书院齐名　崇文重教文化浓厚

龙湖书院前身为始建于明朝嘉靖年间的韩文公祠，曾与韩山书院齐名。与韩山书院一样，龙湖书院亦由韩文公祠衍变而来，祀韩自然成为其最显著的特色。天启年间，顺应全国各地考课式书院勃兴的潮流，龙韩社书院正式创办，清朝乾隆年间改称龙湖书院。

其中，三山门是龙湖书院最值得品味的古迹之一，石门坐西朝东、简朴大方，门额上书"龙湖书院"四字。中门两枚门簪分别为"光前""裕后"，左右门四枚门簪依次为"诗""礼""传""家"。此外，龙湖书院的门额因乾隆年间状元梁国治题写，又被称为"状元牌匾"。据《清史稿》记载，梁国治，字阶平，浙江会稽人，乾隆十三年（1748）一甲一名进士。

书院楼是龙湖书院内又一标志性建筑。该楼于1927年2月建成，楼下设有文起堂、景贤祠、报德祠，用以祭祀韩愈及有功于书院的先贤。1947年，龙湖书院改办为潮安县第三初级中学，现为潮州市潮安区龙湖中学，校风优良、学风严谨。2021年10月，该标志性建筑正式修复完毕，书院楼原始风貌得以最大程度保留。

龙湖书院处于著名的龙湖古寨之中，而且保存在龙湖中学校园内，保护好这处古书院，具有非常大的现实意义。书院是文脉的象征，把书院精神与现代教育结合起来，有助于激励学校师生崇德尚学。围绕书院文化、名人文化，进一步活化提升，打造龙湖古寨又一张靓丽名片，拉动文旅融合发展，并以此为开端，探索潮安更多书院的保护活化工作。

弘扬师道典范　打造古寨文旅亮点

"龙湖古寨文风盛，先生祠堂学生建。百年祭拜代代传，尊师重教贤能昌。"龙湖书院地处龙湖古寨南门，可谓是寨上明珠。

龙湖古寨内建筑规制严整，先人按照九宫八卦修建，寨中央直街形似龙脊，加上该寨四周韩江水、池塘湖水环绕，因此得名"龙湖"，也有着"小潮州"的美誉。古时，龙湖古寨人才荟萃，据《潮州府志》和《海阳县志》记载，寨中的进士、举人有50多名，最为著名的有广西布政使刘子兴、山东道监察御史许宏宥、潮汕地区历史上唯一探花姚宏中、潮州明代前七贤之一的苑马寺卿成子学等。

至明清时期，龙湖古寨是韩江地域大宗货物转驳码头，古寨也因此繁华一时，出现许多富商。古寨内乡民都崇文重教，健康向上的儒商气息浓郁，兴办私塾建书斋，龙湖书院就是显著代表。

　　当时，在龙湖古寨约1.5平方千米的土地上，书院、书斋达28处。其中除了龙湖书院外，还有以宗族名义创办的一众书院，免费资助寨内读书人，更有供女子读书的女子书斋，文气洒洒，学风包容，至今为人津津乐道。

　　在龙湖古寨长长的直街上，若留心观察，还会发现一座非常不起眼的侗初师祠。这是学生为感念师恩而建的祠堂，当地人俗称"先生祠"。侗初师祠，不仅仅凸显龙湖学生将尊师重教做到极致，更体现龙湖人文和谐、包容友善和"知感恩晓寸进"的思想境界。

　　在潮州牌坊街原39座牌坊中，有5座是关于龙湖先贤的，足见龙湖在潮州文化历史中的重要地位。饶宗颐先生也曾题字盛赞龙湖古寨"人杰地灵"。

　　龙湖镇人民政府正加大力度推动龙湖古寨的文风传承与保育活化工作。近年来，龙湖古寨先后被列入第一批"中国传统村落名录"，被授予"广东省文物保护单位""第三批广东省历史文化名镇""广东最美丽乡村示范区""广东十大最美古村落"等称号，一系列古寨保护、修缮、活化工作稳步推进。潮安区"主动扛起'保护好、传承好、发展好潮州文化这一中华文化重要支脉'的责任和使命，在守正创新中建设符合中国特色社会主义文化发展方向、具有鲜明地方特色的文化强区"成为当下打造"大美潮安"的坚定方向。立足潮安乡土历史与文化，努力实现文化传承、文脉延续和保育活化传统根脉的新征程已然开启。

▶ **政策引领**

韶关南雄古驿道看今朝

　　2020年3月11日，粤北地区持续的阴雨终于告一段落，韶关南雄市迎来了久违的灿烂阳光。阳光下，珠玑镇中站村300多亩油菜花争相开放，形成了一片金黄色的花海。一条弯曲的古道，蜿蜒在花海间——这就是南粤古驿道梅关古道精华段的一小段，全长4.2千米，贯穿中站村。古驿道修复完成后，村民便在古道两旁种上了油菜花。如今，每天都有大量的游客来赏花拍照，这里成了南雄乡村旅游的网红新地标。

2017年，南雄梅关古驿道保护与利用项目荣获"中国人居环境范例奖"，梅关古道景区入选"全国红色旅游经典景区名录"；2018年，南粤古驿道·珠玑古巷至梅关古道被评为"中国公路科普教育基地"，珠玑文化小镇入选省级特色小镇。

大力修复古驿道本体

南雄梅关古驿道是广东省重点打造的8处古驿道示范段之一。近年来，南雄市立足生态和人文旅游资源优势，着力加强对梅关古道、乌迳古道等南粤古驿道的保护和活化利用，与美丽乡村建设、文化旅游发展有机结合，助推乡村文化、生态、产业等振兴发展。

自启动古驿道修复工作以来，南雄市成立南粤古驿道沿线村史编纂委员会，已完成古驿道沿线16个村村史编纂，并编制了《南粤雄关与古道保护规划》《珠玑古巷·梅关古道景区总体规划》等文件，明确了文物本体、文物保护范围以及保护和利用等方面的要求，为古驿道保护与活化利用提供了科学指导。

2019年，南雄市投入4269万元完成了梅关古道精华段24千米、乌迳古道重点线路25千米、古道连接线4千米共53千米的修复工程；投入1385万元对梅关古道本体进行修缮，加固古道旁山体、沟壁和路基，修复关楼和残损的历史遗存等；投入300万元对乌迳古道沿线的新田古村落文物进行保护抢救，对积庆堂、衍庆堂、西窗书房等文物点进行了修缮。

加快沿线美丽乡村建设

2016年下半年，中站村正式启动新农村建设，先后完成了村居改造、公园建设、文体广场建设等项目，改善了基础设施条件，也刷新了村庄颜值。"我们村漂亮了，住得舒服了，来的游客也多了。"带着孩子在花海间玩耍的徐大爷自豪地说。

南雄市以沿线新农村建设为抓手，统筹财政和社会资金2亿元，大力推进古驿道周边村庄人居环境整治、美丽乡村建设。按照仿古岭南建筑风格，该市采用青灰色及白色墙面、红色镂花式窗户及灰色屋面瓦，实施古驿道沿线镇街民房环境整治及外立面改造工程，目前已完成外立面改造建筑总面积9万平方米，建成污水管网291.44千米，完成生活垃圾整治178处，新建公园2个、广场12个、农业休闲观光道路19.6千米。古驿道沿线新农村示范区内的23个省定贫困村，均已完成农村人居环境综合整治创建社会主义新农村示范村规划等工作。

推动古道文化旅游产业发展

古驿道的修复，带来了人气，也带来了财气。中站村村民因势利导发展起了民宿和农家乐，逐渐吃上了"旅游饭"。2018年以来，游客比往年翻了好几番，村民一年的营业额大概能达到100万~120万元。中站村还规划了200亩稻田养虾，以农户+合作社+集体的形式，增加旅游收入，带动贫困户增收。

依古道而建的珠玑镇梅岭村面貌也是焕然一新，成了名副其实的旅游村，这里已经有40多户人家经营民宿，每年每户有十几万元收入。

近年来，南雄市充分挖掘古驿道沿线的迁徙文化、红色文化、广府文化、古道文化、姓氏文化、农耕文化和传统民间艺术文化，开展公益徒步活动、传统服饰文化节、文化旅游节等"南粤古驿道文化之旅"系列活动，精心推出多条古驿道特色旅游线路，备受游客追捧。古道经济效益凸显，成为乡村振兴的新引擎。

专家点评

广东坚持分类指导建设美丽乡村，将全省15.3万多个自然村区分为干净整洁村、美丽宜居村、特色精品村3类标准建设。走进广东各地美丽乡村，一幅幅乡村新画卷多姿多彩美景处处。

污染防治攻坚战

▶ 政策引领

广东"蓝天保卫战"有新动作

打赢"蓝天保卫战"是完成污染防治攻坚战的重中之重，而臭氧等挥发性有机物（VOCs）污染又是影响广东空气质量的重要因素之一。为了更好地防治臭氧等挥发性有机物污染，强化移动源达标管理，广东省生态环境厅印发了《2020年夏秋季挥发性有机物治理达标排放百日服务行动方案》（以下简称《行动方案》）的通知。

通知要求落实夏秋季挥发性有机物治理达标排放，打赢全省"蓝天

清远阳山水美山绿　摄影/余健基

保卫战"。《行动方案》提出，要加强对固定源氮氧化物的排放监管，严格机动车尾气超标执法；协调石油公司尽量选择在夜间进行加油站卸油，采取措施引导市民尽量不要在下午臭氧高峰时段加油。通知印发以来，广东各地生态环境局动作频频，加快了治理大气污染的步伐。

全市重点路段设立抽检执法点

2020年11月18日上午9时许，在广州市西湾路进入市区方向的路段，交警正指引七八辆货车齐刷刷地到右侧的非主干道路上的路检点排队等候"通关"，广州市生态环境局的工作人员利用专业设备逐一为车辆"体检"。原来，广东省加大力度治理柴油车污染，广州市生态环境局、交通部门正联合开展柴油货车尾气排放道路抽检执法。

推进柴油货车治理是国家大气污染防治的重点，是污染防治攻坚战的7个标志性战役之一。同时，它也是臭氧治理的重点领域之一，是广东大气污染治理的重中之重。广东省约有柴油货车155万辆，占车的保有量5%左右，通过分析发现，这5%的柴油货车的氮氧化物和颗粒物的排放量分别占整个机动车排放量的67%和88%。

西湾路是进入广州市区的主干线，附近的同德围是物流市场所在地，属于柴油货车的"重镇"，因此执法部门选择在此路段设点监测。排气污染物经检测不合格的，由广州市生态环境局开具"限期维修通知书"，要求车辆于当月29日前自行维修，并到广州市机动车排气复测点进行排气复检。同时，由公安交管部门对车主处以200元罚款。

广州市在重点路段共设立31个道路抽检执法点，以区为单位，每周组织不少于一次的上路执法，实行"环保取证，公安处罚"的执法模式，依法查处排放不合格车辆上路行驶的违法行为。2020年1至5月，全市道路抽检柴油车共8966辆次，超标1005辆次，通过对违法车辆依法处罚和向社会公告，有力震慑了排放不合格车辆上路行驶的违法行为。

此外，广州市加强对柴油车用车大户的监督管理，建立柴油车保有量20辆以上的柴油车用车大户清单，并根据遥感监测、路检路查、定期排放检验等数据，针对2019年超标排放车辆占其总车辆数10%以上的运输企业用车大户，建立222家重点监管对象名单。

倡导车主减少污染物排放

清远市生态环境局按照省生态环境厅部署，从企业控排、移动源减排、加油站集中管理、污染天气联防联控等方面展开一系列大气污染防治措施，为臭氧这个大气治理中的"顽疾"开出"药方"。该局联合市发改局与该市的石油公司召开了协商会议，鼓励石油公司推行夜间加油优惠政策，引导市民进行夜间加油，减少白天加油站油品挥发造成的VOCs排放。

2020年6月17日晚间九点后，清城区人民三路义乌商贸城旁一个中石化加油站内，原本属于加油空闲时段，此时却被加油的车主占满。原来，中石化广东清远石油分公司在每日19时至次日10时全面实行错峰卸油，减少污染物的排放。同时，在中心城区选取两家加油站作为试点，以在夜晚9时至次日凌晨5时92号汽油减1.2元/升的大幅度优惠政策，鼓励引导市民夜间错峰加油，号召更多的车主了解和加入到这场"蓝天保卫战"中。

中石化广东清远分公司从2013年开始就在全市所属的加油站实施油气回收并不断完善回收装置，定时邀请专业检测队伍对治理设施进行检查及维护，确保在加油、卸油、储存油品的过程中，对挥发的油气进行有效回收。另外，公司还不断改善加油站作业场所和周边的环境质量，累计投入资金超3000万元。

▶ 政策引领

练江"治水战"倒逼产业升级

她，曾从清澈的"母亲河"沦为让人掩鼻的"臭水沟"，如今通过治理又华丽变身为"广东省十大美丽河湖"。粤东练江治污重生的故事，是一个从"污染典型"变为"治污典范"的传奇，个中缘由、经

图为参与练江流域水污染整治的汕头潮南区桃陈社区　　摄影/梁喻

验，值得探询。

经过三年多奋战，汕头在练江流域的污染防治攻坚战全面完成了国家、省下达的各项硬指标，至2021年底，15条一级重要支流水质均已达到地表水Ⅴ类标准以上。经过整治后的练江被评为"广东省十大美丽河湖"；中央第四生态环境保护督察组指出，练江切实从"污染典型"蝶变为"治污典范"。汕头市委提出要推动练江流域综合整治从1.0版向2.0版跃升，将阶段性治理举措和长远治理机制结合起来，将练江治理和产业发展结合起来，将生态环境改善和群众素质提升结合起来。

治理水污染，根在治理污染企业。汕头将练江治理和产业发展结合起来，成功走出了一条"依靠园区提升产业""生态与经济并行"的治污新路。

练江水质"看得见的变化"

练江是潮汕地区三大河流之一，从20世纪90年代中期起，随着沿岸工业、农业和生活污染日益严重，练江一度成为粤东地区水污染最严重的河流，水中鱼虾几近绝迹，溪边浣衣、白鹭栖息、龙舟竞渡等好景不再。

2018年6月以来，练江整治进入"动真格"状态。汕头"对症下药"，构建起立体化、全覆盖的河长矩阵，以制度的力量强力推进河道清污清障、生活污水处理、寨前池塘净化、印染工业入园、垃圾焚烧发电等系列工程。在关停取缔违法生产企业、"清拆"清除污染存量的基础上，污水处理厂及配套管网、垃圾焚烧发电厂、印染园区、雨污分流改造等多项控源截污举措提速落实。练江水质用"看得见的变化"回应着沿江两岸群众的期盼。

练江恢复洁白如练的样态。家门口离练江水不到10米的潮南区峡山街道练南村村民黄惜贤早早来到大溪里摸田螺，他说："这里很久没有田螺了，从2020年开始才慢慢有。"练江里的本地苦初鱼也重回黄惜贤一家的饭桌。黄惜贤的大儿子刘得胜说："练江已30多年没有苦初鱼了，今年才有的。"垂钓爱好者李先生说："练江现在水质好，里面有鲫鱼、土鲮鱼、罗非鱼，一天能钓上来三四斤，口感比起养殖的鱼还要好。"

致力打造循环经济产业链

流域内环保配套设施严重缺乏、高污染高能耗的产业粗放发展，堪称练江污染的"罪魁祸首"。刹住流域内的工业污染，无疑是练江"治水战"的关键。

2014年以来，普宁、潮南、潮阳以"壮士断腕"的勇气和决心，相继启动了纺织印染环保综合处理中心（以下简称"印染园区"）建设，打造集纺织印染、供水、污水处理、再生水利用、热电联产、固废处理与资源化"六位一体"的循环经济产业链。

2019年，汕头市的纺织印染产业为了整装前行，按下了"暂停键"，练江流域的印染企业全面依法停产退出。2020年6月起，经过升级改造、符合相关标准的印染企业陆续迁入印染园区，印染产业在机器的轰鸣声中逐渐复苏。

当前印染园区入驻企业138家，其中印染企业125家，入驻企业涵盖了印染助剂、仓储物流、精细化工、纺织服装服饰、纺织品和其他与印染相关的上下游企业，初步形成了一条较为完整的产业链条，已投产的企业有102家。经历了弃污进园"阵痛期"的印染产业，正迎来规范绿色发展的新生。

污水热回收

从潮南区两英镇搬迁进园的龙凤印染有限公司是当地印染行业的龙头，回迁印染园区，除了规范排污之外，还千方百计实现机械设备的自动化、智能化，利用节能减排先进装备，降低物料及能源消耗。

"在搬迁入园的过程中，我们公司淘汰了高耗能设备，围绕'节能降耗、增效减排'八字方针在产品升级跟设备的选型上都进行了优化。"汕头市龙凤印染有限公司行政经理郑玲珑算了一笔账，升级设备除了有政府补贴外，他们公司现在使用定型机热回收节省蒸汽收益是100万元/（年·台）、污水热回收节省蒸汽收益是300万元/年、蒸汽冷凝水回收节省生产用水占比8%（约80万元/年）。此外，因园区集中供水供气、工业废水集中处理，企业端不再投资建设污水治理设施及锅炉供热设施，企业用工、建设资金、安全隐患及建设用地等压力减轻，同时减少了各种污染物的产生。

2021年，汕头市委、市政府提出加快构建"三新两特一大"产业发展格局，其中一道撒手锏是成立汕头市纺织服装产业协会，将当地纺织、服装两大产业整合提升，为印染园区的企业再次带来发展契机。同时，印染园区拟扩围2000亩，总用地面积将达约6000亩，加快信息化、智能化建设，力争打造成为全国一流的生态智慧园区。

专家点评

要坚持精准治污、科学治污、依法治污，紧盯重点领域和关键环节，持续深入打好污染防治攻坚战。

碧道建设

一江春水碧岭南

"静望深湾南山色，悠闻书社咖啡香。"在深圳市大沙河畔的环保书吧里，十几名市民正享受着下午的美好时光。

东莞市华阳湖上，一条游船从爱莲桥旁驶过，在湖面上划开道道波纹。

广州市白云区新市涌旁，在骑楼中亲水购物的梦想正在成为现实。

沿着佛山市滨江公园东平水道漫步，不远处，河心岛郁郁葱葱，白鹭三五成群，时而掠过水面，时而搏击天空。

华灯初上，江门大桥的光影倒映在蓬江江面，与两侧栏杆上的五彩灯光交相辉映。

在粤港澳大湾区有很多与水相关的场景和片段，将它们串联起来的，是一个富有岭南水乡时代特色的词汇——碧道。

水陆呼应的生态廊道

在深圳市南山区大沙河旁亲水步道行走，放眼望去满是绿色：一边是河道旁的苇草，另一边是树和草坪。一条"绿色飘带"将西丽湖、大学城、高新区、深圳湾串了起来。根据全省推进万里碧道建设的要求，深圳市集中力量打造了几条各具特色的样板碧道，大沙河就是其中之一。大沙河碧道结合沿线特色，分段打造了学院之道、城市森林、活力

第三章 绿色

193

水岸等不同主题。

什么是碧道？广东省从2010年开始，在珠三角地区率先启动了绿道建设。那么如今全省规划建设的"碧道"与"绿道"的区别是什么？碧道，核心就是碧水的"水"字。万里碧道是以水为纽带，以江河湖库及河口岸边带为载体，统筹生态、安全、文化、景观和休闲功能建立的复合型廊道，突出"水碧岸美"。整治河道水网，使绿道与碧道并行，形成交相呼应的生态廊道，满足人民对优美水生态环境的需求。

2018年10月，习近平总书记在广东视察时强调，要深入抓好生态文明建设，统筹山水林田湖草系统治理，给老百姓营造水清岸绿、鱼翔浅底的自然生态。随后召开的广东省全面推行河长制工作领导小组会议上，广东省委提出，高质量推进万里碧道建设，将其打造成广东靓丽的水生态名片。2018年底，广东确定将1个大湾区碧道和10个粤东粤西粤北地区碧道工程作为省级试点，总长度180.09千米，其中大湾区超过了一半，达97.79千米。截至2021年底，全省已累计建成碧道2900多千米。《广东省国土空间生态修复规划（2021—2035年）》提出，到2035年，全省将建成碧道26 000千米。

潺潺流动的一江清水

楼房一层开出一条6米宽的廊道，上面是住户，两边分别是店面橱窗和河道——在广州市，骑楼正成为当地碧道建设中的一道特色景观。骑楼是岭南的传统建筑，既能住人、商用，又能为行人遮风挡雨。在"清四乱"过程中，各地结合实际，将部分临水建筑改造成骑楼，既解决了污水直排入河的问题，也使河涌沿岸恢复了滨水通道。天河区的中支涌曾经一直埋在地下作为下水道使用，从2019年起作为该区重点治理的18条黑臭河涌之一，实施了"揭盖复涌"工作。深埋地下20多年的中支涌，被治水施工队从珠村东乔大道"挖"出。通过采取河道治理、截污等措施，如今的中支涌已泛清波。随着治水工程完工，河涌边的居民楼也变成了骑楼。

河要治，亦要管。广州市在河涌管理工作中遵循"控源、截污、清

深圳茅洲河燕罗湿地公园成为市民休闲好去处

淤、补水、管理"的技术路线。利用好河湖长制平台，以区级河长为核心，形成上下传导的局面，为河涌治理、碧道建设提供支撑与保障。落实河湖长制，大力推进万里碧道建设，在广东省已形成共识。

深圳市茅洲河的洋涌河水闸前，护河员正在对河面进行保洁，河畔坐落着沙井、松岗两座水质净化厂。清水泛着涟漪，一片芦苇随风轻摇，一只红蜻蜓落在美人蕉叶上……然而，在2015年前，茅洲河还是一条"酱油河"。茅洲河展示馆记录着这条河的嬗变：馆里收藏着当年河滩上的矿泉水瓶、建筑垃圾、枯枝烂叶等物，5个试管展示着2002—2015年5个年份的水样，氨氮指标分别为23.8、25.99、28.86、33.7、23.33，远远超过Ⅴ类水的2.0。

水质变化展板显示，经过深圳、东莞两市四年的系统治理，从2019年11月起，茅洲河水质达地表水Ⅴ类，为1992年以来最好水平，全流域黑臭水体全部消除。

观赏不尽的两岸风景

沿着佛山新城滨河景观带亲水廊道一路前行，但见林荫密布、繁花盛开,一步一景,仿佛置身于风景区。能容纳几千人的游泳池虽因疫情而暂时关闭,但不时有市民关切地在附近张望。在碧道规划建设方面,佛山市动手早、行动快。佛山市于2020年2月在全省率先发布了碧道建设总体规划,拟投资400多亿元,分3个阶段推进以"三环六带"为主体结构的碧道建设,计划在2035年前推动碧道全覆盖。同时,明确在建设过程中,综合考虑各类滨水公共服务设施、绿化空间、河漫滩公园、驿站设施的用地需求,确保为碧道建设预留足够的空间。

佛山新城滨河景观带所在的东平水道是大湾区的省级碧道试点,佛山市以此为抓手推动碧道建设由点及面展开,要求每区建设不少于5千米的市级试点碧道。各试点碧道主体工程已基本完成,待碧道标志确定后将完成收尾工作。未来,碧道将像一条美丽的项链,串联起佛山的山山水水、城市乡村,串联起人文与自然景点,成为铺在佛山大地上的一张"绿网",让市民群众切身感受到河湖治理带来的好处。

因地制宜,致力创新,是大湾区各市在推进碧道建设过程中秉持的重要原则。

碧道建设不但治出了一江清水,而且激活了两岸空间。例如,东莞市的省级碧道试点华阳湖,周边生态环境质量正不断攀升,群众正在享受治水红利。通过狠抓河长制、推动万里碧道试点项目建设,华阳湖碧道沿线的水生态环境逐步修复,麻涌镇产业结构也在发生转变。华阳湖周边逐步形成了创客坊、印象水乡、渔人码头等新型商业体,带动了创业和消费。

昔日"黑臭河",今朝"幸福河"。从大湾区的碧道建设,我们窥探出广东万里碧道的模样,也感受到广东省强化区域协同治水、推进河湖长制实现"有名""有实"的力度与决心。

▶ **政策引领**

天河治水记

陌上花开,可缓缓归矣!2020年4月,广州天河区的沙河涌、猎德涌、车陂涌、深涌，正是春光明媚的季节，而水清、河畅、堤固、岸绿、景美的风光，令游人流连驻足。美景之中，倾注了天河治水人的智慧与努力。

天河治水的成功在于规划引领、党建引领、机制引领，面对新时期新挑战，天河治水人满怀信心，再接再厉，就像总书记所说的："只要坚持生态优先、绿色发展，锲而不舍，久久为功，就一定能把绿水青山变成金山银山。"①

水清景美，消失多年的萤火虫回来了

晚春时节，天河区河涌到处是春光明媚、水清见石、鱼翔浅底的景象。

猎德涌横穿广州新中轴线，在天河CBD（中央商务区）和珠江新城间潺潺流过。在珠江新城的猎德村河段，古色古香的石桥、栏杆以及两岸的祠堂古建筑等，在一湾清水的簇拥下，更见雅致。两岸绿树环绕，簕杜鹃开得正炽，吸引了三三两两的村民和游客在涌边散步和聊天。

车陂涌位于车陂南地铁站附近，这里有一个广州龙舟基地。基地旌旗飘扬，附近各村的龙舟所用的船桨都在此展示了出来。广州是一座水城，龙舟文化是其重要组成部分，端午的赛龙舟和摆龙探亲活动，令河涌形成了更美的文化景观。

位于珠村商业广场旁边的深涌中支涌，只见清流潺潺，两岸花木葱葱，成了村民乐于流连的休憩之地，两岸的商铺修葺一新，即使在疫情期间，也有不少生意。

春游所至，兴趣盎然，到处可见天河区显而易见的治水成效：水生物种越来越多，连已经消失了许多年的萤火虫都回来了。萤火虫是一种重要的环境指标昆虫，生态环境越好，它的种类、数量就越多。天河区河长办一名工作人员表示，她曾参与夜巡车陂涌的活动，那是她有生以来第一次目睹萤火虫。

---

① 习近平 2020 年 1 月 19 日至 21 日在云南考察调研时的讲话

不仅如此，如今一些地处闹市的河涌偶尔也会吸引稀有水鸟驻足嬉戏，猎德涌石牌桥附近就出现了一只白鹭，天河公园里飞来一只黑天鹅。

改头换面，伙伴们又回到河涌边欢聚

"你不知道河（湖）长制实施以前，这些河涌有多黑有多臭，叫它们'垃圾沟'都不夸张。说起来这两三年的经历都是治水人的一部血泪史，希望子子孙孙好好爱护，倍加珍惜。"一位年长的治水人忍不住说。

沙河涌天河直街段的戴荔华河长，也是天河直街居委会主任，他对此深有感触："2008年，我刚到居委会的时候，这里的河水既浑浊又有异味，情况真的十分糟糕。"那时，过往的行人掩鼻而过，谁都不愿意在此多停留一秒。临河的居民楼也常常窗户紧闭，房价大受影响。

在沙河涌，带着孙女在河边散步的王先生，是见证河涌变化的亲历者。20世纪60年代，这里的河水很清澈，小伙伴们常常下河摸鱼。改革开放之初，因为环保理念的缺失，沙河涌上游建起了造纸厂等，污染了河水，这里变成了黑涌、臭涌。"现在河涌又治理好了，几个月前伙伴们回到涌边欢聚。"河涌边一间开了20年的修车洗车店，成为被重点关注的对象。老板说："你看现在河涌里的沙子是白花花的，就知道这里的环境有多好。"

攻坚克难，一串数字展示治河硬实力

自2016年全面推行河长制以来，天河区攻坚克难。2019年，天河区30条黑臭河涌、99个小微水体基本消除黑臭，顺利完成广州市治水三年行动计划目标。

作为村居级河长，戴荔华河长的职责包括：将河涌管理保护纳入"村规民约"、做好村社保洁工作、协助污水管网接驳、开展污染源和违章建筑的排查、落实河涌一日一查、协助执法部门查处污染和违章行为。"我们的治理目标是：河涌无直排污水、水面没垃圾、沿岸无违章、堤岸无破损、绿化无损毁。"

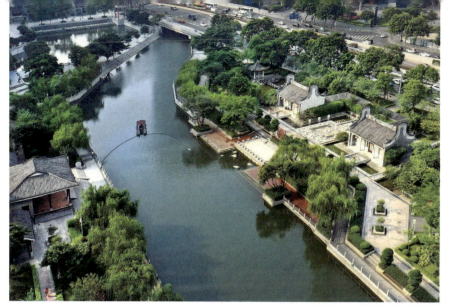

猎德涌碧道水清、岸绿、景美

　　天河河长办相关负责人介绍，各级河长2019年共巡河5万多次，发现问题4329宗、整改问题4327宗，办结率99.9%。完成了2661个散乱污场所整治，拆除涉水违法建筑388宗、7万多平方米……

　　"问渠哪得清如许？为有源头活水来。"天河区治水成效卓著，原因何在？问题在河里、根源在岸上，水环境治理要标本兼治。既要以经济发展为基础，又要结合区域规划建设、土地收储、环境提升，统筹地上、地下水系，以流域为体系、网格为单元，进行流域治水、系统治理、污涝共治、清污分流，要以民为本办实事，助力社会治理更上一层楼。

专家点评

　　绿水青山就是金山银山，到2030年，广东全省将建成1.6万千米长的碧道，基本形成覆盖全省的碧道网络，人水和谐的生态文明建设成果在广东全面呈现。

绿色交通网络

▶ **政策引领**

广州规划绿色交通体系

2021年4月22日是第52个"世界地球日",自然资源部发布主题——"珍爱地球 人与自然和谐共生",旨在唤起人类爱护地球、保护家园的环保意识。"世界地球日"是引导全社会树立"尊重自然、顺应自然、保护自然"生态文明理念,动员社会公众积极践行"节约资源、保护地球"绿色行为的重要活动。

广州通过绿色交通体系规划建设,推动交通领域碳减排、碳达峰,规划到2035年,在建成约2000千米城市轨道的基础上,实现市域"6080"客运目标。

到 2035 年市域公共交通占机动化出行比例达 60%

近年来,广州市规划和自然资源局围绕构建绿色低碳国土空间开发保护格局、优化国土空间布局和要素配置、提升自然资源固碳增汇能力等进行探索和实践,引领建设生态优良、集约节约、高效有序的绿色低碳城市。通过绿色交通体系规划建设,推动交通领域碳减排、碳达峰。

首先,构建公交主导、步行(骑行)友好、绿色生态的交通体系。构建由城际铁路、市域高快速地铁、城市轨道普线和常规公交深度融合的公交系统,建设高水平轨道都市,规划到2035年,在建成约2000千米城市轨道的基础上,实现市域"6080"客运目标,即市域公共交通占机动化出行比例达60%,轨道交通占公共交通出行比例达80%。建设步行和自行车友好城市，以小街区、密路网的空间模式为主，打造有吸引力的步行交通网络，推动生活性道路的步行和自行车空间达到50%以上。

同时，精准调控空间供给，提升绿色交通竞争力。调控停车空间供给，周期性动态优化交通紧张地区停车配建指标，对公共交通已能充分满足规划出行需求的地区，鼓励商业、娱乐场所"零配建"。发展绿色货运，推广新能源物流车，加快充电设施建设，实现"桩随车布"。

2014年10月15日，广州首辆有轨电车在琶洲段进行调试

实现中心城区珠江两岸60千米全线贯通

广州摸清人—地—房—企—设施—资源的家底，为"双评价""双评估"提供数据支撑，依循山水城田海自然与人文历史特征，统筹安排生态、农业、城镇空间，优化美丽国土空间格局。

同时，深化生态综合评估，完善生态空间保护体系。开展基于流域"源—汇"过程的洪涝风险、面源污染分析。规划保护水鸟栖息地和廊道，以及鱼类洄游的"鱼道"，构建三级生态廊道网络和自然保护地体系，保护提升生物多样性。

在国土空间规划中，进行风廊划定、热环境管控分区等规划实践，制定城市降温规划指引，开展广州"酷城"行动，推进永庆坊旧城更新微气候改善、知识城绿色低碳新区建设、海珠湿地降温效益评估三个示范项目，开发具备"走出去"实力的广州品牌降温、控湿气候友好型技术。

此外，注重国土空间多样性，加强城市设计引导。以大美珠江塑造特色空间，突出打造花城、水城活力城。聚焦打造城市特色空间，建设世界级的珠江滨水景观区，展现广州滨河文化遗产，重点打造精品珠江三个10千米，实现中心城区珠江两岸60千米滨江漫步道、骑行道、无障碍通道三类通道全线贯通。

▶ **政策引领**

全国首条"减碳沥青"高速广东建

《中国交通的可持续发展》白皮书指出，截至2019年底，全国公路里程501.3万千米，其中高速公路15万千米，跃居世界第一。对于广东来说，自2014年广东交通集团承建的乐广高速建成通车，广东高速公路通车里程突破6000千米跃居全国第一后，这"头把交椅"从未旁落。

2017年，广东高速公路通车总里程突破8000千米；2018年，突破9000千米，达9002千米；2019年底，广东全省高速公路通车里程达9495千米。

2020年是"十三五"规划收官之年，作为广东交通基础设施建设的主力军，广东交通集团当年新建通车项目10个共617千米。

2021年12月31日，广连高速、东雷高速、番莞高速等通车后，广东高速公路通车总里程突破11 000千米。

随着广东高速公路路网布局日益完善，综合立体交通网络基本建成，对珠江三角洲优化发展和粤东粤西粤北振兴发展的支撑作用日益增强，将更有利于沿线地区高质量发展。其中，"绿色""环保"正成为广东交通网络建设的关键词。

全国首条应用减碳沥青铺设的高速公路 "花落"广东

天蓝云白，伴随着装载约5056吨减碳沥青的"澎湖湾"轮到达东莞沙田港，接卸入罐……2022年3月16日，全国第一船进口减碳沥青，正式交付广东交通集团成员企业新粤有限公司，并将用于中江高速改扩建绿色减碳沥青供应链转型塑造。

这意味着，正在建设中的广东省重点工程建设项目中江高速改扩建将成为全国首条应用减碳沥青铺设的高速公路。中江高速改扩建计划2024年与深中通道同步建成通车，全线总长约40千米，共计使用30 000余吨沥青。计划通过在全路段采用减碳沥青、在改性沥青生产工厂采用绿色电力、实施旧沥青路面再生、利用路基边坡采用植物生态防护、沿线设施推行节能照明等方式，实现全产业链减碳，预计可带来16 650吨的减碳补偿量。

何谓减碳沥青？传统的黑色系商品如何迸发绿色"新沥量"？

此次第一船减碳沥青的交付，主要是从生产运营和供应配送的方面减少碳排放。具体而言，此次交付的减碳沥青是指通过原油提炼过程的减碳举措，减少或避免沥青从生产制造至船运阶段的碳排放，同时基于国际标准，通过高质量的碳信用抵消剩余碳足迹。

节能环保施工打造"绿色公路"

紫惠高速施工建设期间，走进紫惠高速沥青拌和站，只见一台液化天然气气化设备笼罩在淡淡的雾气当中，为拌和站提供源源不断的动力。针对传统沥青拌和燃料多采用重油、橡胶油等，易对大气造成污染问题，该项目以液化天然气为燃料，不仅提高燃烧效率，还使综合排放量减少近90%，更为绿色环保。作为广东交通集团"油改气成套技术"依托项目，紫惠高速正结合实践编写《沥青拌和用天然气安全使用技术指南》，为高速公路天然气使用提供规范适用的技术标准。

紫惠高速坚持生态优先原则，强化现场环保措施，避免沥青生产和施工对周边环境造成污染。作为广东省第一批"绿色公路典型示范工程创建项目"，为减少废气和粉尘的排放，紫惠高速在沥青拌和站还采取了"两级除尘"系统，将沥青生产过程中产生的废弃粉尘进行集中处理。

紫惠高速由广东交通集团承建，连接河源、惠州两地，全长77.41千米，采用双向六车道设计标准，设计时速100千米，成为联通粤港澳大湾区建设和"一核一带一区"两大发展战略的重要通道。

专家点评

广东持续优化交通运输方式，大力推广新能源运输工具应用，加快推进高速公路服务区充换电配套基础设施建设改造，努力构建绿色高效的交通运输体系。

绿色经济

▶ **企业发展**

湾区新能源汽车产业高潮迭起

"绿色、环保"是北京冬奥会的一大亮点，为了降低排放大规模使用了氢能源车作为交通工具。北京冬奥会共计投入使用816辆氢燃料电池汽车作为主运力开展示范运营服务。作为氢燃料电池汽车应用规模最大的一届奥运会，北京冬奥会为国内氢能企业，包括粤港澳大湾区的企业提供了丰富的示范应用场景，实现了氢能和氢燃料电池汽车管理的重大创新。

示范："双能"小车北上服务冬奥会

来自各企业的大中小型新能源车，在冬奥会上大放光芒。引发外界兴趣的，也包括一辆无人驾驶小车。在位于张家口赛区的北京冬奥山地新闻中心，有一辆通体灰黑、极具未来感的小巴，原来它是一个名为"易特智行"的氢能自动驾驶方舱。在冬奥会举办期间，该车负责为工作人员和志愿者提供短途的生活运输摆渡。全程无人驾驶，没有方向盘，没有刹车油门踏板，完全靠机器自动控制。车辆在行驶过程中自主定位，自动停车让行或减速避让，实时提示与前车的行车安全距离，到站自动停靠，还可以语音召唤和人机对话。

这辆小车的制造者是一家来自广州的科技企业，是一个"智能移动空间智造+运营整体解决方案"提供商，具有车身设计、线控底盘、无人驾驶算法及运营的实力。在服务冬奥会上，这辆小车将智能驾驶和氢能源

"双能"融合，由此，这款车也被作为当地智慧城市建设的一张名片。

运营：氢燃料电池汽车已经跑在马路上

过去三年里，国内的氢燃料电池汽车发展迅速，频频出现在各大车展。业界公认的首款真正意义上量产并上市的氢燃料电池乘用车是丰田的Mirai，也是国际标杆。此次丰田汽车为冬奥会和冬残奥会提供的赛事服务车辆达到2200余辆，包括丰田的氢燃料电池车全新Mirai第二代乘用车、柯斯达氢擎等。

2021年10月，广汽集团首款氢燃料电池车在如祺出行平台开启示范运营，为广州市民带来更加节能、环保的新能源汽车出行体验。这一款名为AION LX Fuel Cell的车型是一款基于广汽集团GEP 2.0平台开发的氢燃料电池汽车，在保留豪华智能超跑SUV AION LX超大空间、超低风阻、超高科技配置的基础上，自主开发了燃料电池系统和车载储氢系统，最大输出功率超过135千瓦，百千米氢耗仅0.77千克，NEDC工况续航里程超过650千米，一次加氢仅需3~5分钟，从数据上看，这已经达到国内领先、国际先进水平。

市场：纯电和混动汽车持续热销

氢燃料电池车作为汽车业界的新成员，正孕育着无限的可能。至于纯电汽车和混动汽车，则继续保持了新能源行列中的明星地位。

2022年2月，位于深圳的比亚迪公布了1月销量，其乘用车1月全系销售95 180辆，同比增长126.10%。其中，新能源乘用车销售92 926辆，同比增长367.60%。在去年全年实现近60万辆的销量基础上，以其技术实力成为国内新能源乘用车销量冠军。比亚迪在国内新能源领域以"纯电为主"的技术路线下，在纯电市场持续发力。2022年1月销量为46 386辆，同比增长220.70%。同时，比亚迪依然重视插混车型的需求。其DM-i主打"以电为主"，兼顾续航与动力，适应多元的用车场景，打破合资车在混动领域的垄断地位。

和头部企业相比，来自广州、作为"造车新势力"的小鹏汽车同样发展势头正劲。2022年1月，小鹏汽车交付12 922辆，同比增长115%，连续5个月交付过万辆。截至2022年1月底，小鹏汽车历史累计交付量已突破15万辆。基于持续攀升的在手订单及全年增长预期，小鹏汽车在2022年1月底至2月初春节停产期间对小鹏汽车肇庆基地开展技术改造。改造完成后，订单有望加速交付。截至2022年1月17日，小鹏汽车已累计上线品牌超充站813座、目的地充电站166座，贯通全国所有333个地级行政区划单位及4个直辖市。

生产：广汽光伏累计发电超2.8亿千瓦时

绿色低碳浪潮，也催促着可再生能源的发展。冬奥会期间，广汽零部件（广州）产业园分布式光伏项目能源管理合同正式签订，项目建设正积极推进中，大湾区光伏应用再上新台阶。

说起光伏发电，位于广州的广汽丰田早在2008年就开始布局，成为国内首家最大规模导入太阳能发电系统的汽车企业。其在第三生产线屋顶大面积采用太阳能板，年发电量为1000万千瓦时，每年可减少二氧化碳排放7000多吨。只要到广汽旗下的汽车工厂，触目可见的，都是一大片厂房屋顶上的光伏装置。截至2021年底，广汽集团旗下企业已投入使用光伏发电装备合计达68万平方米，年发电量可达6570万千瓦时，累计发电超2.8亿千瓦时，减少二氧化碳排放约17.4万吨。企业在投资建设光伏发电设备中，均采取"自发自用，余电上网"模式运营，满足企业需要的同时，剩余电量可接入电网，销售给有需要的企业与家庭，为绿色生态发展作贡献。

2021年广州车展中，广汽集团提出了GLASS"绿净计划"的"双碳"目标，计划在2050年前实现产品全生命周期的碳中和。为达成这个目标，从研发、生产到消费者使用全链路思考，推进光伏发电、采用绿电，助力"双碳"目标的实现。

政策：规划推动新能源产业创新

在大湾区的核心城市，对于新能源的极致追求一刻也没有停步。2022年2月17日晚广州市人民政府网站公布了《广州市科技创新"十四五"规划》。规划要求围绕新能源重点领域，超前部署关键核心技术，集中攻关、示范试验和应用推广一批新能源技术，推动新能源技术优势加快转化为经济优势。

从该规划看，氢能源方面，已系统布局氢能的绿色制取、安全致密储输和高效利用技术。优先突破氢燃料电池应用技术、基于储氢材料的高密度储氢技术。重点发展太阳能光催化、光电催化和热分解水制氢技术。可再生能源方面，重点研究高效光伏环保型功能材料技术、高可靠光伏建筑一体化智能微网技术、柔性衬底薄膜电池技术。

新能源汽车方面同样包含了丰富的内容，比如要重点突破高性能电动汽车动力系统总成关键技术、智能电动汽车新型电子电气架构关键技术、高性能长耐久一体化电驱动系统集成技术、电动汽车动静态高效无线充电技术、氢燃料电池汽车技术。

在深圳，氢能源产业同样实力强劲。这个城市已经拥有近70家创新型企业及科研机构从事氢能技术研发和产品开发，研发出电解水制氢设备、高功率密度电堆及系统、燃料电池重卡、氢能无人机等具有自主知识产权的氢能科技产品，覆盖了氢气制取、储运、加注、燃料电池关键材料和零部件、膜电极、电堆、系统集成、应用产品、标准测试、运营服务等产业链环节，形成较为完整的氢能产业链。

2021年底，深圳市发展和改革委员会发布《深圳市氢能产业发展规划（2021—2025年）》。根据该规划，到2025年，深圳将形成较为完备的氢能产业发展生态体系，氢能产业规模达到500亿元。

▶ 企业发展

低碳携手数字化，赋能生活品质提升

广东广州，Linda Lee是一个凡事要求严格、有精准计划的职场精英。留着短发淡妆、面容娇俏的她，在选择护肤品时，要求除了适合自己的肤质，还要能和她的生活理念一致。多年前，她偶然用了如新的产品，发现其中的植物成分不仅能让肌肤有元气，使用起来也更智能、更贴合她的个性化需求，同时还能助力环保做"少塑派"。Linda Lee的消费理念不是特例，据人民智库调查，中国的年轻人越来越重视新消费的智能智慧趋势（41.58%），随着5G和人工智能等技术进入大规模应用，物联网联通居民生活各场景，供应链体系、电商平台、数字化智能化工具等新基础设施日臻完善，一种新的消费生态正在形成；同时，据可持续观念与行动观察报告——《2020个年轻人如何看2030：中国年轻人"明天观"报告》显示，中国的年轻人比过去更关心社会问题并以各种形式参与到与社会问题、可持续发展有关的行动中，其中，可持续消费（65.1%）是他们最愿意选择和实践的行动。作为智能及绿色生活的重要参与主体，青年一代将成为未来市场发展的主导力量。

"不管是什么行业，低碳转型是每个企业必须走的路。"如新中国运营发展副总裁孙可江认为，对于企业来说，只有抢占低碳技术和低碳市场先机，才能占领未来科技和产业发展的制高点，才能推动整个行业的健康发展。

抢占低碳技术与市场先机

"低碳环保越做越有趣，因为它还有技术成分在里面，会使你的产品变得很独特。"孙可江介绍，在过去几年中，如新的很多产品都在改进包装，以实现可重复使用、可回收、可再生。

比如，如新完成了部分产品的包装升级改良，每年可节省178吨的纸张使用量并减少约15吨的塑料使用。同时，如新也开始创新性地应用可持续环保包装，去年年初推出的"荟萃善秀生物适应性肌肤护理"系列产品，瓶身100%由PCR制成，管身则是约37%由再生塑料制成。未来，如新会考虑将PCR材料应用于其他产品包装上，扩大环保包装材料的应用，以保护地球环境。

AI护肤与美容仪上的物联网创新

　　此外，为满足消费者对智能智慧生活和"全方位"美丽和健康的需求，如新首次提出了"EMPOWER ME"的领先战略，它预见了社交电商、零工经济、产品订购、个性化和物联网在内的五大趋势，将科技、产品和社群三大核心板块融合，将社交电商与零工经济融合，将美容与健康融合，将物联网与AI、AR技术融合，从而打造一个全新生态系统。此生态系统通过使用个性化数字体验、具有革新精神的产品和互联设备等工具，将用户及品牌紧密互通互联，从而帮助品牌更好地理解用户的个性化需求，进而提供特别的、量身定制的服务体验。同时，打造的由志趣相投的个人组成的社群和社交电商平台，为与他人分享体验提供支持。可以说，该战略将为消费者提供个性化的美丽和健康解决方案。

　　首先，在产品与科技层面，如新对一些先进技术的利用更多样化，比如采用AI人工智能的肌肤分析，利用AR虚拟增强技术的虚拟试妆，可以为消费者提供更优质的服务；其次，将物联功能开创性地融入美容仪器中，借助物联网的互联互通及相关特性，为美容仪器赋能，改善顾客体验，帮助他们获得更高效的护肤体验。

如新中国以低碳技术推动可持续发展

而作为一家深耕于美丽健康领域的跨国公司，如新依托全球两大科研中心，开创性地提出"6S品质措施"（即选题、来源、规格、标准化、安全和实证），并在以"6S品质措施"为保障的前提下，以高标准来研发和生产产品，从而确保产品在任何时刻均有一致的有效性和安全性。目前，如新中国研发中心（科创中心）实验室正式通过中国合格评定国家认可委员会（CNAS）审核，并取得实验室认可证书。

线上门店，数字化生态初步成形

在数字化层面，如新近几年来一直在推动数字化生态的构建，从2017年与云计算头部厂商阿里云进行战略合作，开启"一切业务数字化"，到2019年末构建起以"星享城"为线上平台的基础云架构，再到2020年12月与腾讯达成战略合作，借助腾讯系产品的数据分析功能，扩展拓客渠道，如新中国的数字化生态系统初步成形。

2021年9月，如新推出了官方商城小程序，上线首日的访问量超过155万次，新注册用户达16万；此外，自2020年疫情暴发以来，人们更加依赖于"线上"作业以及社交。如新顺势而为，不仅推出数字化营销工具，还及时将线上商德认证培育课程方式和内容都做了优化，让经营者在线上就可以随时进行相关学习。

数字化生态初步成形

如新还引入更多数字化运营工具，如2022年8月推出线上个性化门店——Nu店。经营者将集博主、店主、玩家于一身，实现"好看、好玩、好分享、好购买"，在线上真正拥有一家自己的门店，并优化运营自己的私域资源和客户。同时，Nu店也会和如新官方商城联动，在顾客授权同意的前提下，让经营者对自己的顾客画像更加清晰。对消费者来说，也将面对一个全新的购物场景。如新希望通过创新与努力，积极推动企业乃至行业的健康发展。

以人为本，持续深化"EMPOWER ME"战略

作为一家深耕于个人保养品和营养补充品领域的跨国企业，以人为本是如新事业的核心。为提高人们的生活品质，如新将持续深化"EMPOWER ME"战略，为消费者提供优质的产品；同时，如新将积极承担企业社会责任，履行可持续发展承诺，并持续践行企业创新。

2019年，如新就从战略高度制定了确保企业可持续发展的战略规划，包括"地球与环境""产品与生产""人文与社区"三个维度。基于这三个维度，如新作出了五项承诺：建立一套环境影响评估系统，计划提高公司20款最畅销产品的环境影响评分值；计划在2023年作出有益于地球与环境的积极措施；计划在2030年之前产品包装实现可回收、可循环、可重复利用、可精简、可再生；致力打造一个全球零废弃物设施，以减少碳排放；此外，如新还会拿出一半以上的"善的力量"基金会募款，资助那些为地球与人类提供重要资源的组织与个人。

专家点评

绿色日益成为高质量发展的鲜明底色。通过建立健全绿色低碳循环发展的经济体系，促进产业结构、能源结构、交通运输结构、用地结构和居民生活方式的调整优化，为广东经济高质量发展持续注入了动力和活力。

第四章

开放

改革开放40周年之际再来这里，就是要向世界宣示中国改革不停顿、开放不止步，中国一定会有让世界刮目相看的新的更大奇迹。

——2018年10月，习近平总书记在深圳参观"大潮起珠江

——广东改革开放40周年展览"时的讲话

十年实际利用外资1.3万亿元，湛江巴斯夫、惠州埃克森美孚等百亿美元级外资项目开工建设，深圳综合改革试点40条首批授权事项全部落地，深交所创业板改革并试点注册制落地，广州期货交易所挂牌成立，外贸进出口总额突破8万亿元、连续36年居

全国第一，与"一带一路"沿线国家和地区的进出口额达2万亿元……

党的十八大以来这十年，广东坚定扛起推进"双区"和两个合作区建设等重大国家战略的重要职责，牵引带动全省改革开放迈上历史性新台阶。

广东推进粤港澳大湾区建设，顺利建成港珠澳大桥、广深港高铁等标志性工程，国际一流湾区和世界级城市群建设迈出坚实步伐。2021年，大湾区经济总量达12.6万亿元、比2017年增加2.5万亿元。全力支持深圳中国特色社会主义先行示范区建设，横琴粤澳深度合作区、前海深港现代服务业合作区起步成势，广州南沙深化面向世界的粤港澳全面合作，展现出蓬勃生机。

南海之滨，春潮拍岸。十年奋进，广东改革开放迈上新高度，"两个重要窗口"锻造出新时代广东最壮丽气象。

理论视角·专家观点
高水平对外开放推动高质量发展

◎ 毛艳华　中山大学区域开放与合作研究院院长

贸易投资合作是共建"一带一路"的重要内容，参与共建"一带一路"，提高了我国各区域开放水平，拓展了对外开放领域。

　　2021年底召开的中央经济工作会议明确指出："扩大高水平开放，多措并举稳定外贸，保障产业链供应链稳定，加大吸引外资力度。"2022年《政府工作报告》也重申："扩大高水平对外开放，推动外贸外资平稳发展。充分利用两个市场两种资源，不断拓展对外经贸合作，以高水平开放促进深层次改革、推动高质量发展。"尽管受新工业革命、贸易环境变化和新冠肺炎疫情三重因素叠加的影响，"十四五"开局之年我国仍旧实现了外贸外资双双"开门红"。一方面，这是多措并举稳外贸外资政策实施的成效，是我国产业链供应链韧性强的表现；另一方面，也是贯彻新发展理念，扩大高水平对外开放，推动制度型开放取得的成果。

在2022年外贸外资稳增长困难和压力不断增加的形势下，立足新发展阶段，要注重提升我国产业链供应链现代化水平，继续为外贸高质量发展打好基础；要大力推动制度型开放，主动对标高标准国际经贸规则，打造对外资更具吸引力的营商环境；要高质量共建"一带一路"，深化多双边经贸合作，不断拓展对外经贸合作新空间。立足新发展阶段，扩大高水平对外开放，对于稳定市场主体预期、保持宏观大局稳定，以及加快构建新发展格局等都具有重要意义。

提升产业链供应链现代化水平，支撑外贸高质量发展。据海关总署发布的数据，2021年我国货物贸易进出口总值达到39.1万亿元人民币，比2020年增长21.4%。在外部市场极不确定的条件下，外贸稳定增长主要依靠的是国内强大的产业链供应链韧性。我国市场主体众多，制造业上下游环节相互配合，生产服务体系不断完善，产业链供应链稳定性高、抗冲击性强，产业链集群已成为我国制造业在全球疫情影响下参与国际竞争的重要优势。立足新发展阶段，要多措并举提升产业链供应链现代化水平，确保外贸稳定提质增效，实现高质量发展。一是要继续实施稳外贸政策措施，扩大出口信用保险对中小微外贸企业的覆盖面，加强出口信贷支持，优化外汇服务，加快出口退税进度，帮助外贸企业稳订单稳生产；二是要大力实施创新驱动战略，开展核心技术攻关，解决产业链供应链瓶颈问题，增加我国产业链嵌入全球价值链的长度与高度，引导我国企业立足国内国际双循环向产业链供应链的"链主"位置攀升，提升我国企业在全球供应链上下游的掌控力；三是要增强国家重大区域战略协同联动，推动区域协调发展，实现国内区域产业链供应链的对接融合，积极应对产业链供应链本土化、分散化和区域化趋势，维护我国产业链供应链的安全稳定。

推动制度型开放，持续优化营商环境。据商务部发布的数据，2021年我国吸收外资达到约1.15万亿元，在近10年来首次实现两位数增长，增速达到了14.9%，其中高技术产业引资占比首次超过30%，实现了利用外资规模和质量的"双提升"。在全球跨国投资大幅下滑的背景下，我国吸引外资稳中提质，这主要得益于我国持续提高对外开放水平，实施积极有效利用外资的系列措施。2017—2021年，我国连续5年修订全国和自贸试验区负面清单，外资准入特别管理措施分别由93项、122项减至31项、27项，在制造业、服务业等领域推出了一批重大开放举措，为外商投资提供了更加广阔的发展空间。2020年1月，外商投资法及其实施条例正式施行，对外资全面实行准入前国民待遇加负面清单管理制度，并加强外商投资促进工作，保护外商投资合法权益，优化外商投资环境。随着我国参与国际分工的比较优势逐渐转换，适应全球价值链分工的新趋势，以及服务业扩大开放对制度供给的需求，需要立足新发展阶段，加快由商品要素流动型开放向规则、规制、管理、标准等制度型开放转变，不断深化国内改革与营商规则国际化，使我国社会主义市场经济体制成为参与国际经济合作与竞争的优势要素。一是要主动对标高标准国际经贸规则，深入实施外资准入负面清单，推动贸易和投资自由化便利化，落实好外资企业国民待遇；二是要加快国内服务业规制改革，扩大鼓励外商投资范围，支持外资加大对中高端制造、研发、现代服务等领域和中西部、东北地区投资；三是要扎实推进自贸试验区、海南自由贸易港建设，推动开发区改革创新，提高综合保税区发展水平，增设服务业扩大开放综合试点；四是要从扩大开放的现实需要和自身优势出发，推动建立和完善数字贸易规则体系，探索"碳中和"方案和低碳发展等生态文明领域的规则建设。

高质量共建"一带一路"，不断拓展对外经贸合作新空间。共建"一带一路"已经成为国际公共产品和国际合作平台。贸易投资合作是共建"一带一路"的重要内容，参与共建"一带一路"，提高了我国各区域开放水平，拓展了对外开放领域。根据商务部发布的数据，2021年我国与"一带一路"沿线国家贸易达到1.8万亿美元，同比增长32.4%；对沿线国家直接投资214.6亿美元，增长15.3%；吸收沿线国家外资112.5亿美元，增长36%。立足新发展阶段，扎实推动共建"一带一路"高质量发展，需要不断拓展对外经贸合作新空间。一是要持续推动优势产业合作，挖掘贸易合作潜力，扩大三方和多方市场合作；二是要加快实施

RCEP协定[①]，推进加入CPTPP协定[②]和DEPA协定[③]，加快构建辐射"一带一路"的自贸区网络，提高贸易和投资自由化便利化水平，增强我国产业链供应链发展的战略纵深和回旋空间；三是要稳步拓展新能源、数字经济、数字贸易、新型基础设施等领域合作，积极培育合作新增长点；四是要高质量打造境外经贸合作区、中欧班列等标志性工程，推动跨境电商、海外仓等新业态融合发展；五是要持续办好国际性、区域性重大展会，发挥机制和平台作用，提升各层级经贸交流合作水平；六是要全面强化风险防控，加强各类风险研判和监测预警，稳妥有序推进贸易投资合作和项目建设。

---

① 区域全面经济伙伴关系协定
② 全面与进步跨太平洋伙伴关系协定
③ 数字经济伙伴关系协定

扫码关注
"广东加速度"

理论视角·专家观点

推动粤港澳大湾区金融高水平合作

◎ 林　江　中山大学岭南学院经济学系教授、博士生导师

◎ 徐世长　中山大学马克思主义学院助理教授，中山大学粤港澳发展研究院特
　　　　　聘研究员

林江　　　　　　　　　　　徐世长

新形势下的三地金融高水平合作，需要立足于国家金融战略大背景，聚焦规则对接难点与金融市场一体化制度堵点，重点围绕技术驱动金融合作（智能金融与区块链金融）、跨境金融要素自由流动、特色金融产品创新以及防范和化解跨境金融风险等维度，持续提升制度创新能力。

习近平总书记指出："经济是肌体，金融是血脉"[1]，"金融是现代经济的血液。血脉通，增长才有力"[2]。推动粤港澳三地金融从合作

---

[1] 习近平 2019 年 2 月 22 日在十九届中央政治局第十三次集体学习时的讲话

[2] 习近平 2017 年 5 月 14 日在"一带一路"国际合作高峰论坛开幕式上的演讲

到融合发展，进一步畅通经济"血脉"，对于粤港澳大湾区建设意义重大。实现大湾区内部的金融互联互通，有利于更好地实现金融资源优化配置，提升资本要素市场化配置效率，增强金融服务实体经济发展的能力，促进大湾区培育出更多的世界级产业集群，引领和支撑我国经济转型升级，推动国家金融开放大战略顺利实施。

近年来，粤港澳大湾区金融领域的融合发展持续深入，政策体系日益完善，《粤港澳大湾区发展规划纲要》强调要发挥香港的国际金融中心作用，引领粤港澳大湾区金融发展，逐步扩大湾区人民币跨境使用的规模和范围，助力人民币国际化提速，有序推进湾区金融市场互联互通，特别是要扩大跨境金融产品创新。《关于贯彻落实金融支持粤港澳大湾区建设意见的实施方案》成为广东支持大湾区金融建设的"任务书"，提出80条具体措施促进区域金融互联互通和跨境贸易、投融资便利化，扩大大湾区金融对外开放。《广东省国民经济和社会发展第十四个五年规划和2035年远景目标纲要》明确提出，要坚持金融服务实体经济的根本导向，深化金融供给侧结构性改革，携手港澳共建粤港澳大湾区国际金融枢纽。到2025年金融业增加值占GDP比重达到10%左右。《粤港澳大湾区金融发展白皮书（2021）》强调湾区金融业集聚效应与梯队化特征显著，核心城市金融业明显强于其他湾区城市，已建立起多层次资本市场结构，其中深交所股票融资额、市场活跃度、新增上市公司数量等指标稳居世界前列，是全球最具活力的高成长新兴市场。

新形势下的三地金融高水平合作，需要立足于国家金融战略大背景，聚焦规则对接难点与金融市场一体化制度堵点，重点围绕技术驱动金融合作（智能金融与区块链金融）、跨境金融要素自由流动、特色金融产品创新以及防范和化解跨境金融风险等维度，持续提升制度创新能力，具体融合路径如下。

聚焦规则衔接深化体制机制创新

大湾区内地九市要积极主动学习与借鉴港澳自由贸易港先进体制机制，在贸易金融、跨境投融资、财税金融联动等方面，探索更加灵活的政策体系、监管模式、管理体制，建设更加包容、开放的金融合作平台。打造香港、广州、深圳作为大湾区科技金融资源集聚的核心区和金融创新发展的高水平平台，规划设立粤港澳区域金融深度合作体制机制改革示范区。以制度创新实现湾区内外资源的整合和利用，形成推动湾区金融发展的合力，进一步加强湾区金融监管与金融信息数据的共享机制与金融风险管控机制建设。建立由中央与粤港澳组成的专门协调机构，统管大湾区的金融改革与开放政策供给，协同推进三地金融合作发展。国家要进一步加大对粤港澳大湾区金融政策的支持力度（尤其是简政放权），设立跨境金融创新发展专项资金，确保大湾区金融事业优先发展，出台专项金融合作规划。

优化资源布局丰富合作载体

鼓励各地根据自身经济发展情况开展差异化的金融改革探索，优化金融、产业以及科技要素的互动，实现大湾区现代金融体系完善以及金融业营商环境趋同（尤其是要聚焦服务科技创新的金融平台建设）。推动广州打造以银行、保险、绿色金融及财富管理为重点的区域性金融中心城市提质增效，提升金融市场的资源配置能力与金融辐射能力，围绕湾区金融融合与创新发展开展顶层设计、政策制定与区域协调监管。深圳要建设与香港金融市场紧密互动，以多层次资本市场、创业投资为特色的区域性金融中心城市，大力探索金融嵌入产业链、价值链升级的战略功能。香港继续巩固和提升国际金融与贸易中心，做强全球离岸人民币业务枢纽、提升国际资产管理中心及风险管理中心全球竞争力。推动澳门产业多元化发展，重点聚焦特色金融业高质量发展，结合其产业结构，发展特色科技金融，打造湾区的特色科技金融平台。同时，澳门地区与葡语系国家贸易联系密切，可以发挥澳门地区的此种优势深入连接葡语系国家与"一带一路"倡议，助力人民币国际化提速。发挥三大自贸片区、广深港澳科技创新走廊优势，提供专业性、创新性、国际性金融服务，以及金融后台、股权投资、金融服务外包等配套支撑释放科技创新的产业效果。

打造粤港澳大湾区特色金融服务的示范基地

　　《粤港澳大湾区发展规划纲要》提出了湾区要实现区域融合发展的目标。事实上，区域融合发展既是作为国家级战略之一的粤港澳大湾区实现高质量发展的抓手，也是其他国家级战略，包括京津冀协同发展战略、长江经济带发展战略等要追求的目标，从而为国内统一大市场规划的实现奠定坚实的基础。然而，区域融合发展目标说易行难。以广佛同城化为例，自2009年两个城市签署同城化协议①以来，尽管在年票互认、广佛地铁一体化规划与管理等问题上取得良好进展，但是在招商引资、城市产业规划、土地资源规划等问题上要做到两市"一盘棋"依然任重道远。湾区要实现高质量发展，离不开建立现代化的经济体系，而构成湾区现代化经济体系的有三个组成部分：一是作为存量的传统制造业通过数字化技术实现转型升级；二是作为增量的先进制造业借助现代服务业的支援，营造一批新型的产业链和供应链，从而在湾区经济总量的份额中逐步壮大；三是现代服务业本身。当然，现代服务业种类繁多，湾区的相关城市难以面面俱到，但有条件按照自身的特点在特色现代服务业领域实现突破。例如，湾区的传统制造业转型升级和做大做强先进制造业，离不开金融的支持。湾区的一些制造业基础比较扎实、民间金融资源比较丰富的城市，如东莞、佛山完全有条件建设湾区的特色金融服务示范基地。首先，特色金融指利用现代金融手段，如保险、信托、抵押、资产证券化等金融工具，通过创新手段，形成为传统制造业和现代服务业的转型和发展提供各种融资支持的金融产品，从而最大限度地吸引当地的民间资金，同时也可以进一步繁荣湾区的资本市场。其次，特色金融服务的示范基地也将围绕"碳达峰""碳中和"的目标设计和创新碳金融产品，并建成湾区的碳金融交易平台，服务湾区的绿色发展目标。最后，近年来湾区的跨境电商发展相当迅猛，深圳、东莞、惠州、佛山等城市的跨境电商无论在规模还是效益上都是领跑全国的。

---

① 《广州市佛山市同城化建设合作协议》及两市城市规划、交通基础设施、产业协作、环境保护等4个对接协议

因此，可以考虑在相关城市构建跨境电商的融资服务中心，从而更好地服务湾区包括跨境电商在内的特色产业。

健全跨境金融合作完善监管体系

在粤港澳大湾区加快推广自由贸易账户（FT账户）企业与个人账户服务功能，强化跨境金融产品创新体系，推动符合条件企业放开依托虚拟银行账户进行相关境外投资的限制（如要建立相关企业的跨境投资承诺制）；积极开展本外币一体化跨境资金池试点，推动广东九市企业总部与其设在香港的财资中心联动，试点简化外债和境外放款登记管理；探索赋予三地金融、科技相关管理部门特定权限，允许科研资金以及科技创新类跨境资金在一定额度内跨境自由流动，鼓励各类型合法金融机构在大湾区开展跨境科技金融产品创新；引导支持成立粤港澳科技金融服务联盟、智库联盟，并积极开展国际交流合作；推动建立大湾区金融业常态化协调工作机制，全方位深化在金融市场、机构、人才、法律等领域的合作，推动率先构建具有中国特色、符合国际惯例的科技金融运行规则和制度体系；全面落地中央部委、广东省委、广州市委、深圳市委等针对粤港澳大湾区跨境金融合作的各类政策体系，积极推动放宽或取消银行、证券、基金管理、期货、金融资产管理公司等外资股比限制、投资领域限制，降低港澳金融机构准入门槛和推动准营便利，努力打通与港澳金融企业互设渠道；进一步推进跨境人民币双向融资、跨境人民币双向资金池、跨境人民币贷款、内地企业赴港发行人民币债券等跨境业务。

扫码关注
"广东加速度"

在香港大屿山拍摄到的港珠澳大桥　摄影/宋金峪

粤港澳大湾区建设

▶ 政策引领

横琴为澳门长远发展注入新动力

2021年9月，中共中央、国务院印发了《横琴粤澳深度合作区建设总体方案》。澳门理工学院教授娄胜华认为，总体方案明确了横琴粤澳深度合作区的四个"新"的战略定位，提出了一系列重大举措，回应了澳门发展的需要与澳门居民的期盼，为澳门青年发展提供广阔空间，为澳门长远发展注入强大新动力。

系列新举措促进深度发展

总体方案紧紧围绕"促进澳门经济适度多元发展"这条主线，提出了横琴粤澳深度合作区打造促进澳门经济适度多元的新平台、便利澳门居民生活就业的新空间、丰富"一国两制"实践的新示范、推动粤港澳大湾区建设的新高地四个"新"的战略定位。

娄胜华认为，这四个"新"的战略定位，可以说体现了横琴粤澳深度合作区建设的深度。方案提出了一系列新措施，回应了澳门发展的期盼。例如，在合作区内探索跨境资本自由流入流出和推进资本项目可兑换；实施市场准入承诺即入制，严格落实"非禁即入"，在"管得住"

第四章 开放

的前提下，对具有强制性标准的领域，原则上取消许可和审批，建立健全备案制度；对合作区符合条件的产业企业减按15%的税率征收企业所得税；允许具有澳门等境外执业资格的金融、建筑、规划、设计等领域专业人才，在符合行业监管要求条件下，经备案后在合作区提供服务，其境外从业经历可视同境内从业经历；对在合作区工作的澳门居民，其个人所得税负超过澳门税负的部分予以免征；等等。

对于《横琴粤澳深度合作区建设总体方案》提出的"粤澳共商共建共管共享体制机制"，娄胜华认为，这个机制是落实横琴粤澳深度合作区建设目标，尤其是"构建与澳门一体化高水平开放的新体系"的重要环节。娄胜华说，"粤澳共商共建共管共享体制机制"将进一步汇聚澳门参与合作区建设的资金、人才、制度等积极因素，更为有效地实现横琴开发的价值与意义。

回应了澳门居民多年的期盼

吸引澳门居民就业创业、加强与澳门社会民生合作、推进基础设施互联互通，《横琴粤澳深度合作区建设总体方案》提出建设便利澳门居民生活就业的新家园的目标。

在娄胜华看来，此举回应了多年来澳门居民的重大期盼。"众所周知，澳门地域空间狭小，人口居住密集，居民居住的舒适度不够。长期以来，澳门居民希望能够发展新的居住空间。而横琴与澳门距离近在咫尺，是澳门居民扩展新的生活空间最便利的地方。"

娄胜华表示，这也意味着，未来在进一步吸引澳门居民前往横琴居住方面，可望有更多突破。比如，在通关方面，因为在横琴与澳门之间始终有一道关口，如何创新通关模式，可以进行探索；在通行方面，澳门居民前往横琴需要便捷的交通，除了澳门单牌车可以直通横琴外，可以探索连接两地的直通巴士，实行交通无缝对接。在教育、医疗等生活保障方面，澳门居民到横琴去生活，当地的教育与医疗等设施要便利并能满足澳门居民所需。需要探索澳门居民现有福利的"便携"方式，使其在横琴生活便利无忧。

为澳门青年发展提供广阔空间

《横琴粤澳深度合作区建设总体方案》提出，高水平打造横琴澳门青年创业谷、中葡青年创新创业基地等一批创客空间、孵化器和科研创新载体，构建全链条服务生态。推动在合作区创新创业就业的澳门青年同步享受粤澳两地的扶持政策。采取多种措施鼓励合作区企业吸纳澳门青年就业。

在娄胜华看来，横琴粤澳深度合作区的建设，将为澳门青年的发展提供广阔的空间。"澳门青年要进入内地发展，横琴应是第一站，横琴可以成为澳门青年创业与就业的新空间。由于澳门青年对内地的民情及政策等方面还不够熟悉，他们可以先在横琴进行创业与就业，待积累经验之后，再进入更多内地城市。"目前，澳门特区政府有一系列扶持青年创业就业的鼓励措施，娄胜华建议，这些措施应该延续到横琴粤澳深度合作区。

"人才是创新发展的要素，而高等教育又是培养人才的重要阵地。可以说，没有人才，尤其是高端人才的集聚，合作区很难快速得到发展。"娄胜华认为，方案提出吸引与集聚国际高端人才的政策措施，是非常必要的。"方案对影响人才汇聚的因素予以回应。例如，方案提出'对在合作区工作的境内外高端人才和紧缺人才，其个人所得税负超过15%的部分予以免征'，这个税收优惠力度与澳门方面相差不大。此外，方案还提出要研究便利外国人才签证的制度等。"

作为来自澳门高校的专业人士，娄胜华对未来澳门高等教育在合作区建设中将发挥的作用也充满期待。"澳门回归祖国后，澳门的高等教育得到快速发展，但是，同样受困于澳门土地有限。因此，合作区要'高标准建设澳门大学、澳门科技大学等院校的产学研示范基地'，为澳门高校发展提供新的空间与新的机遇。"

▶ 政策引领

前海深港释放强大辐射带动效应

中共中央、国务院印发的《全面深化前海深港现代服务业合作区改革开放方案》（以下简称《方案》）于2021年9月发布。《方案》以"扩区"和深化改革、扩大开放为主题，大幅扩展了前海深港现代服务业合作区的发展空间，强调推进与港澳规则衔接、机制对接，丰富协同协调发展模式，并提出了一系列具体举措。

有利于港澳企业开拓大湾区市场

前海与香港一水之隔，具备粤港、深港合作的先天优势。"依托香港、服务内地、面向世界"是前海的初心和使命。根据《方案》，进一步扩展前海合作区发展空间，总面积由14.92平方千米扩展至120.56平方千米，约为原来面积的8倍。从扩区后的版图可以看到，发展空间大幅增加，所扩区域集中连片，从而释放出巨大的规模效应、乘数效应。

中山大学粤港澳发展研究院首席专家、教授陈广汉认为，由于前海发展的定位，以及在新时期所担负的历史使命，"扩区"是一种必然。之后的前海，产业业态更加丰富完善，除了原有的金融、物流和现代服务业外，还增加了高端制造业、海洋产业等，这将有利于前海进一步实现中央赋予它的使命，拓展深港合作空间，推动港澳更好地融入国家发展大局。

《方案》提出，推进前海现代服务业创新发展，建立健全联通港澳、接轨国际的现代服务业发展体制机制。中国（深圳）综合开发研究院港澳及区域发展研究所所长、副研究员、全国港澳研究会理事张玉阁说，这有利于港澳企业开拓大湾区市场，对香港的服务业来说是利好的。

在营商环境方面，《方案》提出，到2035年，前海营商环境达到世界一流水平。"这里面涉及的内容很多，其中就包含与港澳规则机制的深入对接。"张玉阁表示，前海要打造世界一流营商环境，主要体现在市场化、法治化和国际化等方面。"无论是打造平台，还是建设枢纽，对前海来说，深化深港合作都是有效的方式和路径。只有深化前海与港澳的互利合作、协同发展，建立更广泛、更深层次的联系纽带，才能为港澳保持长期繁荣稳定提供支持。"另外，对于香港企业来说，可以利用前海的平台功能，在以国内大循环为主体、国内国际双循环相互促进的新发展格局中扮演独特角色。

《方案》还提到创新合作区治理模式，研究在前海合作区工作、居留的港澳和外籍人士参与前海区域治理途径，探索允许符合条件的港澳和外籍人士担任前海合作区内法定机构职务。张玉阁表示，让市场主体和利益关联者参与到治理体系中，能提高这种治理模式的包容性。同时，《方案》非常强调前海要探索形成可复制、可推广、可操作的经验，这既表明了前海在国家改革开放大局里的突出地位，也正是前海的责任和价值所在。

深化规则对接将促进港企到前海发展

"改革"和"开放"是深圳、前海的根本所在。《方案》提出，深化与港澳服务贸易自由化，支持前海合作区对港澳扩大服务领域开放。"通过深化与港澳规则对接，促进香港现代服务业企业到前海发展，并通过前海走向整个深圳、大湾区甚至全国。"中国银行（香港）有限公司经济及政策研究主管王春新说，对于做贸易或投资出现争端之后的仲裁，前海引进香港的一些做法，能够更加接近国际惯例，甚至向国际最高标准看齐，从长远来看有利于前海吸引外资、促进贸易。

王春新表示，《方案》指出，提升前海国家金融业对外开放试验示范窗口和跨境人民币业务创新试验区功能，支持将国家扩大金融业对外开放的政策措施在前海合作区落地实施。"在与香港金融市场的互联互通上，现在已经有了沪港通、深港通，还准备做跨境理财通，以及债券通南向通。"王春新认为，前海就像一个金融试验场，除了探索保险通，还可以探索跨境保险服务。

前海作为我国首个中国特色社会主义法治示范区，积极推进法治示范城市建设。《方案》提出提升法律事务对外开放水平，在前海合作区内建设国际法律服务中心和国际商事争议解决中心，探索不同法系、跨境法律规则衔接等。截至2021年9月，前海累计注册港资企业1.15万家，注册资本1.28万亿元，实际利用港资占前海实际利用外资的92.4%。前海已经成为与香港关联度最高、合作最紧密的区域之一，在支持香港融入国家发展大局中发挥了桥头堡作用。

王春新说，香港是一个国际投资中心，外资依照香港的法规，通过香港这个平台对内地进行投资，"前海与香港进行法律事务机制和规则的对接，对香港的投资是有好处的。未来，前海作为一个平台，反过来也可以推动内地对海外的投资，这其实是双向的。"

"我们要高水平参与国际合作，投资是非常重要的一块。"王春新认为，《方案》中提到的"充分利用香港全面与国际接轨的专业服务，支持前海合作区企业走出去"是非常有必要的。

深圳前海自贸区　摄影/王磊

湾区升学就业机会多

近年来，随着粤港澳大湾区进一步深入发展，港澳青年赴粤升学就业的意愿明显增强。不仅港澳学生报考广东高校的人数屡创新高，毕业生选择在内地就业的人数也越来越多，粤港澳大湾区渐渐成为港澳学子未来发展的一片热土。

大湾区高校深受港澳学生欢迎

2022年香港中学文凭考试于4月22日正式开考。今年参与计划的内地高等院校增至129所，分布于内地20多个省（自治区、直辖市），包括北京大学、清华大学等国家"双一流"建设高校，也包括上海大学、南京师范大学等省属重点高校，还有中央音乐学院、北京体育大学等知名艺体类院校。

香港特别行政区政府公布的数据显示，近年来通过香港中学文凭考试成绩报考内地高校的香港学生人数持续增长，内地高校连续三年成为香港学生非本地升学的报考首选。目前，已经有超过1.6万名香港学生正在内地大学读书。

报名人次最多的十所院校中，粤港澳大湾区内地城市的院校占了60%。其中暨南大学以2117人次确认填报排第一位，中山大学和深圳大学分别排第二和第三。

内地同样是澳门学生外地升学的重要目的地之一。澳门特别行政区政府教育及青年发展局公布的数据显示，作为澳门学生来内地求学的主要渠道，"2021年中国内地普通高校联合招收澳门保送生"共有1108名学生成功获录取，录取学生数量排名前三的分别为广东、北京和湖北。

港澳生内地升学方式多种多样

目前香港学生内地升学的主要途径有三类，分别是内地高校招收香港中学文凭考试学生计划、港澳台侨联招考试，以及北京大学、暨南大学等个别院校单独招生。澳门学生若想报读内地高校，则可尝试中国普通高等学校联合招收澳门保送生、中国普通高等学校联合招收华侨、港澳台地区学生考试（澳门区）和院校独立招生计划。

对于来内地高校就读的港澳学生，港澳特区政府分别出台了相关优惠支持措施。香港特区政府教育局自2014/2015学年起通过内地大学升学资助计划，为有意到内地升学的香港高中毕业生提供资助。

而内地高校亦为港澳学生开设了许多特色文化课程，促进港澳学生在学习和体验中了解中华文化的魅力，在实践和游历中认识国情社情。比如，暨南大学深入实施港澳台侨学生领袖培养计划，组建"中华梦飞翔"国情教育千人团，以"中国文化之旅"冬夏令营为载体，组织港澳台侨学生分赴全国20多个省区市进行思政移动课程。

湾区机会多！打造港澳青年就业创业新天地

随着许多优惠支持政策的出台，有越来越多港澳青年在大湾区内地城市找到了发展事业的广阔舞台。2021年9月，人社部、财政部、国家税务总局、国务院港澳办等四部门共同发文，通过拓宽就业渠道、支持创新创业，支持港澳青年在粤港澳大湾区就业创业。就读于华南师范大学的林筱婧来自香港，未来打算留在粤港澳大湾区从事教育方面的工作，"我计划在粤港澳大湾区就业，做一名老师，也想过用这种方式加强香港与内地的交流"。

针对境内外政策差异，广东还着力建立了港澳专业人才职称评审绿色通道，截至2022年3月，已有3169名港澳专业人士获得内地执业资格；粤港澳还联合组织152批次"一试多证"考试，941人通过考核获得证书。"我们港澳生申请中小学教师资格是没有问题的，但如果想考入教师编制的话，目前只有部分大湾区内地城市开放给港澳青年。"林筱婧希望，广东能进一步完善政策，为港澳青年就业开放更多领域。

广东还在创业方面构建了创业载体平台体系、完善配套政策举措、鼓励和支持港澳青年来粤创业。广东省已有12家重点建设的港澳青年创新创业基地投入运营，带动珠三角9市建成N系列基地55家，为港澳青年提供服务。

▶ **科研推动**

大湾区硬核领域加速合作

被外媒誉为"现代世界七大奇迹"之一的港珠澳大桥，以巨龙之姿飞跨三地。大桥通车以来，极大地提升了香港与珠三角西部地区之间的交通效率，已然成为大湾区基础设施"硬联通"最闪亮的一张名片。与此同时，珠海与港澳的"软连接"正在多个领域加速成形。

港珠澳三地在大桥运维、智能计算等硬核领域开展合作，为大湾区一体化发展打开了更为宽广的想象空间。

大桥运维　智能化建设延续三地合作

港珠澳大桥是当今世界总体跨度最长、钢结构桥体最长、海底沉管隧道最长的跨海大桥，由粤港澳三地在"一国两制"框架下合作共建。而不为多数人所了解的是，大桥建成后，三地的合作并未止步，而是转移到大桥智能化运维和一系列科研项目上。

"我们要在物理大桥的基础上建设数字化大桥。"2021年4月，在港珠澳大桥管理局，工程技术中心高级工程师闫禹说，该局围绕大桥运维，联合香港大学、香港理工大学和澳门大学，根据院校的科研优势，就不同项目开展三地的科研合作。

港珠澳大桥管理局由粤港澳三方政府共同创办，负责大桥主体部分的建设、运营、维护和管理的组织实施等工作。近年来，该局承接了港珠澳大桥智能化运维技术集成应用项目，致力于打造数字化大桥，2021年该项目已实施到关键阶段。这一项目研究成果将全面提升港珠澳大桥的智能化运维水平，降低大桥全生命周期维养成本、延长大桥使用寿命。

"在大桥通车之后，大桥管理局的技术团队致力于充分发挥大桥的技术成果和优势，继续推动三地在智能化运维方面的深化合作。"闫禹举例称，澳门大学科技学院有支团队长期致力于研究海中工程的地基状况评价和预警工作，这也符合当前大桥结构智能化评估的需求，于是他们就联合这一团队和内地的施工团队进行科研合作。

闫禹还介绍，项目构建的智能运维数据标准及技术方法体系，将为交通基础设施的数字化建设及智能化运维提供标准导则："研究成果的价值是两个层次的，一个是解决大桥本身营运问题的'刚需'，另一个是通过工程的示范、转化和推广，进一步服务大湾区的类似工程，包括正在建设的深中通道等。"

智能计算 携手推动"超级大脑"服务社会

与气势磅礴的大型交通基础设施相比，人工智能科学研究的科技基础设施看似不壮观，但却具有颠覆性作用，堪称人工智能的"超级大脑"。在港珠澳三地的科研合作下，"超级大脑"的强大算力正不断探

港珠澳大桥　摄影/宋金峪

索赋能经济社会的路径。

走进横琴先进智能计算平台，这里是横琴新区与中科院共同建设的基于寒武纪国产神经元网络专用芯片的大规模、自主可控的先进智能计算平台，中心的三块屏幕上分别显示着基础设施支撑系统、核心设备状态和工单分配情况。不断跳动的数字和状态背后，是每秒116亿亿次的算力。

每秒116亿亿次的算力是什么水平？平台每台计算机运算的速度是普通家用电脑的120～160倍，而平台共有2390台计算机；2016年，国内性能排名靠前的国家超级计算无锡中心的王牌"神威·太湖之光"，认证性能为9.3亿亿次/秒的浮点运算能力。对比之下，横琴先进智能计算中心的算力已经非常强大了。横琴先进智能计算平台整体规划分为三期。中心二期项目于2020年初正式投入使用，并在澳门设立了分中心，一举填补了珠江口西岸、广深港澳科技创新走廊人工智能重大基础设施的空白。

作为粤澳高水平科研合作载体，横琴先进智能计算平台联合实验室的澳门大学研究团队，则主要依托于澳门大学智慧城市物联网国家重点实验室，其中正在推进的项目有中葡互译项目。由于语言具有模糊性和多态性，需要算法结合场景和上下文将最可能的意思算出来，算力越大，翻译的延迟越短。

横琴先进智能计算平台项目三期建设正按计划全面推进，规划总用地面积达1.3万平方米，总建筑面积约3.8万平方米，共9层，建成后平台算力将进一步提升。

专家点评

建设粤港澳大湾区，是习近平总书记亲自谋划、亲自部署、亲自推动的重大国家战略。"若网在纲，有条而不紊"，新时代广东改革开放的"纲"就是粤港澳大湾区建设，"中央要求、湾区所向、港澳所需、广东所能"，广东携手港澳共同推进大湾区建设，全力支持港澳融入国家发展大局。

第四章

开放

深圳先行示范区建设

▶ **政策引领**

深圳新征程　走在最前列

　　粤港澳大湾区，是中国开放程度最高、经济活力最强的区域之一。为不断增强和发挥粤港澳大湾区核心引擎功能，深圳使命在肩、步履不停。深圳正抢抓建设粤港澳大湾区和支持深圳建设中国特色社会主义先行示范区"双区"和横琴、前海两个合作区建设等重大历史机遇，在更高起点上推进改革开放，奋力在新时代走在前列、新征程勇当尖兵。

"软硬"联通和规则衔接加速

　　"每次跟朋友们提到来内地发展和生活，其中一个最大的挑战便是适应两地医疗体系的差异。"卢先生是香港数码港现时创业学会会长，他和多名朋友选择到内地创业。香港青年看重内地发展机遇，同时也担心生活上的不适应，"比如用的药物不一样、我们在香港买的保险未必能在内地使用等。"卢先生介绍。

　　随着大湾区的发展，两地青年交流更加频繁，愈来愈多香港青年考虑到深圳生活、创业或就业。两地医疗衔接是许多年轻人考虑的一大问题。推动大湾区跨境医疗互认"打通关"，深圳近几年动作频频。深圳市人社局联合市卫健委先行先试，对香港大学深圳医院经审查符合认定条件的港籍医生，直接认定为正高级职称，用规则衔接、机制对接，打破"双城壁垒"。在该医院取得内地行医许可的港澳医师人员已超过百名。2021年，深圳全市共开设11家港资医疗机构和1家香港名医诊疗中心

（平台），118名港澳医师取得医师执业证书在深长期执业，13家医疗机构与国际商保公司签订相关就医协议，7家定点医院提供香港病人转诊服务。此外，伴随着"港澳器械通"实施，多种港澳药物、医疗器械获批在深圳试点医院使用。

医疗衔接是深圳加速"软硬"联通和规则衔接、全力推进粤港澳大湾区建设的一个缩影。当前，以基础设施为代表的大湾区"硬联通"进展如火如荼，包括规则衔接在内的"软联通"也在加速推进，各种要素在深港乃至大湾区间流动加速。

综改试点成果显著

"感谢个人破产条例，让我有机会得到经济上的'重生'。"2021年11月8日，深圳市中级人民法院裁定首宗个人破产清算案件：债务人呼勇（化名）现有财产不足以清偿140余万元债务，将进入为期3年的免责考察期，通过免责考察期后，可免去剩余债务。

率先试行自然人破产制度，是深圳综合改革试点首批事项之一。2021年3月1日，《深圳经济特区个人破产条例》正式施行，专门处理个人破产事务的深圳市破产事务管理署同日上午挂牌成立。这标志着个人破产和企业破产在深圳合流并行，深圳成为破产制度综合试点的第一试验田。

深圳实施综合改革试点一年多来，取得了重要的阶段性成果。目前，首批40条授权事项全面落地实施，重点领域和关键环节改革成效持续显现。深圳证券交易所创业板注册制改革以来，新增上市公司超过300家，累计股票融资超5000亿元。在营商环境优化方面，深圳破产制度改革成效显著，新型知识产权法律保护改革有序推进。从实现港澳专业人才免试跨境执业，到稳步推进国际前沿药品应用试点；从气候投融资改革制度框架下第一批入库项目成功融资，到首宗二、三产业混合用地挂牌成交。一批重要的实践创新成果和制度创新成果，正在不断形成。

前海"扩区"新动能释放

2022年6月30日，前海管理局与香港大学签署战略合作框架协议。双方以推进粤港澳大湾区建设、支持深圳建设中国特色社会主义先行示范区和增强香港同胞对祖国的向心力为基本合作目标，共同支持建设香港青年创业学院、香港大学大湾区金融科技研究院、香港大学（深圳）高等法律研究院、港大前沿科技产业园。除了推进这些项目落地前海，双方还将同时开展前海碳中和试点示范区建设，在加快科技发展体制机制改革创新、扩大金融业对外开放和提升法律事务对外开放水平方面构建国际合作和竞争新优势。

"依托香港、服务内地、面向世界"，前海毗邻香港，作为探索香港与内地紧密合作的先导区，前海始终把全面推进深港合作放在首位。在前海的建设中，香港元素随处可见，小到指引路牌，大到逐渐增多的深港平台。数据显示，2017—2021年，原前海合作区范围税收收入年均增速达到19.7%；实际利用外资和实际利用港资均大幅增长，仅2021年就分别同比增长25.2%和33%。累计注册港资企业1.19万家，已成为内地与香港关联度最高、合作最紧密的区域之一。

2021年9月，《全面深化前海深港现代服务业合作区改革开放方案》正式发布，面积扩大至8倍的前海再次迎来新机遇，正叠加推进"物理扩区"和"政策扩区"，全面深化前海改革开放实现良好开局。随着前海扩区，这片热土还将发挥机场、港口、会展中心等优势，依托前海综合保税区实现"空港 + 会展 + 保税"服务高效流转，不断增强内外循环链接功能，进一步建设高水平对外开放门户枢纽，构建国际合作和竞争新优势。

深圳地标

深圳先行示范区建设成效亮眼

2022年4月19日，广东省人民政府新闻办公室举行新闻发布会。会上介绍了深圳先行示范区建设方面所做工作与成效。

深圳围绕"打造高质量发展高地，坚持以供给侧结构性改革"为主线，深入实施创新驱动发展战略，加快建设现代化经济体系，积极构建全面深化改革开放新格局，开展一系列重点工作，取得积极成效。

一是巩固提升科技创新优势，为高质量发展赋能。

以主阵地的担当作为加快综合性国家科学中心建设，高质量高标准编制实施大湾区综合性国家科学中心先行启动区实施方案。

高水平建设光明科学城，谋划布局脑解析与脑模拟、合成生物研究、材料基因组大科学装置平台等一批重大科技基础设施。河套深港科技创新合作区建设进展顺利，深港澳芯片联合研究院等27个科研项目成功落户。

研发投入保持高强度，2021年全社会研发投入占地区生产总值比重达5.46%、居全国前列。其中，市级科技研发资金投向基础研究和应用基础研究占比46%，基础研究能力稳步提升。

高水平创新载体加速聚集，国家第三代半导体技术创新中心、国家5G中高频器件创新中心先后获批成立。仅2021年，获国家科学技术奖13项，广东省科技奖53项，PCT国际专利申请量稳居全国城市首位，获中国专利金奖5项。国家高新技术企业突破2万家，居全国城市第二位。

二是坚持质量第一、效益优先，加快建设体现高质量发展要求的现代化经济体系。

坚持把发展经济着力点放在实体经济上，制定20个战略性新兴产业和8个未来产业发展行动计划，规划布局20大先进制造业园区，"一群一策"打造优势产业集群，2021年战略性新兴产业增加值达1.12万亿元、占GDP比重达38.6%。

第四章 开放

千方百计保障重点产业链安全稳定，创新实施"链长制"，围绕集成电路、人工智能等重点产业链，建立"六个一"工作机制，即一张产业集群龙头企业和"隐形冠军"企业表、一份拟招商引资国内外重点企业清单、一份产业集群重点项目清单、一套产业集群创新体系、一个产业集群政策工具包、一份产业集群战略咨询支撑机构清单。

现代服务业稳步增长，2021年增加值增速为7.2%，占服务业比重提升至76.5%；国际金融创新中心加快建设，科技、产业、金融实现良性循环。

坚持统筹好疫情防控和经济社会发展，发布《深圳市关于应对新冠肺炎疫情进一步帮助市场主体纾困解难若干措施》，进一步减轻市场主体负担。出台《深圳市人民政府关于加快培育壮大市场主体的实施意见》，通过"实招"提振市场主体信心。

三是增强湾区重要引擎功能，以改革开放释放高质量发展新活力。

深圳经济特区47条创新举措和经验做法在全国推广。综合改革试点取得重要阶段性成果，40条首批授权事项基本落地；制定放宽市场准入24条特别措施，获批首个全国基础设施高质量发展试点城市。

营商环境创新试点城市加快建设，迭代推出营商环境4.0版政策；出台建设法治先行示范城市五年实施方案，率先开展个人破产试点，出台全国首部综合性数据法规。

数字政府改革扎实推进，实现政务服务事项100%进驻网上办事平台，在全国重点城市一体化政务服务能力评估中连续三年位居第一。科技体制改革持续深化，出台进一步促进科技成果产业化38条措施。人才体制机制加快完善，制定实施外籍"高精尖缺"人才认定标准，为外籍人员提供R字签证便利。

专家点评

深圳是全国改革开放的一面旗帜，广东举全省之力支持深圳先行示范区建设，加快打造我国建设社会主义现代化强国的城市范例。用深圳的实践和成果，向世界展示中国特色社会主义制度综合优势和改革开放综合成果。

广东自贸区

▶ 政策引领

广东自由贸易试验区成果丰硕

以全省万分之六的土地面积贡献了全省1/4的外资企业和1/3的实际外资、跨境电商网购保税进口占全国1/5、"十三五"期间固定资产投资超过5000亿元……广东自贸试验区大胆试、大胆闯、自主改，制度创新和经济发展取得丰硕成果，截至2022年6月，形成了584项制度创新成果，其中348项在全省复制推广，41项在全国复制推广。

实施全国最短外商投资负面清单

自2015年起，广东自贸试验区在国际化营商环境、投资贸易自由化便利化、金融开放创新、粤港澳深度合作等领域累计形成了584项制度创新成果，其中348项在全省复制推广，41项在全国复制推广。

在国际化营商环境方面，省政府向三个片区下放了3批134项省级管理权限，实施全国最短外商投资负面清单，率先探索商事登记确认制改革，对528项涉企经营许可事项实施"证照分离"改革，着力打造"无证明自贸区"，实现企业注册登记"零审批"、政务服务"零跑动"、业务办理"零证明"。

实现324项海关事项线上办理

自2015年起，广东自贸试验区贸易门户枢纽功能大幅提升。其中，

第四章 开放

241

打造"线上海关"创新贸易监管模式，实现324项海关事项线上办理，助力国际贸易新业态快速发展，全球中转集拼业务量超过1000亿元，跨境电商网购保税进口占全国1/5，汽车平行进口量居全国前三。建设离港空运服务中心，启动陆铁联运，实施粤港澳大湾区"一港通"，构建了联通大湾区辐射泛珠三角的"海陆空铁"大通关体系。

2020年，广东自贸试验区贸易进口、出口整体通关时间分别为全国平均水平的42%和35%，启运港退税和国际航运保险税收等重大政策相继落地实施，南沙获批全国进口贸易促进创新示范区。

实现碳排放权跨境人民币结算

自2015年起，广东自贸试验区跨境资金流动更加安全高效，试点了几乎全部全国重要的跨境投融资政策。例如，率先探索跨境贷款、跨境资金池、跨境资产转让、跨境股权投资等可兑换试点，跨境人民币结算领域从贸易拓展至投资和金融交易，实现碳排放权跨境人民币结算、"熊猫债"募集资金在境内使用、"点心债"募集资金回流等。

2020年，自由贸易账户体系（FT）获批扩容，累计办理全口径跨境融资超过236亿元，跨境双向人民币资金池结算额超过4000亿元，跨境资产转让1242亿元，FT账户业务金额达到2130亿元。广州期货交易所也揭牌成立。

创新开展粤港澳跨境医保试点

自2015年起，广东自贸试验区积极探索与港澳制度规则对接。设立了全国首家港澳资控股或独资的银行、证券、基金机构，如首家港资大宗商品交易平台、港资相互保险社和港资独资船舶管理公司，创新开展粤港澳跨境支付结算、跨境车险和医疗保险、跨境住房按揭、跨境医保试点等。

2020年，广东自贸试验区新入驻2944家港澳资企业，认可589名港澳导游及领队执业资格，累计为港澳71家建筑企业和270名建筑专业人士进行了执业备案，入驻了693家港澳青年创新创业团队。

2020年新设外资企业3146家

在各项经济指标方面，广东自贸试验区一直保持全国自贸试验区前列。2020年，广东自贸试验区固定资产投资1292.12亿元；税收收入1019亿元，增长27.6%；外贸进出口3412.8亿元，增长4.1%；新设外资企业3146家，实际利用外资79.36亿美元，以全省万分之六的土地面积贡献了全省1/4的外资企业和1/3的实际外资。

经过发展，广东自贸试验区现代化产业体系初步成形。南沙先进制造业提质增效，航运能级不断提升。2020年，广汽丰田四线、五线加快建设，300多家人工智能企业、210多家生命健康企业入驻。南沙港深水航道拓宽工程投入使用，四期全自动智慧码头开工建设，新增9条国际班轮航线，集装箱吞吐量达到1721.68万TEU（传输扩展单元）。前海大力发展金融、科技、物流等总部经济，至2020年累计引进7218家注册资本超亿元企业，持牌金融机构251家，认定总部企业114家。横琴大力发展医疗旅游产业，至2020年，粤澳中医药科技产业园累计入驻企业186家，长隆国际海洋度假区接待游客超过8000万人次。

南沙自贸区之海港区龙穴岛作业区　摄影/周巍

"十三五"固定资产投资超5000亿元

经过建设，广东自贸试验区城市新中心功能显著提升。"十三五"期间，广东自贸试验区固定资产投资超过5000亿元，打造联通大湾区各城市的快速交通网络，重点功能区、城市配套设施等服务保障功能显著提升。

2020年，南沙大桥建成通车，南沙科学城、中科院明珠科学园、国际金融岛、香港科技大学（广州）项目加快建设。前海规划建设"六镇双港"，建成前海国际会议中心、深港基金小镇、深港设计创意产业园等重大项目，妈湾跨海通道工程顺利推进。横琴澳门新街坊民生项目开工建设，澳门莲花口岸搬迁至横琴，粤澳跨境金融合作示范区启用，澳门4所国家重点实验室设立分部。

▶ **政策引领**

抢抓RCEP机遇！

2022年广东省《政府工作报告》指出，要深入实施贸易高质量发展"十大工程"。抓住《区域全面经济伙伴关系协定（RCEP）》实施机遇，稳步拓展东盟等"一带一路"沿线市场。

"今年RCEP落地实施，广东抓住了这个机遇，可以说是抓住了稳外贸的'纲'。"2022年，广东外语外贸大学国际经济贸易研究中心主任陈万灵表示。

作为全球最大贸易"朋友圈"，RCEP包括东盟10国及中国、日本、韩国、澳大利亚和新西兰共15个成员国。2022年起，RCEP生效实施后，区域内90%以上的货物贸易将逐步实现零关税。

广东省商务厅相关负责人表示，随着RCEP的生效实施，省内纺织服装业、轻型制造业将面临新的机遇期，汽车、跨境电商行业将迎来新一轮利好，铁矿石、港口航运、物流、机械、家具等行业将持续受益，交通与通信、农产品等行业或吸引更多外资。

RCEP落地成广东稳外贸重要抓手

2022年1月1日，在湛江，广东签发农业RCEP第一单，满载着广东预制菜的6货柜货物向澳大利亚和新加坡"走出去"；在南沙，沙多玛（广州）化学有限公司拿下首张RCEP项下原产地证书，从日本进口丙烯酸酯原料成本将随之降低……RCEP如期生效后，将促进通关便利和关税降低，成为广东稳外贸的重要抓手。

截至2022年1月18日上午，广东全省贸促系统共签发RCEP原产地证书314份，涉及出口FOB（离岸价）金额共1831.44万美元，帮助企业减免关税约183万美元。

"RCEP有助于广东传统产业通过跨境电子商务实现转型升级，拓展东南亚市场，推动广东产品走出国门。"广州海关相关负责人表示，RCEP的落地将加快推动广东跨境电商新业态高质量发展，广东应优化口岸营商环境，支持跨境电商海外仓建设，并充分利用广东制造业发达、供应链丰富、物流基础雄厚的优势，助力传统制造业"出海"。

如何进一步持续赋能外贸高质量发展？广东省人大代表、省人大财政经济委员会副主任委员谢松建议，要优化广深口岸营商环境，全面提升口岸智能化水平，高标准清理和规范口岸收费，并加强对口岸中介服务的监管。他同时建议，广东应进一步优化粤港澳大湾区海港、空港资源配置，加快国际物流枢纽建设。

"建议多举办RCEP培训，帮助企业全面准确把握RCEP主要内容和应用规则，更好地抓住开放型经济发展机遇。"广东省人大代表雷雅仪指出。

预制菜、农产品等"广东味"开启出海新航路

值得注意的是，广东农业开放领域走在全国前列，2021年1—10月，广东农产品出口额18.8亿美元，同比增长7.4%，其中，对日本农产品出口额增长32%。RCEP对农业领域的开放不吝笔墨，提出逐步实现区域内90%以上农产品零关税的远期目标。乘着RCEP的东风，"广东味"正在

开启新航路。

对接国际市场，要先亮王牌，广东率先打出了预制菜招牌。达濠鱼丸、牛蛙……近日，汕头濠江水产省级现代农业产业园已经牵头冠海水产40吨水产预制菜发货出口至RCEP成员国家和美国。

来自汕头濠江区的广东省人大代表徐昱说，濠江水产产业优势明显，2020年，濠江区渔业经济总产值占全区农业总产值超六成。"很多东南亚华侨想念的就是这一口家乡味。"徐昱建议，要在预制菜新风口和RCEP新机遇的背景下，加快打造濠江水产品品牌，进行品牌赋能，尤其是濠江水产品预制菜品牌，提升濠江区水产品出口量，努力建设全国最大的牛蛙预制菜集散地、全国最大的高级鱼丸生产基地，打造潮汕地区最大的水产品交易中心。"打造预制菜品牌，一是要保证原材料的新鲜；二是要提高质量标准，做好监管；三是要加大宣传。"徐昱表示。

除了预制菜，广东更多优质农产品也在积极"出海"。2021年11月，广东德庆率先推动RCEP柑橘采购交易中心落地运营，2021年12月，德庆贡柑首次出口加拿大，之后陆续通过船运、空运出口到德国、荷兰、越南、柬埔寨等国。来自德庆的广东省人大代表覃敏华表示，针对RCEP贸易规则，德庆打造了11个"六新"出口示范基地、8个田头智慧小站。下一步，德庆县将继续坚持品牌农产品"走出去"战略，为更多的农业企业（基地）申请出口注册登记或备案，并做好出口采购的对接。"未来，我希望德庆能建设柑橘加工创业创新基地，同时加强对柑橘'一果多用'等业态创新。所以，希望省政府在这方面有政策扶持，能促进柑橘延伸产业链、实现价值最大化。"

专家点评

广东自贸区成立以来，在探索开放型经济新体制、建设高水平对外开放门户枢纽、深化粤港澳合作等方面推出一批突破性的改革试点，形成一批重要的制度创新成果，有力地发挥了全面深化改革和扩大开放试验田的作用。

外资外贸

广东吸引外资磁力满满

南粤仲秋，再结硕果。2021年9月28日，首届跨国公司投资广东年会（以下简称"年会"）在广州拉开帷幕。会上，27个外资项目现场签约，总额超1000亿元。签约项目投资来源地遍布全球主要国家和地区，合作地域遍及全省"一核一带一区"，投资领域涉及半导体、电子信息、新材料等新兴产业。

广东历来是世界500强在华投资的热土。在年会上，《世界500强企业对粤投资研究报告》正式发布。报告显示，500强企业在粤投资稳健发展。与此同时，境内世界500强在粤投资主导地位也在不断强化。

"广东机遇"持续吸引跨国投资

站在"十四五"开局之年，跨国企业为广东投下信任票，既是对中国营商环境的信心，也是对广东改革开放排头兵的认可。

商务部数据显示，2021年上半年中国利用外资大幅增长，实际使用外资6078.44亿元，同比增长28.7%，两年平均增长12.7%。

在全球吸引外国直接投资整体下降的背景下，中国依然保持着吸引外资的"强磁力"。在这之中，广东更是以"粤式"诚意让开放之门越开越大：2021年1—8月，广东实际利用外资1180.79亿元，同比增长14.3%，两年平均增长7.1%。这样的成绩单给了国际巨头们加码布局广东的信心——截至2020年12月，490家世界500强主体在中国开展业务，其中在粤开展业务的有350家。在粤世界500强企业注册资本规模累计超过1807亿美元。

在松下集团副社长本间哲朗看来，广东拥有优越的区位优势和雄厚的产业基础，自然也充满了无限机遇。"松下投资广东已有近30年的历史，如今，广东已经是松下在华最重要的研产销基地之一，目前公司在广东有11家企业，近17 000名员工，年销售额大约170亿元人民币。"他表示，即使是在2020年新冠疫情暴发之后，松下仍继续加大投入广东，扩建位于广州番禺、广州黄埔、江门、珠海、佛山顺德的五家工厂。

林德大中华区市场部副总裁李智明（Kevin Lee）则表示，稳健的投资环境、雄厚的工业基础和优质的消费市场是跨国企业选择投资地时考虑的重要因素，"以林德为例，我们在广东感受到了巨大的投资信心，基于广东的产业基础，我们也在这里设立了合资企业。我认为像广东这样的地区，能够吸引许多优质的跨国企业，而这件事本身也给予了我们极大的信心"。

跨国企业纷纷加码新经济

在本届年会上，电子信息、新材料等新兴产业成了国际投资合作的热点。在年会的签约项目中，新兴制造业成了顶梁柱——年会上签约的27个项目中有10个制造业项目，其中包括东莞飞特半导体项目、江门思摩尔新材料产业园项目、克莱恩高性能新材料项目等新材料领域项目，也有东莞黄江晨讯智造项目、文达庆电子电路组装线项目等电子信息制造业项目。

而广东的新兴产业也向万千企业张开了臂膀。为推动制造业尤其是"双十"产业集群高质量发展，本届年会上，广东发布了20个战略性产业集群招商地图，以十大战略性支柱产业及十大战略性新兴产业组成的"双十"产业吸引企业来粤投资兴业。其中，以半导体与集成电路、高端装备制造、智能机器人、区块链与量子信息等为集群方向的十大战略性新兴产业是广东抢占未来发展先机的一大重点。

2018年西门子与广东省政府签订了战略合作协议，在智能制造、城市基础设施建设、研发创新、职业教育、轨道交通等众多领域全面展开合作。2021年3月西门子与中山市政府及当地合作伙伴共建中德大湾区工业互联网创新孵化中心，希望将这一模式规模化，赋能更多大湾区产业集群的转型升级。

2020年嘉兴CATOFIN催化剂新工厂破土动工；2021年3月科莱恩一体化园区落成；9月在首届跨国公司投资广东年会上与惠州大亚湾经济技术开发区签署重要投资协议……科莱恩中国投资布局跑出"加速度"。科莱恩本次在惠州的投资利用在惠州现有的生产基地，专注为新能源汽车、5G基础设施建设以及医药行业等高端、创新、可持续领域提供产品和解决方案。

新华集团从改革开放初期北上广东从事渔业、补偿贸易开始，一直到今天追随国家发展战略，继续加大科技、环保、文旅、大健康以及金融、产业等投资多元化的过程，正是广东投资环境不断优化、日益与世界接轨的真实写照。作为一个港资企业，在年会上，新华集团与广东省商务厅签署战略合作协议，并落实具体项目。在南沙创享湾建设的6000多平方米新华港澳国际青创中心于2021年12月10日正式揭牌启用，南沙之星项目是新华集团在南沙投资建设的粤港澳大湾区新一代集成电路创新研究院，探索推进集成电路产业国际协同、创新发展的新平台、新模式。

▶ 政策引领

外资外贸激发广东商贸强劲活力

包容、开放、透明的营商环境吸引着无数外商、外资进入广东这片投资热土。近年来，广东研究出台"外资十条""稳外资十二条"等政策，给予外资大项目财政专项奖励，进一步提振外商投资信心和预期。

近年来，为全力稳住外贸基本盘，广东省商务厅出台实施《广东省促进外贸稳定增长若干措施》《关于支持出口产品转内销的若干措施》等政策，同时推动广东省政府建立稳外贸稳外资月度研判调度机制，推动解决跨境电商B2B出口试点政策落地等重点问题。

"两条腿走路" 稳住外贸基本盘

"我能在我们国家独家代理你的品牌吗？需要什么条件？"见证过广交会26年发展的We.Lock微锁品牌创始人吴育丽，从2007年开始涉水外贸行业，深切体会了外贸行业从"中国制造"到"中国智造""中国创造"的转变。

许多外贸企业乘着广交会这艘大船，借着数字经济的春风扬帆起航，向世界输出中国品牌。为推动企业线上线下开拓多元化市场，广东省商务厅积极组织省内企业参加第127届、128届"云上"广交会、中国-东盟博览会、粤澳名优商品展等重要展会，帮助企业抢抓订单。启动"粤贸全球"计划并推出数字外贸平台，着力开拓"一带一路"沿线国家和地区等新兴市场。

面对复杂多变的国际形势和疫情影响，广东省通过外贸端发力以国内大循环为主体、国内国际双循环相互促进的新发展格局，帮助企业"两条腿走路"。广东省商务厅搭建线上平台，组织电商平台进驻第128届广交会、加博会，与省内外贸企业进行业务对接，在第十二届加博会主题展中设立"出口转内销专区"，支持外贸产品转内销。在此基础上，广东省商务厅积极引导企业与电商平台合作，依托龙头电商平台"厂货通""超级工厂计划"等模式，引导外贸企业面向国内市场线上线下同步展示和销售优质出口产品，加速外贸产品进入国内市场。在培育外贸新动能、提高跨境电商建设水平、推进跨境电商税收政策落地方面，广东省商务厅全面推广跨境电商出口商品退货监管措施，进一步简化物流、仓储、通关等流程，完善通关一体化和信息共享等配套政策，推动产业转型升级。

广东作为一个典型的传统贸易市场，跨境电商新业态的"加持"能够为广东外贸创造增量。因为跨境电商平台具有当前最重要的生产要素——数据资源，所以也能够带来更大的创造性发展机会。

提振信心 高质量利用好外资

"投资者进行投资时最看重一个城市的投资效应和营商环境，阿里巴巴华南新零售项目选择广州也正是因为看好广州的营商环境。"菜鸟网络科技有限公司投资总经理夏宇说道。

阿斯利康中国南部总部落户广州，巴斯夫精细化工一体化基地、埃克森美孚石油化工综合体、中海壳牌惠州三期乙烯、日本东丽高端新材料等一批优质外资项目按计划有序推进……广东省以引进外资大项目作为高质量利用外资的重要抓手，积极兑现落实外资财政奖励，创新工作方式，全力做好外资大项目服务保障工作，推动外资大项目落地成效明显。

一方面，广东省商务厅积极兑现落实外资财政奖励，吸引大项目加快落地。广东省"外资十条"规定对符合一定条件的新设、增资和总部项目最高奖励1亿元。该政策运行两年来，广东省共计支持符合条件的外资项目（企业）74个，兑现奖励资金11.45亿元，撬动实际外资超过100亿美元，对促进项目入资作用十分明显，吸引了一批高质量外资大项目相继落户广东，也为外资稳定发展注入后劲，提振了信心。2020年以来，广东省进一步加大外资财政奖励力度。其中，广汽本田、玛氏箭牌、安利（中国）等3家重点外商投资企业获得外资跨国公司总部及地区总部奖励，涉及财政奖励资金2.8亿元，进一步增强了企业投资扎根广东的信心，也为稳住全省外资基本盘打下了坚实基础。

另一方面，广东省商务厅建立了重大外资项目专班机制，强化外资企业服务保障，积极推动成立省、市两级重大外资项目工作专班，建立挂点联系服务机制，对有关项目进展情况和诉求建议进行深入摸查，按照一个项目一个应对工作方案的模式，建立项目台账，及时跟踪推进。截至2020年10月底，专班共跟进协调LG、达能、爱立信、嘉吉、日立、东丽、飞利浦及欧盟商会等40多家跨国企业（商协会）提出的问题和诉求。

▶ **政策引领**

广东外贸筑底气

时值季夏，在广东广州的增城铁路物流园，满载防疫物资、家电、计算机配件、打印机、自行车等商品的货运列车启程一路向西，从霍尔果斯出境，途经哈萨克斯坦、俄罗斯、白俄罗斯、波兰等国家，最后到达德国。这些货品运输的背后，是广东进一步促进国内国外双循环，助力制造企业提升海外市场竞争力、拓展海外市场份额的缩影。

自2019年起，广东加快构建"一核一带一区"区域发展新格局，形成更多新增长极，经济实力大幅跃升，经济结构逐步优化，不断夯实全面建成小康社会强大物质基础。

跨境电商迅猛发展筑外贸底气

广东作为对外开放的重要窗口，产业发展水平较高，在全国构建新发展格局中更好地发挥着引领作用。在2021年上半年国民经济发展成绩单中，外贸第一大省广东交出一份靓丽的答卷——海关总署广东分署数据显示：2021年上半年，广东外贸进出口总额约3.8万亿元人民币，同比增长24.5%。

其中，跨境电商的贡献不可或缺。截至2022年，广东已实现21个地市跨境电商综试区全覆盖，跨境电商综试区总数位居全国第一。

成立于1997年的卓志集团是广州跨境电商发展的见证者与亲历者。1997年，卓志报关在广州黄埔成立，成为广州首批民营报关公司。自2012年起，卓志集团开始布局跨境电商，向数字化跨境供应链服务商转型。"跨境电商，带来的不仅仅是关税优惠和准入上的优惠待遇，更开启了国际贸易时代一个全新数字时代的新篇章。"广东卓志跨境电商供应链服务有限公司总裁李金玲表示，作为中国贸易创新的新方式，通过数字贸易，可以直接与全世界消费者产生关系，帮助更多的海外优秀产品进入中国，同时助力更多优秀中国品牌走向世界。

2020年8月13日，卓志集团全球优品分拨中心落户海南，这是洋浦经济开发区的十大重点项目之一。该中心将与当地产业发展互相促进，为海南自由贸易港建设注入新动能。自进驻海南以来，卓志集团依靠自身的跨境政策及监管规则解读能力，在海南岛内免税落地方面，为更多品牌方和客户提供集商流、物流、信息流合一的解决方案。

重大项目纷纷落地

2020年7月，广东出台的《关于推动工业园区高质量发展的实施方案》强调，广东省内须形成以珠三角工业园区为核心、以沿海经济带东西两翼工业园区为辅助的总体格局，并有效带动北部生态发展区企业集中入园发展。该分布方案有利于优化广东制造在"一核一带一区"的合理科学布局，促进实现先进产业集群与珠三角城市群相得益彰、耦合融合发展。

政策推动，重大项目接踵而至。广州富士康第10.5代TFT-LCD显示器件生产线、广州乐金显示光电科技（中国）有限公司第8.5代有机发光二极管（OLED）显示器件、深圳华星光电第11代TFT-LCD及AMOLED新型显示器件生产线等重大项目均在"十三五"时期建成投产，新型显示产业集群正在加速形成；湛江中科炼化一体化项目于2020年建成投产，埃克森美孚惠州乙烯项目、湛江巴斯夫首批装置均于2020年动工，揭阳中石油广东炼化一体化项目自2018年重新启动以来稳步推进；湛江钢铁基地一期顺利投产，云浮金晟兰年产800万吨优特钢项目一期、广东南方东海钢铁精品钢项目也于"十三五"期间落地……

专家点评

广东坚持高效统筹疫情防控和经济社会发展，有力应对各种挑战，持续释放政策红利，不断拓展对外经贸合作空间，在构建新发展格局、推动高质量发展、推动建设开放型世界经济中再接再厉，行稳致远。

互联互通

▶ 政策引领

大湾区"1小时交通圈"加速形成

伶仃洋上，粤港澳大湾区"1小时交通圈"建设再传捷报。

2021年4月21日15时50分，经过25小时连续作业，正在建设中的大湾区超级工程——深中通道沉管隧道全线最深管节——第9个管节（E9）在深达37米的水下完成对接，至此深中通道沉管隧道已建成1443.5米，完成总量超四分之一。

两小时路程将缩至20分钟

全长24千米的深中通道北距虎门大桥30千米，南距港珠澳大桥38千米，西边对接中开高速（在建），东边连接广深沿江高速和机荷高速西延线（在建），处于珠三角东西两岸高速公路网络的A字形中心位置上，是珠江东西两岸极为关键的一条网络连接线，也是大湾区一条不可或缺的交通脊梁。

"现在从中山开车到深圳宝安机场，大约2小时，到广州南沙港也要1.5小时。深中通道通车后，从中山开车到深圳宝安机场将变为20分钟。"深中通道管理中心总工办主任、副总工程师陈越说。

深中通道是继港珠澳大桥、南沙大桥后，大湾区内又一超级桥梁工程。它不仅是目前世界综合建设难度最高的跨海集群工程，还包括了世界首例双向八车道钢壳混凝土沉管隧道、世界最大跨径离岸海上悬索

桥——伶仃洋大桥。

待2024年建成通车后，深中通道将改变粤港澳大湾区珠江东西两岸的交通格局，使粤港澳大湾区主要城市间"1小时交通圈"真正形成。

众多"硬核"成员——数来

2020年12月28日，广东9条新建成的高速公路集中通车。至此，广东高速公路的总里程在全国率先突破1万千米。其中，大湾区内新增添的深圳外环高速一期、惠清高速、花莞高速二期等高速公路，有力促进了湾区内各要素的互联互通。

根据2021年初发布的《交通强国建设广东试点实施方案》，计划到2022年底，形成大湾区"12312"交通圈，大湾区内实现以香港—深圳、广州—佛山、澳门—珠海为核心的"1小时交通圈"，大湾区至粤东粤西粤北各市陆路2小时通达，至周边省会城市陆路3小时通达，与全球主要城市12小时通达，基本达到世界一流湾区发展水平。

"十三五"期间，大湾区新建成广佛肇、花莞、武深、河惠莞等约40项1394千米的高速公路，核心区高速公路密度达8.9千米/百平方千米，珠三角各市群众出行30分钟内均可驶上高速公路。

截至2021年，珠江口已建的跨江（海）通道包括黄埔大桥、南沙大桥、广深港高铁、虎门大桥、港珠澳大桥。

在"十四五"广东交通建设"棋盘"中，还包括正在建设中的黄茅海跨海通道和正加快推进前期工作的狮子洋通道、莲花山通道。其中，黄茅海跨海通道是《粤港澳大湾区发展规划纲要》发布后的首个跨海通道工程。

"轨道上的大湾区"加速而来

《粤港澳大湾区发展规划纲要》出台几年，纲要规划的蓝图渐成现实，"轨道上的大湾区"加速而来。

2019年12月15日，穗深城际铁路正式开通运营，成为沟通广州、东莞、深圳三市的快速轨道交通通道；2021年4月10日，佛肇与穗深城际首次"牵手"，两条城际线路动车组列车将跨线运行，开启肇庆、佛山、广州、东莞、深圳五市城际列车互联互通新时代。

2021年3月底公布的《广东省2021年重点建设项目计划》显示，广东2021年投产2个城际轨道交通项目，分别是广佛环线佛山西站至广州南站段和佛莞城际广州南站至望洪站段；续建6个以及新开工8个大湾区城际轨道交通项目。其中，新开工项目穗莞深城际铁路前海至皇岗口岸先开工段计划4月内动工，2025年建成。

深中通道建设

在"十四五"开局之年，大湾区各大城市陆续公布了未来几年的交通建设规划：广州都市圈城际铁路近3年重点建设15个项目，里程707千米、总投资3983亿元；深圳将加快建设1000千米国家铁路和城际铁路；东莞未来5年将投入2000多亿元建铁路和城轨……

珠三角都市圈跨市合作也日益紧密。珠三角九城市长就城际铁路建设组团开会，升级区域合作，丰富都市圈内涵，更加突出广州、深圳龙头城市地位，构建广州都市圈、深圳都市圈骨架，一张互联互通的"轨道上的大湾区"网络格局逐渐清晰。

▶政策引领

青茂口岸30秒过关

2021年9月8日下午3时，珠海、澳门之间的青茂口岸正式启用。9月初，珠海出入境边防检查总站青茂边检站与澳门治安警察局联合，在青茂口岸出入境大厅开展全真实环境勤务组织和模拟通关实战演练，为保障口岸顺畅开通做最后冲刺。在蓝天白云的衬托下，出入境大楼格外壮观，不少路过的市民纷纷举起手机，在外围拍照留影。

智能：口岸用上"AR""大数据"技术

青茂口岸旅检大厅分两层通关，联检大楼二楼是离境珠海入境澳门的通关层，联检大楼三楼是离境澳门入境珠海的通关层。青茂口岸共有100条旅客自助查验通道（出入境各50条），以及4条人工查验通道（出入境各2条）。

搭乘扶手电梯上二楼，会看到一条400余米长的长廊。长廊的一头联通至广珠城轨珠海站，另一头连接澳门，地上贴着前往澳门方向的箭头标识，一路上还放置了易拉宝，提示旅客提前准备好健康码以便查验。沿着长廊往前走，透过玻璃窗可以看到两边的风景，右边是珠海，左边是澳门。步行2至3分钟就能到达海关检查区域，经过海关再走2分钟左右就能到达出境大厅的边检验放区域。

作为智能口岸，在青茂口岸海关监控指挥中心，海关配备了广播系统和电子沙盘系统，运用"AR+监管"创新理念，实现实时进出境旅客拥堵风险研判预警。青茂口岸还利用大数据开展出入境行李物品监管等业务分析研判，实现高风险旅客精准布控、拦截、识别，低风险旅客快速通行。

为提高通关效率，减少与市民或旅客所携带物品的接触，澳门海关还投入高科技关检设备执行作业，其中包括CT机、太赫兹人体成像仪、毫米波人体安检系统等，以非入侵方式对旅客及其行李进行检查，运用智能审图技术，提升通关便利度。

拱北—关闸口岸常年通关人流量超过1亿人次，珠澳两地居民普遍反映，每逢节假日期间排长龙，过关轮候时间长。青茂口岸启用后，实行24小时对外开放，设计日通关流量达到约20万人次。青茂口岸侧重于服务珠澳两地居民及经常往返珠澳两地的人员，开启后将有效缓解拱北口岸高峰时期的通关压力，提高珠澳口岸通关效率，便利珠澳两地人员往来。不过，该口岸仅供自助通关旅客通行，不设通关车辆通道。

快捷：实行旅客"合作查验，一次放行"

按照以往传统的查验方式，旅客从珠海到澳门，需要经过两次查验。在边检验放区域，青茂口岸采用"合作查验，一次放行"通关模式验放。这意味着，旅客只需排一次队就可完成两地边检部门查验手续。在这种新型通关模式下，出入境人员无须经过两道关口、接受两次检查，只需在一个大厅、排一次队、集中接受一次检查即可完成内地和澳门双方出入境手续，平均通关时间在30秒左右。

合作查验快捷通道模式属全国首创，2013年在粤澳新通道筹建期间设计出第一张图纸，经过从法律、业务、技术等多方面论证，经历数十万次调试后，在港珠澳大桥公路口岸和横琴口岸率先实施。

青茂口岸为人员步行自助通行口岸，通关人群主要分为三类：第一类是内地居民持电子往来港澳通行证，在办理电子证件时，已授权港澳地区使用其生物信息进行查验的内地居民；第二类是澳门居民持回乡卡及澳门居民身份证，已办理自助通关备案手续的澳门居民；第三类是香港居民持回乡卡及香港永久性居民身份证，已办理内地和澳门自助通关备案手续的香港居民。

便利：口岸大楼与珠海站直接相连

值得一提的是，青茂口岸周边的交通配套十分便利，其中一大亮点是口岸大楼与珠海站连接。珠海站为广珠城际铁路、珠机城际铁路的起止站点，既方便了不同地方经铁路或飞机来珠海的旅客入境澳门，也为经青茂口岸抵达珠海城轨站前往全国各地的澳门居民提供便利。

此外，青茂口岸外围增设了公交首末站，旅客搭乘公共交通至青茂口岸公交首末站后，步行约200米即可到达青茂口岸主出入口；搭乘出租车的旅客可在珠海站地下换乘中心下车，搭乘电梯至地面后步行约200米即可到达青茂口岸主出入口；自驾的旅客可以把车停在珠海站地下停车场及来魅力口岸城停车场。

在青茂口岸澳门一侧，旅客也能很便利地通过公共交通到达口岸大楼或者前往澳门市区。除了出租车，口岸周边有6个公交站点，共有16条巴士线路，其中12条是日间路线，4条是夜间路线，可分别前往妈阁、黑沙环、亚马喇前地、新马路、皇朝、氹仔旧城区、路氹城及路环等；何贤绅士大马路靠近行人天桥落脚点一侧设有娱乐场穿梭巴士上落客区，可由口岸3楼B出口经人行天桥前往；为了方便自驾出行的旅客，青茂口岸及周边设置有5个公共停车场，共提供4782个停车位。

珠海市商务局青茂口岸分局提供的数据显示，2021年1—7月，珠海全市各口岸出入境旅客6451万人次，同比增长162.1%。

专家点评

粤港澳大湾区既要"硬联通"，也要"软联通"。强化跨境基础设施互联互通、推动三地规则衔接、机制对接是大湾区建设的重点。

跨境贸易便利化

广东深化跨境贸易便利化改革再行动

2022年2月，广东省商务厅等7部门联合印发《广东省进一步深化跨境贸易便利化改革优化口岸营商环境的若干措施》（以下简称《措施》）。《措施》提出6方面共28条举措，包括进一步优化通关全链条全流程、进一步清理和规范口岸收费、进一步深化国际贸易"单一窗口"建设、进一步提升口岸整体通关服务水平、进一步推动粤港澳大湾区口岸通关便利化等。

全面推广跨境电商零售进口退货中心仓模式

在进一步优化通关全链条全流程方面，《措施》提出，争取海关总署支持，推进粤港澳大湾区海关全业务领域一体化改革与协同发展。在确保信息安全的前提下，推动广州、深圳与东亚地区主要贸易伙伴口岸间相关单证联网核查。

跨境电商已成为外贸增长新动能。广东省商务厅的数据显示，2021年广东跨境电商规模突破3000亿元，位居全国第一。广东已实现跨境电商综试区全覆盖，总数位居全国第一。在此背景之下，《措施》提出，推广广东省跨境电商公共服务平台，为全省跨境电商综试区提供共性应用服务。同时，创新跨境电商监管模式。鼓励企业建设海外仓，引导更多企业选用跨境电商出口海外仓监管模式。全面推广跨境电商零售进口退货中心仓模式，不断完善跨境电商出口退货政策。

广东还将加快国际贸易"单一窗口"与税务退税系统数据交互，进一步提升口岸退税申报便利水平，2022年底前税务部门办理正常出口退税平均时间压缩至5个工作日以内。

建设航空物流公共信息平台

进一步深化国际贸易"单一窗口"建设，对于深化跨境贸易便利化尤为重要。《措施》指出，依托国际贸易"单一窗口"，广东还将推进更多跨境贸易便利化服务。比如，一方面在广州市、深圳市试点建设航空物流公共信息平台，逐步实现运单申报等"一站式"服务；另一方面则建设中欧班列公共服务平台，推动物流数据共享与合作。

全球疫情极大地影响了国际物流运转，为提升口岸整体通关服务水平，《措施》提出，支持推进水陆、水铁、水空、空陆等多式联运，强化多式联运业务发展。引导班轮公司（船公司）根据航运市场需求变化，优化增加中国港口航线航班供给和船舶运力投放。

在推动粤港澳大湾区口岸通关便利化方面，《措施》提出，推进"澳车北上""港车北上"信息管理服务系统、粤港澳大湾区跨界车辆信息管理综合服务平台等重点项目建设推广。

深化粤港澳大湾区"组合港"改革

根据《措施》，广东还将深化粤港澳大湾区"组合港"改革，支持拓展"湾区一港通""大湾区组合港"项目覆盖范围，并探索延伸至粤东和粤西港口，推动外贸货物可在支线港口完成通关手续。

"湾区一港通"是由广州海关、广州港联合推出的改革创新项目，以广州南沙海港作为枢纽港、珠江沿江内河码头作为支线港，将支线港视作南沙港堆场的延伸，实现两港口岸一体化运作，货物在两港间通过驳船开展区间调拨24小时通行。

"大湾区组合港""湾区一港通"的运行线路已覆盖广州、深圳、佛山、惠州、东莞、中山、肇庆等珠三角主要港口城市，2021年共有约10万标箱货物通过该模式通关。海运物流一体化发展促使自贸试验片区和粤港澳大湾区得以联动发展，实现港口群互联互通、协同发展。

▶ **企业发展**

广物中欧班列为"广货广出"贡献力量

2022年1—4月，由广物控股集团旗下国际物流运营的中欧班列共开行71列，同比增长65.11%，其中4月单月发运中欧班列30列，创开行以来的单月最高纪录。在世界局势复杂多变、疫情防控叠加"三重压力"的形势下，广物中欧班列发运列数、箱数、货值和货重等四项指标增幅均超全国中欧班列平均水平，为广东稳外贸、保畅通发挥积极作用，跑出了"加速度"。

危中寻机　成为稳定外贸出口"压舱石"

2月以来，国际局势动荡及疫情多点散发对中欧班列发运产生诸多影响和挑战。广物国际物流积极应对、危中寻机，主动出击，加强集货力度，采取"请进来、走出去"的方法，先后走访20多家大型生产企业和40多家国内品牌物流企业以及70多家揽货商、货主，加大力度征集货物需求。同时，积极提升货运服务质量，加强班列集装箱配送跟踪服务、场站进柜和装卸服务、物流信息通道服务等，提升班列运输吸引力。

时间回到2020年初，彼时广物中欧班列刚实现自主运营，一场突如其来的新冠肺炎疫情致使空运、海运停摆，一时间广东外贸出口通道受阻，作为省属企业，广物国际物流逆势而上，主动与属地防疫部门做好疫情联防联控措施，积极与铁路、海关等部门协同作战，及时沟通揽货商和外贸出口企业，及时恢复了广物中欧班列的常态化开行。

"中欧班列已成为我们出口欧洲的常态化物流方式。"美的厨房电器制造有限公司相关负责人说，中欧班列比海运节省了超过一半的运输时间，且在成本控制、运输安全性、供应链保障等方面优势明显。目前，包括通信设备、鞋服皮具、小家电、工业原材料等在内的众多广东特色优势产品、近2000家外贸企业通过广物中欧班列送达世界各地，货值超过200亿元，广物中欧班列已经成为"广东制造"走向世界的贸易新通道。

多线开行　跑出中欧班列"加速度"

4月28日，伴随着一声清脆而悠长的鸣笛声，一列满载货物的中欧班列从江门北站缓缓驶出，沿着古老的丝绸之路，经阿拉山口出境，途经波兰马拉舍维奇、德国汉堡，22天后抵达德国杜伊斯堡，全程约12 000千米，这是广物控股集团所属国际物流继3月16日携手江门市开行首趟中老国际联运班列后，再次强强联合开拓的又一国际线路，标志着粤港澳大湾区再添外贸新通道。至此，广物中欧班列线路达21去2回共计23条，实现了东、中、西线路全覆盖，目的地可达俄罗斯、白俄罗斯、波兰、德国、乌克兰等31个"一带一路"沿线国家和地区。

在实现线路全覆盖的同时，广物中欧班列加快推动向常态化、多样化、标准化、国际化方向运营，拓展了过境班列、精品班列、国际邮包班列、跨境电商班列和回程班列等多种形态，基本实现了中欧、中亚线路的双向运输。

应急到位　实现班列发运历史"新高峰"

4月21日上午，广物国际物流接到所在地方政府部门通知，辖区内紧急封控，所有人员、车辆不允许进出。为全力保障中欧班列运营，广物国际物流立刻启动应急预案，开通广州国际港—广物大朗专用线内贸铁路，将当日须进站的70多个重柜公路运输至广州国际港，再从广州国际港发运至广物大朗专用线货场，组织装卸发运。班列业务部门紧急行动，通宵达旦，紧急对接双方场站操作、签订发运协议、装卸、起票发运等，确保次日中欧班列发运不延误。

当天下午，在得到驻地解除封控通知，

大湾区中欧班列为广东稳外贸、保畅通发挥积极作用

但仍然禁止货运车辆通行的指令后，广物国际物流又第一时间与地方政府部门、铁路部门和揽货商等对接，快速实现了中欧班列前端运输（公路）畅通和广物白云大朗专用线的正常卸柜。

这是广物国际物流千方百计保障铁路物流畅通的生动写照。与此同时，广物国际物流迅速在黄埔下元站、江门北站等发运点加大货源组织，确保疫情期间中欧班列发运通道不影响、发运列数不减少，4月份创下了天班开行的历史新高！

绿色赋能　畅通国际班列"新通道"

在全球抗击新冠肺炎疫情的重要时刻，广物国际物流积极履行国企使命，主动对接医疗物资客户，并对防疫物资实行快装快运，累计向波兰、俄罗斯、德国等多个国家和地区运输医用口罩、防护服、试剂盒等紧缺防疫物资120余标准箱，货重近千吨、货值超过3亿元，不仅有效解决了广东外贸企业出口过度依赖航运、海运的问题，同时又加强了广东与"一带一路"沿线国家和地区的贸易联通、文化融通、民心相通，使广物中欧班列成了名副其实的"补给线"和"生命通道"。

作为当前国际物流运输的重要方式，广物中欧班列具有绿色环保、受自然环境影响小等优势，在环境保护方面潜力巨大。以2021年为例，当年广物中欧班列共发运141列，共计14 068标准箱，二氧化碳排放量约1026吨，同等条件下，海运排放量约4941吨，公路运输排放量约9.2万吨，空运排放量约54.5万吨，中欧班列运输碳排放量分别是海运、公路运输和空运的20%、1%和0.2%。可以预见，广物中欧班列的稳定、常态化开行将为我国"碳达峰""碳中和"目标作出积极贡献。

专家点评

在当前复杂的国内外形势下，我国外贸发展仍然面临不少挑战。广东推出的多项务实举措，将进一步为外贸企业省下时间、省下费用，促进跨境贸易更快捷、更通畅，助力稳外贸，促进更高水平对外开放。

会展经济

▶ 政策引领

广交会打造互利共赢平台

2021年4月24日，第129届广交会在云端圆满落幕。

65载春秋，129届辉煌，被海内外商家喻为"中国外贸的晴雨表和风向标"的广交会已经成为全球客商眼中的金字招牌，为世界经贸交流搭建出互利共赢的平台。

65年间，无数中国商品通过广交会走出去，让世界认识了中国这座"世界工厂"，而世界也通过广交会走进来，了解了中国这个"世界市场"。以广交会为舞台，外贸大省广东率先体验到了在开放大势中谋自身发展的骄傲，在广交会为世界提供新机遇的同时，制造大省广东也将凭借不断创新的勇气与世界分享市场机遇。

见证举办地广州的蝶变　广交会与城市同频共振

65年发展，广交会引领会展业腾飞的同时也助推了城市的飞速变化，见证了举办地广州的蝶变。

"广交会"之名源于何处？中国对外贸易中心主任储士家介绍，当年在一次接待外商的过程中，由于"中国出口商品交易会"名字太长，周恩来总理答应以展会举办地广州命名，从此便有了广交会。

1957年至1966年，广交会成为新中国最早对外开放的窗口之一，打通了对东南亚乃至对西方的贸易通道。在向外打通外贸动脉的同时，诞生于广州的广交会，也刺激着广州乃至全国经济的发展。随着广交会规模的日益庞大，来往客商数量之多令当时广州的酒店供应告急。在这种背景下，1979年到1984年，广州兴建和改造了大批宾馆、酒店，广州一度成为全国五星级酒店最多的城市。

进入21世纪后，广交会展馆从珠江北岸来到了珠江南岸，从2008年起，广交会开始在如今的琶洲广交会展馆举行。"20世纪90年代末的广州出现了很多发展上的瓶颈，那时建设广州国际会展中心的决策是广州在酝酿的大格局转变。"华南理工大学建筑学院院长孙一民说，在他看来，琶洲展馆建设的决策纳入了当时广州的大战略格局中，是广州城市规划的一步"先手棋"。

广交会给广州带来的不仅是新奇的事物、更完善的城市配套、更加快速的城市规划发展，更有会展带来的链式产业发展——从酒店住宿到餐饮食品，从交通运输到仓储，从公关到翻译，广交会的发展带动着与会展有关的经济产业链蓬勃发展。

见证中国经济的腾飞　广交会与时代共荣共生

65年峥嵘，广交会搭建经贸交流大平台，推动了展品的发展、贸易方式的变迁、展会规模的不断扩大……广交会蓬勃发展的背后，是它与中国时代共荣共生的写照。广交会创新的脚步，始终与中国经济发展同频共振。

在首届广交会到会的19个国家和地区的1223位采购商中，80%的对外贸易是通过政府协定、易货记账、进出平衡的方式进行。而到了第二届广交会，成交额已达到6933万美元，大约相当于首届广交会的4倍。1957年到1977年间，广交会通过展销结合、就地看样、当面成交的贸易形式，为国家出口创汇和购进国家所需物资作出了巨大贡献。从1965年开始，广交会年出口成交占全国外贸年出口总额30%以上，1972年、1973年占比均超过50%。

改革开放的号角响起，与时代共荣共生的广交会，也因改革开放而兴，因改革开放而强：2003年，首次推出线上广交会，建立跨国采购平台；2007年，广交会增设进口展区，从单向出口平台向进出口融合的双向平台转变；2008年，广交会设立品牌展区，加快从出口贸易单一功能平台向综合功能平台转变……

见证中国制造升级　广交会与企业共鸣共进

65年耕耘，广交会不断创新的根基来源于中国制造的力量。作为中国制造重要生力军，民营企业也乘着改革开放的东风迎来了无数机遇。毋庸置疑，广交会是民营企业从中国走向世界的舞台。

1993年，广交会组团方式作出重大改革，由以往的国家外贸专业总公司组团和设立专业场馆为主，改为主要由省、自治区、直辖市及计划单列市外经贸委（厅）外贸局组团和布展。6年后的春交会上，民营企业首次以正式身份参加广交会。自1999年起，广交会参展企业包括外贸专业公司、民营企业和三资企业（中外合资经营企业、中外合作经营企业、外商独资经营企业）等，参展主体由单一走向了多元。民企、外企等各类企业纷纷拿到了广交会"门票"。第98届广交会上，民营企业参展数首次超过国有企业。

如今，民营企业已成为广交会舞台上的主角。第129届广交会共有境内外参展企业近2.6万家，其中，生产企业和民营企业占比分别达到49.3%、86.8%，成为主要参展主体。

▶ **政策引领**

广州金交会聚焦绿色金融

根据"碳达峰""碳中和"目标，大力发展绿色金融是推动经济社会高质量发展和绿色低碳转型的必然选择，是实现"碳达峰""碳中和"的重要手段，也是我国未来金融发展的方向。

在2022年6月24日至26日第十一届中国（广州）国际金融交易·博览

会上，"绿色金融"亮点频出、精彩纷呈。光伏电站、资源热力电厂等近百亿绿色项目融资签约，2022清华五道口全球金融论坛——广州峰会举办"双碳"主题环节，同时广州市绿色金融协会携手广州绿色金融服务中心、广汽资本等单位设立"绿色金融助力'双碳'"展区，积极宣传、展示广州绿色金融创新成果与经验。

2017年6月，经国务院批准，广州市获批成为全国首批绿色金融改革创新试验区之一。截至2022年一季度末，广州市绿色贷款余额6471.52亿元，居广东省、各试验区前列；广碳所碳配额成交量突破2亿吨，累计成交额超过48亿元，居全国首位，并参与制定《碳金融产品》等多项国家绿色金融标准；广州期货交易所揭牌运营并获批开展碳期货品种研究；广州累计发行绿色债券987.61亿元，包括全国首批碳中和债券，并成功在港澳发行境外绿色债券，深化大湾区绿色金融合作，改革成效显著。

大力宣传推广首批广州市绿色金融改革创新案例

为充分总结和展示广州市绿色金融改革创新试验区获批五年来的创新成果和工作亮点，大力推广和复制优秀成功案例，在广州市地方金融监督管理局指导下，广州市绿色金融协会组织评选出30个首批广州市绿色金融改革创新案例，创新案例涉及绿色金融积极支持绿色企业低碳转型、绿色交通、绿色基础设施升级、绿色新能源、绿色生态农业、绿色建筑等方面发展，起到示范和引领作用。

在本届金交会上，广州市绿色金融协会联合广州绿色金融服务中心、羊城晚报报业集团在"双碳"展区举办了首批广州市绿色金融改革创新案例颁奖暨绿色金融调研宣传专题活动启动仪式，对入选的首批创新案例进行表彰，大力推广和复制优秀成功案例的经验做法，同时启动绿色金融调研宣传专题活动，进一步推广绿色生活方式，号召大家身体力行支持绿色经济，共享绿色未来。

全国首个行业协会绿色金融专家库正式成立

在本届金交会上，举办了广州绿色金融专家库成立仪式，标志着全国首个行业协会绿色金融专家库正式成立。

广州绿色金融专家库是在广州市地方金融监督管理局的指导下，由广州市绿色金融协会牵头成立，旨在充分发挥专家专业作用，聚焦"双碳"实施路经，推动政策落实，为绿色金融发展提供科学决策和建议，开展专业培训和研究，建设绿色金融标准和评估体系，推动绿色金融高质量发展。首批广州绿色金融专家库专家成员有30多名，来自大学院校、绿色行业组织、金融机构、环境权益交易平台、第三方服务中介等多个领域。

广泛普及"双碳"知识，体验式减碳互动精彩纷呈

"携手低碳生活，共建绿色家园"青少年主题路演活动在本届金交会上成功举办。本次活动由广州金融发展服务中心与广州碳排放权交易中心共同主办，由5名广州市中小学生进行低碳生活主题演讲，旨在提升广大青少年环境保护意识，鼓励广大青少年积极参与低碳环保行动，提高社会公众对绿色金融的认识。

专家点评

会展业具有影响面广、关联度高、交融性强的特点，是重要的贸易渠道和制造业转型升级的重要平台，发挥着强大的政治、文化、经济交流功能。

第五章

共享

要坚持以人民为中心，把为人民谋幸福作为检验改革成效的标准，让改革开放成果更好惠及广大人民群众。

——2018年10月，习近平总书记在深圳参观"大潮起珠江
——广东改革开放40周年展览"时的讲话

阳光和雨露，洒遍大地上每一棵树苗，长成的森林才能繁盛。

习近平总书记明确要求广东"在营造共建共治共享社会治理格局上走在全国前列"。

2012至2022的十年间，广东坚持把七成财政支出用在民生领

域，坚持"小切口大变化"，每年办好十件民生实事，2021年全省居民人均可支配收入达4.5万元。

"粤菜师傅""广东技工""南粤家政"三项工程成为广受欢迎的民生品牌，十年累计城镇新增就业1500万人，全省就业总量达7072万人，占全国1/10。目前，异地在粤务工人员2300万人，为全国稳定就业作出了积极贡献。

老百姓身边的每件小事都是大事。广东深入推进文化强省，十年新增义务教育公办学位257万个、医疗机构床位26.4万张，高等教育毛入学率从28.2%提高到57.65%，城乡低保、特困人员供养等底线民生保障水平跃居全国前列，居民人均预期寿命从76.49岁提高到79.31岁。

广东围绕打造全国最安全稳定、最公平公正、法治环境最好的地区之一，深入推进平安广东、法治广东建设，成功应对超强台风、超百年一遇洪水等自然灾害，生产安全事故起数大幅下降。

理论视角·专家观点

在共享发展中展现责任与担当

◎ 彭 澎 广东省体制改革研究会执行会长、广州市博士科技创新研究会会长

以大湾区"9+2"城市群与粤东粤西粤北12市形成真正意义上的粤港澳大市场体系，有可能率先实现"立足内需，畅通循环"，有利于推动国内市场高效畅通，培育参与国际竞争合作新优势。

党的十八大把"共享"作为新发展理念落脚点，注重解决社会公平正义问题，体现逐步实现共同富裕的根本要求。处于改革开放前沿的广东积极践行新发展理念，紧紧围绕实现"四个走在全国前列"目标要求，把共享理念贯穿广东"十四五"经济社会发展全过程和各领域，坚持以人民为中心发展思想，把推进共同富裕摆在现代化建设更加重要的位置，促进人的全面发展和社会全面进步，为全体人民走向共同富裕进行了新的探索。

共建与共享：全省抓住"双区驱动"走向共同富裕

共建与共享在某种程度上反映了把"蛋糕"做大与把"蛋糕"分好两个方面，要避免只重共享、不重共建的倾向，要调动全体人民的创造力和聪明才智，给社会创造更多财富，在共建中共享，在共享中共建。在社会主义现代化建设中，没有人是旁观者，所有人都是实践者。

当前，广东在建设双循环的统一大市场的进程中体现了共建共享思路。首先，作为省会和大湾区核心引擎的广州，要进一步发挥中心城市枢纽功能，为全省和大湾区建设提供重要支撑，围绕建设国际消费中心城市、国际商贸中心功能，进一步增强广州支柱产业、主导产业、交易服务平台、展览展示、消费商圈、旅游餐饮、数字消费对全省乃至全国产品和服务生产、流通的辐射带动能力；围绕国际综合交通枢纽功能，加快建设现代流通体系，打造国际物流中心、贸易中心、信息中心。其次，广州要深化与深圳"双城联动"的引领作用，带动"一核一带一区"高质量协调发展，促进全省要素互通、发展成果共享，带动更广阔的国内大循环。再次，广州要在投资贸易环境、要素市场化配置环境、法治化环境、粤港澳规则对接环境等重点领域实现新突破，促进三地人员、货物、资金、数字要素往来更加便利。

广东在推进村级工业园改造中也在构建共建与共享机制。村级工业园改造不是简单的拆与建，而是一个系统工程，一头挑着产业高质量发展，一头挑着乡村振兴。既要建设产城人文融合发展的现代化产业园区，加快形成现代工业园发展新格局，推动实现产业大提升，也要把村级工业园改造当成新时代广东尤其是大湾区农村发展振兴一次极好的机遇，结合村改规划推动乡村振兴，促进城乡融合发展，保障农村农民的长远收益，推动实现城乡形态和人居环境大更新，走出乡村振兴的村改

第五章

共享

之路。目前，顺德用好用活省赋予的11项村改利好政策，探索创新12项新做法，建立快查快处和市场化退出补偿机制，深化纵向"一竿子"、横向"一次过"高效审批机制，梳理存量腾挪园，加快新园区建设，创新金融投入模式。作为村改先锋，顺德在健全城乡融合发展机制的进程中，勇当共享理念践行者。

大湾区一体化：共同打造优质生活圈

完善共建共治共享的社会治理制度，不断增强人民群众获得感、幸福感、安全感，关键是要重视人的需求。共享发展的制度涵盖了增加公共服务供给、实施脱贫攻坚工程、促进教育公平、促进就业创业、缩小收入差距以及建立更加公平更可持续的社会保障制度等方面。

作为粤港澳大湾区建设的重要内容，建设优质生活圈也就是共建共治共享的发展目标。

首先，大湾区产业链供应链体系就是一个共建共享的系统工程。例如，东莞正在全力支持、配合深圳建设社会主义先行示范区，充分发挥毗邻深圳的独特优势，推动松山湖科学城与光明科学城深度融合、联动发展，共同打造具有全球影响力和竞争力的电子信息等世界级先进制造业集群。东莞主动承接深圳高质量发展辐射带动，明确深圳在综合性国家科学中心的启动区里的主阵地地位，东莞作为启动区的一部分，积极配合主阵地，加快推动一批大科学装置的落地，更加注重开拓国内市场，推动外经贸企业不断转型升级，全力以赴保住欧美市场、开拓"一带一路"市场，提高对外经济的活跃度。

其次，发挥大湾区一体化融合的优势。一是9个珠三角城市在一省之内，相对来说，建设统一大市场比较容易。二是珠三角9市与港澳虽然是两种制度，但是在双循环格局的形成中有一定的便利。由于港珠澳大桥、深中通道、以城际轨道为主的"轨道上的大湾区"等基础设施的建设，大湾区的"硬联通"程度提升，有利于统一大市场的建设。以大湾区"9+2"城市群与粤东粤西粤北12市形成真正意义上的粤港澳大市场体系，有可能率先实现"立足内需，畅通循环"，有利于推动国内市场高效畅通，培育参与国际竞争合作新优势。因此，大湾区的"软联通"要充分利用深交所、港交所资源，推进市场主体的股份化、规范化发展；要整合几个国际大港口资源，提升在大宗商品定价上的话语权；要通过期货交易所的构建，把"世界制造业基地"的潜力发挥出来，占据国际标准化制高点；要把世界500强、中国500强、高校和科研机构较多的优势协同起来，推动产业链供应链的补链强链，形成国际市场竞争新优势。

再次，大湾区也在全力营造共建共治共享社会治理新格局。积极拓展与港澳在教育、文化、旅游、创业、医疗、社会保障等领域的合作，积极引进港澳优质公共服务，完善便利港澳同胞在大湾区内地城市发展的配套政策，构建与国际接轨的公共服务体系，携手港澳共同打造宜居、宜业、宜游优质生活圈。尤其是从保障大湾区供水安全到加快世界级机场群建设，从创新海关监管模式到对标国际优化税收营商环境，大湾区"9+2"城市群形成了社会经济一体化发展势头。

市场化与共享：共享经济促进新业态发展

市场机制本就是一种共享机制，而且，市场化的共同富裕更合理地实现"共同而有差别的普遍富裕"。互联网时代，人们更加容易把各自有的物品、服务、资金、知识技术等拿出来交换，而不受时间和空间的限制。

广东是共享经济发展较早、较快的地方，很多领域都呈现出一种相互渗透的现象。例如，广东电网有限责任公司与中国铁塔股份有限公司就电力与通信基础设施共建共享、应急抢修支撑保障、电力电信设施保护等内容进行合作。作为跨行业间的资源整合共享，"共享铁塔"是一种新合作模式。社会公共资源因"一塔（杆）多用"能够有效节约土地资源，避免重复建设、重复投资。广东电网开放电力杆塔及站点用于通信设施、通信基站建设，并为铁塔公司提供技术支持及电力业务服务，提升通信基站用电规范化管理。双方还建立联合应急保障队伍、应急保障对接渠道和信息报送机制，推进建设和维护队伍的资源共享。联合电信运营商共同打击破坏电力、电信、有线电视等"三电"设施等违法行为，改善"三电保护"建设环境。这种合作共赢、共谋发展的形态，将持续推进高速宽带和5G网络、实现资源共享、促进经济和网络发展。

共享经济促进了新业态的发展。例如，深圳市租电智能科技有限公司开发共享充电线和共享充电宝，向用户提供充电线、充电宝的本地化共享服务。共享经济优化了闲置资源配置，正在引导市场潮流。

共享经济还促使传统产业的共享化发展。作为广东省重点培育的十大交易中心之一，深圳腾邦全球商品交易中心有限公司以"旅游+物流+投资"创新现代商业服务业模式，通过物流的发展带动商流的发展，进入民航票务领域；通过智慧物流的供应链管理能力、全程冷链运输、恒温保税仓储、溯源物联科技等服务为客户提供性价比较高的产品，以物流服务为基础，打通资源链条，搭建核心系统，提升运作效率，整合内外部资源；提供金融服务、数据服务和技术服务，并在这三者基础上衍生出平台服务，打造大物流开放生态，形成新零售、新品牌、新业态的共享经济新模式。

帮扶与共享：对口帮扶联动发展

我国发展不平衡不充分的问题仍然突出，共享的一个重要作用就是缩小城乡区域差距。避免所谓"中等收入陷阱"，就是要逐步实现共同富裕的要求。

首先，广东在共享发展中努力缩小城乡差距。通过珠三角"腾笼换鸟"和粤东粤西粤北"筑巢引凤"，一段时期内，粤东粤西粤北经济增速曾高于珠三角。但是，珠三角对周边地区的"虹吸效应"还是存在的。更何况广东拥有的3000多万外来务工人员主要集中在珠三角，在中山、东莞的先期探索引导下，广东全面实施外来务工人员随迁入户和随迁子女积分制入学措施，通过"零次分配"缩小"身份差距"，尤其是户籍上的差距，进而在夯实公正的初次分配的基础上，通过二次分配重点向弱势群体倾斜，推动基本公共服务均等化。广东省各级政府每年都要向社会承诺"十件民生实事"，在义务教育、基础医疗、保障性住房等领域，外来务工人员的待遇一直受到关注。

其次，广东一直注重帮扶粤东粤西粤北和省外其他欠发达地区。一方面，为了破解区域发展不平衡问题，广东提出"一核一带一区"战略，突破行政区划局限，全面实施以功能区为引领的区域发展新战略，明确不同的发展定位，采取不同的政策支持，统筹大湾区与粤东粤西粤北地区生产力布局。另一方面，这种跨区域帮扶也是跨省域的。例如，通过深圳、中山的对口帮扶，云南昭通成功推动大量贫困劳动力"走出去"实现脱贫；同时，注重把产业"引进来"，发展劳动密集型产业、促进农业产业化，让群众在家门口就业脱贫；还注重学习广东省的改革开放先进经验，塑造更加优良的营商环境，加大招商引资力度，吸引更多企业到昭通发展产业。在珠海等地帮助下，云南怒江不断加强劳务输出，让贫困劳动力实现稳定转移就业；怒江还引进了一批广东企业在当地发展特色农业、开办"扶贫车间"，解决易地扶贫搬迁群众的长远发展问题；怒江也积极学习借鉴珠海等城市在社区党建、基层管理方面的经验做法，服务好、教育好易地扶贫搬迁群众。

再次，对同为重大国家战略的海南自贸港建设，粤港澳大湾区重视借鉴互动、共享发展。海南自贸港处于粤港澳大湾区的辐射区和带动区，两个区域的联动发展可以优势互补，海南自贸港可以获得大量来自粤港澳大湾区的项目投资和人才输入，而海南自贸港的制度与政策优势能更有利于发挥粤港澳大湾区世界一流企业等各类主体的竞争优势和对国内外高端要素的吸纳与聚集能力。粤港澳大湾区集聚了大量的国际性金融机构及基金，大量的制造企业有转移和增设分厂的意愿，加上海南自贸港的优惠政策支持，会有部分制造企业选择到海南投资。香港和澳门地区是国际一流的自贸港，其国际化营商环境长期居于全球前列，两地的通关和监管模式、投资贸易规则、港口物流服务业发展模式等，均值得海南自贸港借鉴和学习。为了提升粤琼合作水平，广东把湛江打造成战略对接的重要连接点，把沿海经济带西翼打造成联动发展的重要纽带，推动形成粤港澳大湾区、深圳先行示范区与海南自贸港联动发展的科学布局。

协同与共享：跨界联动，共抗疫情

统筹推进疫情防控和经济社会发展是党中央的重大决策部署，也是体现治理能力的重要指标，还是特殊环境下的一种共建共治共享机制。广东省坚持"双统筹"，不断探索应对疫情防控常态化，扎实做好"六稳""六保"工作，努力实现疫情防控和经济社会发展"双胜利"。

针对疫情防控，广东摸索出了物资和医疗全面保供、有疫情社区分级封管、利用大数据实施精准防治、充分调动基层与社会和市场力量协同治理，以及送药上门、送检上门、紧急就医等"生命至上"的防控方式。

针对经济社会发展，广东也摸索出了一些行之有效的做法。

首先，政企协同，做好"双统筹"。在封控、管控之后，尽快推进各类企业全面复工复产、城乡交通全面运营、商超市场全面营业、医疗秩序全面恢复、公共场所全面开放、路障卡点全面清除，把疫情对经济社会秩序的影响管制在最短时间内。在疫情防控之时，还要坚持推进"双区"和两个合作区建设，把改革开放引向深入，把民生保障、改善人民生活水平当作经济发展和改革开放的根本目的，把"人民至上"真正落到实处。

其次，跨界共建生态链，协同共享抗疫情。中国银行广东省分行联合奥咨达医疗器械服务集团发起成立"中国医疗器械应急联盟"，集合广州呼吸健康研究院、国药集团、广药集团、京东云健康等单位参与，开辟金融和医械服务绿色通道，借助各自在金融和产业领域的专业优势，争分夺秒满足抗疫企业多方位需求。发挥普惠金融长期努力构建的"金融+产业"跨界生态链作用，携手合作伙伴发挥各自优势，为抗疫企业提供"融资+融智"的全方位高效专业服务。银企双方联合形成的组织合力，为企业支持抗疫工作注入了金融动能，链接政府、资本、产业等资源，帮助科创企业实现高质量快速发展。通过跨界生态链，强化新发展理念，众志成城，支持抗疫企业与时间赛跑，打赢疫情阻击战。

　　发展为了谁、发展依靠谁、发展成果由谁享有，是人类社会发展面临的根本问题。共享发展理念是改革开放40多年经验的集中体现，坚持共享发展也是关系我国发展全局的一场深刻变革。改革发展搞得成功不成功，最终的判断标准是人民是否共同享受到了改革发展成果。广东在改革开放中探索共享发展也是一个持续的、长期的过程，省委、省政府要统筹兼顾、久久为功，社会各界和全省人民要积极参与、共建共享。要完整、准确、全面贯彻新发展理念，坚定践行正确的发展观、现代化观，始终做到发展为了人民、发展依靠人民、发展成果由人民共享，推动共同富裕取得实质性进展，切实解决好发展不平衡不充分的问题，以务实高效的举措推动高质量发展。

扫码关注
"广东加速度"

广东加速度
——新发展理念下的广东经济实践与探索

理论视角·专家观点

广东谱写共享乐章

◎ 周 云 华南理工大学马克思主义学院教授

社会主义现代化建设中，共享发展仍然是广东建设社会主义现代化国家征程中的主旋律，广东将继续努力走在全国前列，起到引领和示范作用。

在2022年的全国两会上，国务院总理李克强提出，要继续推动共享发展，提高民生水平。《政府工作报告》中提出："坚持尽力而为、量力而行，不断提升公共服务水平，着力解决人民群众普遍关心关注的民生问题。"这一表述为一个时期的共享发展定下了基调。

2015年，在党的十八届五中全会上，习近平总书记首次提出了"创新、协调、绿色、开放、共享"的新发展理念。其中，共享发展在新发展理念中占有特殊的地位。对此，习近平总书记进行了深刻的阐释，"古人说：'天地之大，黎元为本。'人民是我们党执政的最深厚基础和最大底气。为人民谋幸福、为民族谋复兴，这既是我们党领导现代化建设的出发点和落脚点，也是新发展理念的'根'和'魂'。只有坚持以人民为中心的发展思想，坚持发展为了人民、发展依靠人民、发展成果由人民共享，才会有正确的发展观、现代化观。"

共享发展是中国共产党初心和使命的时代体现

共享发展就是以人民为中心，与人民分享发展的成果。这是中国共产党一以贯之的思想。早在马克思主义创建之初，马克思就提出，"代替那存在着阶级和阶级对立的资产阶级旧社会的，将是这样一个联合体，在那里，每个人的自由发展是一切人的自由发展的条件"，把人的自由而全面的发展，作为未来理想社会的条件、目标和归宿。恩格斯也把经济发展、物质财富的发展，作为社会成员自由发展的客观条件，"通过社会生产，不仅可能保证一切社会成员有富足的和一天比一天充裕的物质生活，而且还可能保证他们的体力和智力获得充分的自由的发展和运用"，可见马克思主义创始人已经具有共享发展的思想。

中国共产党成立之初，就把"为中国人民谋幸福、为中华民族谋复兴"确立为自己的初心和使命，把自身的奋斗与人民的利益、人民的幸福紧紧地联系起来。从全心全意为人民服务的宗旨，到以人民为中心的发展理念，时代在变，但初心始终不改。

中国特色社会主义进入新时代，经济社会得以长足发展，广大人民群众也得益于经济发展，物质文化生活水平不断得到提高，幸福指数不断提升。但毋庸讳言，人民日益增长的美好生活需要和不平衡不充分的发展之间的矛盾仍然存在。要解决这一矛盾，必须在新的时代条件下，坚持初心使命，推动共享发展，既要做大"蛋糕"，继续促进经济社会发展，同时也要分好"蛋糕"，让人民群众更多更好地分享发展的成果。在今后的一段时期内，这都是一项极为重要的任务。

共享发展是广东改革开放的精彩乐章

改革开放以来，广东作为改革开放的排头兵，在经济社会发展方面取得了巨大的成绩，同时也积极践行了"发展为了人民，发展依靠人民、发展成果由人民共享"的理念。从一开始，广大人民群众就享受到了改革开放的成果。事实上，在某种意义上说，正是解决人民生活困难的迫切需要，倒逼加快了改革开放的开启，加速了改革开放的进程。随着改革开放的进行，广东经济社会实力不断提升，为广东改善民生打下了良好的物质基础，广东诸多民生措施走在全国前列，写下了亮眼的成绩单。

教育方面，1996年，广东在全国率先完成普及九年义务教育工作目标；2001年，率先探索实施免费义务教育政策；2008年，全面实现免费义务教育，比全国提早半年实现全覆盖。

医疗方面，1992年深圳率先在全国打破原有公费医疗、劳保医疗制度，实行统一的城镇职工医疗保险制度，拉开了我国职工医疗保障制度改革的序幕。2009年，广东再次在全国率先将新型农村合作医疗与城镇居民医保合并为城乡居民医疗保险。

社会保障方面，至2020年末，广东五大险种累计参保超过2.98亿人次，基金累计结余近1.7万亿元，均居全国首位。

可见，在推动共享发展方面，广东历来孜孜以求，写下了浓墨重彩的一笔，广大人民群众得以充分地分享改革开放的成果，获得感和幸福感显著提高。

共享发展是广东社会主义现代化建设新征程的主旋律

凡是过往，皆为序章。过去的成绩，只能是今天的起点。在今后的社会主义现代化建设中，共享发展仍然是广东建设社会主义现代化国家征程中的主旋律，广东将继续努力走在全国前列，起到引领和示范作用。

首先，推动共享发展，要坚持发展是第一要义。共享发展，核心仍然是发展。共享发展不是搞平均主义，更不是搞坐吃山空，提高民生必须建立在经济发展的基础之上。只有进一步推动经济社会发展，人民的幸福生活才能建立在可靠而坚实的基础上，否则只能是无源之水，无本之木。因此，在今后的工作中，广东要坚持以发展促民生，以发展促共享。

其次，推动共享发展，要充分发挥广东优势。广东在全国有诸多优势，包括经济实力的优势、市场环境的优势、思想观念的优势、地理区位的优势等。这些在推动共享发展的过程中，都能够发挥重要的作用。通过经济优势的发挥，保障民生投入；依托成熟的市场环境，调动各个市场主体的积极性，形成政府与市场共同促进民生、推动共享的合力；进一步解放思想，培育公共服务意识，始终把民生放在重要位置；发挥区位优势，既要借鉴港澳地区民生建设先进经验，也要资源共享，促进大湾区民生项目的合作，让人民群众享受到更高水平的民生服务。

周云

扫码关注
"广东加速度"

广东样本·实践范式

打赢脱贫攻坚战

▶ **政策引领**

物质精神双扶贫盘活瑶族小山村

地处惠州市龙门县最北端的上东村，是蓝田瑶族乡最大的少数民族村，566户共2593名居民中95%属于瑶族。这里有着"八山一水一分田"的山区环境，也被称为惠州的"北极"。自2016年精准扶贫工作开展以来，上东村组织开展产业脱贫，既扶贫又扶志，村民实现在家门口就业。昔日的贫困村，华丽蝶变为省级新农村示范村。

产业扶贫：家门口就业

下午四点，一辆银灰色的面包车在国道220线旁的一所平房前刹停，谭海坚回来了。几个月前，他在数千米开外的韶新高速公路在建项目中，找到一份路基土建的临时工作。谭海坚原本是上东村的典型贫困户和重点帮扶对象，经过两年多的帮扶，他对生活有了更大的信心，也琢磨出不少脱贫致富的窍门。

除了在韶新高速公路在建项目中"兼职"，谭海坚还通过学习摸索，成为村里种植反季辣椒的能手，并获得爱心企业捐赠的蔬菜大棚。谭海坚在已有平房旁加建了一座三层毛坯小楼，楼顶是光伏企业捐赠的光伏发电设备，一年能获得几千块钱的收入，把毛坯小楼的空房间租给高速公路施工工人，一个月也有两千来块。越看到希望就越有干劲，谭海坚挥舞着坚实黝黑的小臂说："攒够钱再搞装修，现在家庭人均年收入有一万多，生活条件越来越好了。"

日子越过越红火，形成这样的发展势头除了需要村民主动发挥扎实肯干的精神，同时也离不开村里相关产业环境的支持。刘艳军于2016年4月来到上东村驻村，任第一书记，"当时到了后放下背包，绕着全村转了一圈，整个村连一家吃饭的餐馆都没有"。他意识到，"村里没有人气就没有产业，没有产业也就没有人气，如此反复容易陷入恶性循环，为此要优先发展'短平快'的项目"。

有了方向后，刘艳军说干就干。他算了一笔账，近些年，上东村借力社会爱心企业获得约48万元的投资。他将这些资金建成40千瓦的光伏发电项目，实现村集体每年收入约4.5万元；将村委办公楼的墙面和宣传栏分别出租做广告，每年可获得租金6万元；利用40余万元政策资金，在高速公路旁设立一个大型广告位出租，预计每年可获得租金8万到10万元。

光布局村集体产业还不够，共同致富还要发动村民加入。刘艳军向村民筹集了50万元入股娃娃鱼养殖企业，每年贫困户可获分红4.5万元；村里办起了龙门县上东瑶小妹生态农产品专业合作社，自产的粘米、花生油、瑶乡米饼渐成产业化、规模化；村里还打造了生态果园，包括8.04亩的红枣种植园、32.2亩的大棚种植园、5.5亩的桑葚果园、11亩的无花果种植园。上东村的变化，吸引了外出谋生的村民陆续返乡，参与乡村振兴。村民看到了家乡更加美好的前景。

截至2020年6月，上东村的扶贫工作已投入帮扶资金6000余万元，所办民生实事和所做产业、民生项目有40多个。刘艳军总结上东村的"致富经"，即资金变股金、资源变资产、村民变股民，村里有产业布局，村民在家门口就业不是梦。

精神扶贫：扶贫先扶志

刚下过一场雨，家住上东村北边的阿婆看到刘艳军从家门口路过，热情地伸手招呼："刘书记，得闲来饮茶？"刘艳军不由感慨，近几年，随着村居环境、生活水平的逐步改善，村民的精神面貌也变得更加积极向上了。

几年前，由于村里没有产业、留不住人，青壮年大多外出打工，留守老人和儿童是主要的人口组成，村民的精神面貌不佳，思想观念相对落后，整个村子缺乏生机与活力。

在刘艳军的扶贫工作中，偶尔会遇到心存"等、靠、要"思想和得过且过心理的村民。刘艳军认为："扶贫工作单靠物质扶贫是不够的，还得进行'精神扶贫'，只有激发村民脱贫致富的内生力，才能在精神层面进行贫困'突围'。"

"精神扶贫"先从改变村容村貌开始。上东村陆续建起文化宗祠、社区服务中心、文化广场、五保户集中安置居住点、江湾公园、寒山河绿道、张坑桥、江湾陂等地标建筑，推进水利设施建设和村道硬底化，安装太阳能路灯，改造省道244线和村道210线，开展"三清、三拆、三整治"工作。

近几年，上东村还陆续举办各类评选活动，让村民充分展现自我，丰富他们的精神生活。例如，评选"致富能手"，让村民看到脱贫致富的风向标；评选"最美媳妇"，让勤劳勇敢的妇女成为村民学习的榜样；评选"最美学子"，鼓励孩子奋发上进；评选"最美家庭"，营造美好的家庭氛围；评选"上东好人"，树立道德标杆。

精神文明建设对村民的影响是潜移默化的，刘艳军可喜地发现，村民的言谈举止更加文明自信，对就业创业也更加积极主动。在2019年的中秋晚会上，刘艳军对现场近500名村民提出"三个希望"：希望村民热爱祖国、爱党信党；希望上东村弘扬正能量，做社会新风尚的践行者；希望村民继续推动思想观念的发展。"在政府的关心和帮助下，激发建档立卡贫困户自力更生，不等、不靠、不要，他们有了脱贫致富的愿望和积极性，群众的幸福感、获得感进一步增强。"

解锁网红景点背后的"小康密码"

四五月份，潮州潮安连片的青翠茶山正是忙碌的采茶季，鸭屎香、蜜兰香、乌叶……近年来，在"美丽乡村"建设和精准扶贫工作的推动下，潮安区不仅大力发展了凤凰单丛茶这一农业主产业，还因地制宜拉动乡村旅游业快速发展，打造出多个网红旅游打卡地，成为当地人民脱贫致富的"小康密码"。

2019年潮州市潮安区接待海内外游客数和旅游收入分别增长19.8%和20.3%，筹集扶贫开发资金累计2.12亿元，10个省定贫困村创建社会主义新农村示范村项目基本完成，7583户建档立卡贫困户全部达到脱贫条件，10个省定贫困村全部达到出列标准。

密码1："旅游+养殖"双响炮，打造网红白鹭湖

要问近年来潮安区归湖镇狮峰村哪里的变化最大、最受瞩目，村口这个105亩的"大鱼塘"当仁不让：几年间从老鱼塘摇身一变，成为荷花摇曳、鹭影蹁跹的网红景点白鹭湖，吸引了许多潮汕地区甚至是邻省的游客前来，村民的腰包鼓起来了，村集体收入翻了十倍。

据狮峰村村支书李统伟介绍，近年狮峰村投入67万元将老鱼塘打造成乡村旅游景点白鹭湖，通过举办莲花文化旅游节等亮点活动，发动村民翻修旧房、危房，开发了一批特色民宿，还与旅游公司合作，多方位、立体化宣传狮峰村旅游文化，不仅解决农户就业，还增加了村民和村集体收入。李统伟自豪地说："每年由白鹭湖生产的莲子在湖边就能销售一空，晚来的游客还抢不到呢！"

除此之外，村里的渔业养殖产业也快速发展。村支书李统伟结合自己熟悉的优势产业，与村干部想出一条"养鱼大计"——通过万亩淡水养殖示范区建设，实行"公司+基地+农户"的模式，大力发展渔业养殖，打

造产销对接新模式。李统伟介绍，除了为养殖户提供鱼苗和饲料等生产资料、专业化养殖技术和销售服务外，公司还实施价格兜底，解决贫困养殖户的资金难题。另外，优先聘用贫困劳力，鼓励没有劳动能力的贫困户用申领到的扶贫资金投资淡水养殖，每年可获得10%以上的分红。狮峰村不少贫困户表示："有了稳定的收入，也看到了脱贫的希望。"

贫困户李亮喜就是"养鱼大计"的受益者之一。原本一家六口生活捉襟见肘的李亮喜，到淡水养殖公司打工后，2800元月薪加上年底分红，一年能挣3万多元，腰包逐渐鼓起来的他又承包了两个鱼塘，如今年收入8万元左右。李亮喜表示："日子越过越好，村干部给我家谋了一条好生路！"

这个近1500亩的养殖基地为全镇养殖户、贫困户提供了一条新的致富道路，扶贫辐射范围覆盖到全镇291户贫困户，还被评为全省扶贫龙头企业。

狮峰村日子越过越红火，成为全市新农村建设和党建示范村，获评潮州市"最美村庄"，也是广东省首批文化和旅游特色村、广东美丽乡村特色村。2019年莲花文化旅游节期间狮峰村游客超过30万人次，2019年村集体收入达36.8万元，比2018年增长近10倍。

密码2：修通两条"致富路"，"茶旅之村"树品牌

在有着"中国乌龙茶之乡"之称的潮州市潮安区凤凰镇，高山密林中有一个403人的村庄，因山泉涓涓而得名"叫水坑村"。地势偏僻、交通不便导致这里经济贫困。近年来叫水坑村修了两条"致富路"，使村民生活焕然一新，一举实现从省定贫困山村到乡村旅游网红村的华丽转身。

第一条"致富路"是机耕路。以往村里进茶园的路是狭小的土路，连摩托车都开不上去。近年来帮扶单位筹集资金130多万元，修建了9条总长4070米通往茶园的机耕路，田间管养和茶叶质量大大提高。

第二条"致富路"是进村山路。这条盘旋而上的进村主干道从3.5米拓宽至6米多，是潮州市首条"四好"公路，既为茶农打通了一条更为畅通的销路，也为周边游客打开了一座山环水绕的茶旅之村。

"现在村里一到节假日就塞车，许多游客慕名而来"，据叫水坑

村支书林泽程介绍，近年来通过"公司+专业合作社+基地+农户（贫困户）"的模式，叫水坑村茶叶质量高、销路好，同时与旅游公司合作，打造属于叫水坑村的特色茶旅品牌。

曾经的贫困户林金思，就是通过这两条"致富路"过上了红火的生活。他不断学习优化种植、提高茶叶质量，如今他的茶园每年采茶500多千克，告别了紧巴巴的日子。2020年，全家人从一层的旧平房搬进四层新楼房，林金思更被评为2019南粤慈善之夜"年度脱贫奋进人"。

叫水坑村的茶旅品牌，只是潮安区打造"一村一品"的缩影。近年来，潮州潮安利用特色农业和田园风光打造风情文旅特色村镇，不仅推出凤凰单丛茶、金石花卉、东凤芡实等特色产品，更带火了东凤芡实文化旅游节、文祠杨梅文化旅游节、"中国美丽茶园"凤西大庵古茶树园等文旅品牌，省级旅游风情小镇、省级文旅特色村更是层出不穷，不断解锁乡村旅游和休闲观光农业相融合的"小康密码"。

▶ 政策引领

木瓜产业挑大梁　加强党建促脱贫

2020年4月，茂名市茂南区河之口村迎来冰糖木瓜的丰收季节。贫困户在村干部带领下将示范种植基地里的木瓜进行采摘、装箱、装车，忙得不亦乐乎。他们满脸汗水，却洋溢着笑容。对他们而言，每卖出一个木瓜可以得到75%的分红，亲手摘下果实，只有幸福没有辛苦。让人更加意想不到的是，在珠海市斗门区白蕉镇等单位的帮扶下，河之口村正在美丽蜕变，日子越过越红火。

河之口村邻近石油化工区，以传统的种养业为主，主要经济来源为种植花生、甘蔗、蔬菜和家庭养殖等，但由于生产和生活用水较紧缺，严重制约了村集体经济发展。全村曾有在册贫困户60户182人，村集体经济收入仅8000元。近年来，在珠海市斗门区白蕉镇等单位的帮扶下，河之口村以冰糖木瓜示范种植基地为龙头，投资光伏、生态旅游、家禽养殖、仓储物流等行业，完善乡村产业体系、壮大村集体收入，带领贫困户增收致富。2019年，全村建档立卡贫困户182人人均可支配收入达16 380元，全部达到贫困户"退出"标准。

贫地种"金果"腰包鼓

在示范种植基地里，一行行木瓜树间隔合理，一个个木瓜挂在枝头，一个现代化种植基地展现在眼前。村民穿梭在基地内，看到成熟的木瓜立即采摘下来。村民肩头压着一担担沉甸甸的木瓜，笑容却十分灿烂。

在河之口村贫困户邓宏耀印象中，冰糖木瓜示范种植基地所在的位置以前就是一片贫地，村民种植农作物都是自给自足，卖不上价，想不到现在整合起来种植冰糖木瓜，木瓜成了村里的"金果"。邓宏耀说，基地由河之口村贫困户合作社自主经营，每年收入的25%作为村集体收入，75%用于合作社内建档立卡贫困户分红。"每卖出一个木瓜就增加一份收入，上半年已经领到750元分红。"

对珠海市驻河之口村第一书记邝贤敏来说，木瓜种植成为河之口村支柱产业，自己大半年的心血有了回报。在他的记忆中，产业扶贫并非一帆风顺，农业项目更容易因为收益淡薄而无法坚持下去，很难达到长效脱贫的意义。2019年5月，河之口村进行驻村干部轮换工作，他和茂名市农业农村局驻村党建指导员何玉平立即马不停蹄地进行市场调研。

"我们碰面都谈河之口村的支柱产业，心急如焚。"邝贤敏说，短短半个月时间，两人跑遍茂名多个农村，认为很多经济农作物都不适宜河之口村的环境，而且竞争激烈。河之口村两委干部以及驻村扶贫工作队在比较种植条件、考察市场需求等因素后，选定了冰糖木瓜种植项目。在党建指导员何玉平的组织下，村两委干部和驻村扶贫工作队到大型种植基地学习取经、拜农艺师学艺，在干中学、在学中干，边干边摸索，大家逐步积累了生产经验。

河之口村的第一批1750千克冰糖木瓜以7元/千克的收购价成功完成产销对接。随着木瓜进入丰收期，项目效益不断增加，并为贫困户解决就业岗位15个，解决了贫困户就业增收和村集体经济发展两大难题。

产销对接兴旺产业

地还是那片地，思想一变，技术升级，在帮扶单位带领下，河之口村的贫地变成了"金地"，让当地村民腰包不断鼓起来，走上产业振兴的道路。目前，河之口村不断完善产销对接机制，建立长效机制，以冰糖木瓜示范种植基地为龙头，全面实施产业扶贫。

基地种植有冰糖木瓜2200株，约23亩，投入资金18万元。3月起，冰糖木瓜进入成熟期，驻村扶贫工作队与珠海市农产品电商平台、"菜篮子"公司联系，计划田头收购价为每千克7元。木瓜有3年的采摘期，通过完善产销对接机制，基地于第一年收回投资本金，接下来两年进入纯收益阶段。与粤港澳大湾区市场签订合作协议后，冰糖木瓜基地通过实实在在的成绩，起到示范效应。河之口村有7户贫困户盘活自有闲置土地进行试种，邻村一名种植大户开发种植冰糖木瓜面积达120亩。

河之口村委书记、主任戴明锋说，驻村扶贫工作队拟采购一批木瓜苗免费分发给贫困户，让弱劳动力的贫困户也能在家自留地、房前屋后种植冰糖木瓜。在产销对接方面，工作队通过引入大湾区龙头企业与"金扁担"合作社签订协议，再由合作社与贫困户签订协议，实施"企业+合作社+基地+农户"模式，建立稳定完善的产销对接机制。

谈起村里的产业发展，戴明锋如数家珍，笑语不断。他说，以冰糖木瓜示范种植基地为龙头，河之口村乡村产业逐渐兴旺起来。除了种植基地外，帮扶单位还投资了80万元入股生态旅游项目、投资40万元入股乡土特色养殖项目、投资100万元入股农产品物流仓储项目，三个项目每年能获得收益21.6万元。这些项目能让贫困户每人获得1500元分红，村集体收入有望增长4倍。

贫困户柯瑞林领到几次分红后，计划在自家闲置地上种植几棵木瓜树，一棵树每年的收益在200元左右。"种植基地提供就业岗位和分红，腰包越来越鼓，日子过得红红火火。"

党建引领焕发动力

在河之口村，基础设施不断完善，产业发展欣欣向荣，群众文化生活丰富多彩……一幅新时代美丽乡村的画卷正徐徐铺开。回顾村庄发生蜕变的原因，无论是村两委干部，还是扶贫干部，一致认为是河之口村始终把"抓党建促扶贫"放在工作的首位，为脱贫攻坚、乡村振兴注入强大理念，焕发自力更生的动力。

戴明锋说，邝贤敏、何玉平两人到岗后立即对全村贫困户进行走访，千方百计扶持乡村产业发展。"他们两鬓白发都多了起来，但从来没有抱怨过。"在工作中他们亲力亲为，以身作则的作风带动村干部和贫困户养成勤于学习和思考的习惯，增强了贫困户脱贫、自力更生的内生力，留下一支带不走的队伍。

值得一提的是，在种植基地刚定下时，木瓜树还没有长起来，河之口村研究出木瓜树之间种日本甘美西瓜的新点子，并自创出一套西瓜断藤保鲜的方法。2019年，河之口村共计销售甘美西瓜1500多千克，获得了不错的收益，利润率高达270%。"这个点子是干部休息时讨论得出的，大家在脱贫攻坚时都不'等、靠、要'。"戴明锋说，正是这种工作作风，河之口村的产业扶贫项目结出了累累硕果。

在党员联系群众的基础上，河之口村建立"党员结对帮扶贫困户"制度，每一名党员都要结对帮扶一至两户贫困户，协助了解贫困户的家庭情况并及时反馈至党组织，制定帮扶措施。2019年，党员共计走访贫困户203人次，收集贫困户意见、建议7宗，协助处理、解决贫困户困难23件。

由于工作成绩明显，河之口村党组织多次被评为茂名市先进基层党组织，2019年被评为"四星党组织"。

▶**企业发展**

给6亿亩耕地打药，怎么协作？

2021年1月，农业农村部办公厅印发了《2021年全国"虫口夺粮"保丰收行动方案》，防治农业病虫害就如同一场战役全面铺开，农忙时节，尤其争分夺秒。

植保无人机的应用是科技助力农业的极好范例，依照提前规划好的飞行航线，无人机可自动高效喷洒农药，专业飞手一天作业的工作量，相当于传统手段下8～10个人一周工作量。

植保无人机以科技助力农业创新发展

除了农忙时节飞手团队的实地操作，了解作业耕地信息、联系经销商、植保大队，组织培训、处理售后……在植保无人机助力农业发展的每一个环节都需要提速，以满足中国幅员辽阔的领土下，自南向北阶段式、集中式爆发的农业作业需求。

2021年7月28日，大疆农业植保无人机全球单年作业面积首次突破6亿亩，已超过上年全年作业亩数。从厂商，到代理商，再到植保大队、农户，数字化手段是植保无人机作业流程提速的关键，企业微信已经是大疆农业和下游各参与者高效协同的利器。

农业互联网化，难在哪里？

把农业互联网化，会有多大的想象空间？

大疆农业新疆地区一级代理商阿拉尔市铁漫植保服务有限公司（以下简称"铁漫"）的创始人吴少钦有自己的观察，在农业沉浸多年，他看过太多想把农业互联网化的创业者和创业项目，拉新、补贴、留存……每一个互联网常用词都能在农业互联网创业项目里出现，但最终结果表明，"农业不吃这一套"。

难以标准化生产，从业者结构特征明显，这些都是农业难以互联网化的原因。在这种情况下，吴少钦认为"农业这个行业很难自下而上去改变"。

当然，2016年刚开始尝试做农业无人机代理商的吴少钦没想那么远，更为迫切的痛点需要他去解决。虽然吴少钦团队只有几十人，但对创业公司而言，管理已经成了一个新问题。在农业领域找新机会，就意味着团队成员没办法坐在办公室里谈业务，四处分散的办公地点和传统的打卡条件已经没办法满足他们的需求了。

对灵活高效办公的需求让铁漫在使用大疆农业之前就选择了企业微信。需要在不同田地奔波的员工不需要绕回办公室打卡，"图片+定位"的打卡功能节约了时间；原先需要跑几个办公室签字才能完成的审批，如今在群里@不同成员就能在1分钟内完成；办公中使用的数据资料不会丢失，造假的难度更高了。

当大疆农业开始整体使用企业微信后，铁漫发现了更多的好处。过去，大疆农业和代理商通过邮件沟通，吴少钦坦言，在农业领域，尤其是在下沉市场，"虽然不至于没听说过邮箱，但他们不会去用"，下载、注册、拟一段文字，对他们来说都是门槛。

使用企业微信后，代理商们发现，操作变简单了。一个简单的例子是，在企业微信里大疆农业可以用公众号文章的方式向代理商展示操作的流程，后者只需要点击就能够进行培训和学习。

和最初的培训方式相比，铁漫觉得这是"主观题"和"选择题"的区别，选择的门槛更低，操作更明了。

农忙时刻，和时间赛跑

农业是一个容错率很低的行业，一年只有一到三次的耕种机会。所以，农业也是一个需要和时间赛跑的行业，使用无人机打药除虫时，就是和对应的病虫害抢时间。

在这样的背景下，提供 7×24 小时服务尤为重要。在农业植保机市场越来越大之后，大疆农业官方的客服电话满足不了需求，他们为此新增加了企业微信客服。

用户需要教程时，可以添加大疆农业官方的企业微信客服，官方客服可以分享产品使用教程和视频，让用户能在最短时间内解决农业植保机相关的问题。

审批、公告是大疆农业解决售后问题的工具。审批功能可以整理需要客服协调回复的工作，公告则能第一时间将信息传递给代理商。在大疆农业看来，解决品牌和代理商之间的信息传递不及时和信息不对称问题，就是企业微信的重要作用。

当然，对代理商而言，大疆农业用上企业微信后，促进了沟通和审批流程的加速，也让代理商更积极地推广线下活动。在推广线下活动过程中，资金大多由代理商预先支付再提交审批，以往，线下活动补贴只能一年结算一次。迁移企业微信后，补贴的流程变得更快了，两个月内就能保证一次补贴结算，补贴的快速下发对代理商来说也是无形的鼓励。"发放补贴的效率更高，说明我们更重视代理商线下活动的推广，这对我们推广业务也起到了关键的作用。"

同时，之前在其他渠道传播的内容也开始被大疆农业放到了企业微信上。譬如，原先在App里的农业知识教学就放到了企业微信里，用户随时可以查看需要的课程内容。

大疆农业还在企业微信上建立了渠道学院，让全国的代理商的优秀案例都能在线上传播、分享。借助网络，距离千里的东北、新疆代理商也能线上交流，双方都可以借鉴对方的管理经验。

目前，大疆农业基本和一级代理商在企业微信建立了完善的沟通机制，下一步是触达二级代理商。在他们的计划中，未来会加入更多方便代理的系统在企业微信中，例如订货系统、进销存系统等。

在农业这个历史悠久的行业里，大疆农业和代理商都在探索自己的解决方案。

专家点评

广东以"一个都不能少"的铮铮誓言，以"不破楼兰终不还"的铁血壮志，打赢了脱贫攻坚战——脱贫目标全面实现，现行标准下161.5万相对贫困人口全部脱贫，2277个相对贫困村全部出列。

乡村振兴

▶ 政策引领

广东农业高质量发展动真格

　　广东是如何建设与全国第一经济大省地位相匹配的现代农业新格局的？从这组数据或许可以窥探一二：2021年农林牧渔业总产值首次迈上8000亿元新台阶，同比增速创34年来新高；第一产业固定投资同比增长31.8%，高于全国22.7个百分点；城乡居民收入比降至2.46∶1，低于全国平均水平……这是广东2021年在农业领域交出的成绩单，数据背后，广东农业正朝着更高质量、更加均衡、更可持续的方向扬帆。

农业总产值创新高，政策组合拳见真章

　　提及广东，人们往往会先想到先进制造业和现代服务业的繁荣，但这并非广东全貌。广东的珠江三角洲、东翼、西翼和北部山区还散布着超过15万个自然村落，生活着近900万户农业经营户和3200多万乡村人口。无论是农林牧渔业总产值，还是水果、蔬菜、畜禽、水产品等农产品产量，广东都位居全国前列。以2020年为例，广东就以全国约1.9%的面积，生产着约占全国4.9%的蔬菜、6.6%的水果、5.2%的肉类和13.4%的水产品，实现占全国5.7%的农林牧渔业总产值。

　　2021年，广东农林牧渔业总产值再创新高，达到8369亿元，同比增长9%。这一数字在2012年仅为4550亿元，总产值在近10年内增长了84%。特别是2018年以后，广东农林牧渔业总产值可谓是一年一台阶，

从化香米丰收，绘出乡村振兴美丽画卷

相继突破了六千亿、七千亿、八千亿元，稳居全国前列。

这样的成绩，离不开精准扶贫和乡村振兴战略的推进。在2020年决胜脱贫攻坚、乡村振兴"三年取得重大进展"的基础上，2021年，广东保持奋发态势，相继出台了《农业农村部　广东省人民政府共同推进广东乡村振兴战略实施2021年度工作要点》和《广东省推进农业农村现代化"十四五"规划》等文件，把实施乡村振兴战略作为解决发展不平衡不充分问题的根本之策。

实施藏粮于地、藏粮于技，全力推进高标准农田建设；聚焦现代农业产业园建设，把推进工业升级的"园区模式"移植到农业发展中；以农产品"12221"市场体系为重要抓手……一系列政策卓有成效，推动广东农业做大做强。

真金白银干"三农"，加速城乡融合发展

总产值节节攀升，同样离不开巨大的资金注入。2021年，广东第一产业投资同比增长31.8%。这既高于第二产业和第三产业的固投增速

（19.4%和2.2%），也大幅高于全省6.3%的固投增速。在2020年经济体量前十省份中，广东31.8%的增速仅低于湖北省的46.8%和安徽省的39.1%，第一经济大省加码投资农业的决心相当明显。

自2020年进入脱贫攻坚决战之年以来，广东在第一产业的投资大幅增加81%。在全面推进乡村振兴的2021年，这种增长态势仍然延续。

数据显示，农村居民人均可支配收入增速已连续多年高于城镇居民。2021年，广东城镇居民人均可支配收入54 854元，增长9.1%；农村居民人均可支配收入22 306元，增长10.7%。广东城乡居民收入比由2013年的2.67∶1缩小到2021年的2.46∶1，低于全国2.50∶1的平均水平。

产业旺，农民家门口的就业机会也就多了。2013至2021年，广东农村居民人均工资性收入年均增长10.7%，对农村居民人均可支配收入增长的贡献率达63.1%。

步入2022年，广东农业高质量发展的态势仍然迅猛。省委农村工作会议暨全省实施乡村振兴战略工作推进会明确，2022年将继续深入推进乡村产业体系建设，推动农业更加优质高效。突出特色发展，推动产业集聚、品牌提升、数字赋能，加大县域在要素资源、联通城乡市场等方面的统筹力度，健全农业科技、社会服务、资金保障等支撑体系，加快农业高质量发展步伐。

善作善成，久久为功。如今，广东2022年重点建设项目名单上，36个农林牧渔业类项目正在广东各地市全面铺开，多个项目预计投入超过10亿元。而根据《2021—2023年全省现代农业产业园建设工作方案》，广东将再建一批跨县集群产业园、一批特色产业园、一批功能性产业园，进一步促进农业高质高效、乡村宜居宜业、农民富裕富足。在这样的布局版图中，农村第一二三产业也有望加速融合。

徐闻菠萝"高光"走世界

　　在2020世界数字农业大会解读广东农产品"12221"市场营销密码的云论坛上,王小颖让很多人留下了深刻的印象。这个名字和徐闻菠萝的几次逆袭紧密地联系在一起,4年来,王小颖无数次站在"菠萝的海"为家乡卖菠萝,见证了徐闻菠萝从销路不畅到逆市出口,从自己硬着头皮直播到带动徐闻农民直播带货,如今还见证了徐闻菠萝走世界的"高光时刻"。

　　根据广东省农业农村厅介绍,广东目前正在探索农业产业营销模式改革。继"菠萝妹妹"王小颖之后,还将涌现越来越多的"百县千红新农人"。

"菠萝的海"——独特的旅游资源　摄影/陈煜

传统营销模式让农民担惊受怕

2020年12月，位于广东湛江的英利镇武寮村菠萝种植基地，又一批菠萝成熟了，迎来采摘的时节。徐闻的菠萝已有近百年的种植历史，全国每10个菠萝就有3个来自徐闻，这里的种植基地现已形成了面积达35万亩、年产量约60万吨的"菠萝的海"。这么一个每年都会以壮阔"菠萝的海"图片刷屏的网红县，之前却经常为了如何卖好菠萝而发愁。

从小生于徐闻、长于徐闻的王小颖，深知徐闻农民的难处。"为什么其他孩子的爸爸妈妈可以轻松地逛市场，我的爸爸妈妈却年年要为卖不出去农货担惊受怕。"在徐闻，菠萝就是农民的命，"菠萝卖不出去，小孩就没了学费。如果可以把东西卖得好，徐闻的爸爸妈妈们就不用那么辛苦了。"

2016年大学毕业入职徐闻县广播电视台任新闻主播后，王小颖就开始参与徐闻菠萝文化旅游节、徐闻菠萝产销对接会、徐闻菠萝直播销售，被当地人亲切地称为"菠萝妹妹"。

破釜沉舟探索"12221"

2018年，徐闻菠萝丰产滞销，又遇到极端天气，农民看着菠萝的行情一天比一天淡，最后0.5元/千克的平均销售价让很多农民亏了钱。

"当时县委、县政府急坏了，带着我们天天跑田间地头，找采购商，找集团单位。当时我就在想，怎样才能帮到农民呢？辛辛苦苦劳作了一整年，到头来还愁着怎么卖。"

2019年，徐闻菠萝"12221"行动帮助王小颖找到了一套解决方案。在广东省农业农村厅和湛江市委、市政府的支持下，徐闻县政府联合广东省农产品采购商联盟启动了徐闻菠萝"12221"营销行动的探索。这个模式后来被定格为广东农产品"12221"市场体系，即建立"1"个农产品的大数据，以大数据指导生产引领销售，发展销区采购商和产区经纪人"2"支队伍，拓展销区和产区"2"个市场，策划采购商走进产区和农产品走进大市场"2"场活动，实现品牌打造、销量提升、市场引导、品种改良、农民致富等"1"揽子目标。

"原来可以这样卖菠萝！当时我主持的徐闻菠萝产销对接会，签约采购量达9.2万吨，与2018年相比每斤涨了0.4元。虽然我只是销售大军中的一个小女兵，但我们所有人都看到了徐闻菠萝的未来。"

据广东省农业农村厅介绍，在实施贯彻"12221"市场体系建设以来，徐闻菠萝在2019年上市旺季期间，价格比上一年增长5倍以上，田头销售价卖到了2.4元/千克，农户增收效果明显。2019年第一季度，全县25个邮政储蓄银行网点年增存款共6.8亿元，仅菠萝片区曲界支局年净存款超1亿元。徐闻菠萝产销两旺，其中主要产区的曲界镇，仅邮储银行农户新增存款就达到9.25亿元。

徐闻菠萝逆袭，主产镇存款增长26.68%

眼看着徐闻菠萝走上了顺利出货的康庄大道，没想到2020年一场疫情，却让徐闻菠萝再度被打回原形。

2020年2—5月疫情最严重的时候，恰好是徐闻菠萝的集中成熟期，一场疫情让农产品流通链受阻，农民一下子遇到了采摘难、运输难、销售难等难题。

2月中旬，广东省农业农村厅派往徐闻的工作队，出发前有过一次动员会，本着实事求是的工作态度，厅分管领导提出"尽心尽力保住菠萝0.5元保本价的底线"要求。

徐闻菠萝"12221"网络营销体系迅速启动，充分利用各类互联网平台助力徐闻菠萝销售，各种直播团队纷纷进驻菠萝地，一时间"徐闻菠萝"占据网络热搜，徐闻也成为全国知名的"网红县"，带动徐闻菠萝中品相和精品果价格高涨。

2月19日，羊城晚报社、拼多多和徐闻县政府率先发起"县长直播带货"活动，央视作为扶贫助农战略合作伙伴进行了全程直播。短短半小时，直播间吸引了超30万人关注。当天的直播最终订单数量累计超过5万单，总计带动销量近15万千克。

"3月份，我站在菠萝地里，和当地副县长搭档第一次直播卖菠萝。

直播带动了徐闻菠萝地头收购价大幅上涨，当天直播累计4万多名采购商在线观看，当场订货83万千克。通过直播平台，采购商可以通过网络直抵田间地头，菠萝价格慢慢回升到成本价以上，农民收入扭亏为盈。我第一次发现，原来直播的力量这么大！"

此后一发不可收，直播带货成为徐闻菠萝的主要销售模式之一，"菠萝妹妹"王小颖的名头也越来越响。6月份，徐闻菠萝全面收官后交出了漂亮的成绩单：主产镇曲界镇仅邮储银行农户存款余额合计12.56亿元，同比增长26.68%，这在疫情防控的大背景下显得更加难得。

带动农户直播，走宽云市场

直播越做越多，视野越来越开阔，王小颖从徐闻菠萝地里，走向了全省农产品的直播大世界。2020年入职某农业网络科技公司后，王小颖又开始卖荔枝、龙眼、苹果……

关注广东农产品的消费者，通过惠来鲍鱼和凤梨、梅州柚、坡头莲藕、阳西生蚝、遂溪圣女果、澄海狮头鹅等记住了这个对农产品如数家珍的活力女生。

"在今年以前，我都没想过自己会变成一名专业主播，今年参与的直播带货已经近百场。直播不是利用消费者同情心的悲情营销，直播能够以最低的成本、最高的效率迅速扩大农产品知名度，突破时空限制。所以，今年除了自己做直播，我还花了很大一部分时间带动、培训农户直播，我想要让大家知道，农业原来也可以很好玩。"王小颖这样说道。

"菠萝妹妹"之后还有更多的"百县千红新农人"

目前，广东正探索农业产业营销模式改革，2020年"百县千红新农人"等系列活动探索的正是营销模式的升级。广东将利用短视频营销，实现从农产品销售到农产品品牌及产业打造，孵化出全新的短视频营销推广的市场业态，把广东打造成短视频促进农产品营销模式转型升级的策源地。

在2020世界数字农业大会上，还举行了"粤品新视界"第一届广东省农业农村短视频大赛颁奖盛典。从2020年9月开启征集，大赛的官方话题"粤品新视界"阅读量超过了3亿，收到近千部参赛作品，一批批农产品破围出圈，形成精优品牌阵列。大赛中大批勤勉耕耘的新农人尽情展示风采，广东的新农人队列力量越发强大。

作为广东"百县千红新农人"群像的一个代表，继"菠萝妹妹"王小颖之后，广东还将涌现越来越多的"百县千红新农人"，通过影像传递新时代新农人新风采，推介"粤字号"优质农产品品牌，有力支撑广东深入实施乡村振兴战略和数字乡村发展战略，推动广东农业数字化转型。

▶ **政策引领**

强特色、引活水　促进乡村振兴

蒲芦洲村的柚子树挂满果实；犁头村的泰国枸杞进入收获的季节；水建村的新鲜紫苏叶静候村民采摘……走进清远市阳山县岭背镇，田野上的勃勃生机令人心旷神怡。

巩固拓展脱贫攻坚成果，接续推进乡村振兴。岭背镇坚持党建引领乡村全面振兴，全力做好产业衔接，大力发展"一村一品、一镇一业"

清远市阳山县蔬菜省级现代农业产业园　摄影/余健基

特色产业，积极促进产镇融合、产村一体，为推进乡村振兴注入源头活水，让农民在家门口实现更高收入，过上更好的生活。

探索"三变"改革，沙田柚产业富了一方百姓

蒲芦洲村于2019年被评为"国家森林乡村"，其沙田柚产业于2020年入选全省"一村一品、一镇一业"项目。对于不识蒲芦洲村真面目的人们，这两块"金字招牌"足以让人感受到蒲芦洲村的魅力与活力。

"我们村最老的柚子树有150多年了。"蒲芦洲村党总支书欧木养说。2016年以来，在党委、政府和帮扶单位的大力支持下，村里的沙田柚产业种植面积大幅提升，促进村集体经济收入稳定增长。

通过创新探索资源变资产、资金变股金、农民变股东的"三变"改革，蒲芦洲村建立了沙田柚"三变"示范基地。引导村民以土地、柚树入股专业合作社，由合作社进行统一经营管理、规模化产业发展和标准化建设，打造合作社与农户利益共同体，实现共赢发展，促进沙田柚种植成为全村乃至全镇的农业特色产业。

"把柚子品质搞上去，让柚子卖个好价钱，既增产又增效，让村民持续增收。"身为蒲芦洲村的领头羊，欧木养先后获广东省"优秀创业致富带头人"、清远市首批"乡村振兴农村实用人才"和阳山县"金牌领路人"等称号。

从昔日少人问津的贫困村到产业欣欣向荣的特色村，蒲芦洲村的华丽转身成为岭背镇阔步迈向乡村振兴的生动缩影。2020年底，岭背镇蒲芦洲村、莲花村、水建村三个省定贫困村如期脱贫出列，全镇建档立卡贫困户780户1485人全部实现高质量脱贫。

乡贤投资兴业，建设上千亩沙田柚种植基地

发展产业是实现脱贫的根本之策，产业兴旺是乡村振兴的关键。进入新阶段，岭背镇继续发力壮大沙田柚种植等特色产业，有力支撑脱贫基础更加稳固、成效更可持续，乡村振兴成色更足、质量更高。

除了蒲芦洲村的沙田柚示范基地，现在犁头村也种植了沙田柚。

"这里的柚子特别好吃。"家住犁头村的唐海成表示。他在佛山做物流生意，看到沙田柚产业越来越红火，在岭背镇领导的鼓励下，他回到家乡投资兴业，在黄屋村租地种植沙田柚，还请来专业技术人员进行指导，在其基地务工的村民中有两名固定工人，每人每月收入4000多元。

在犁头村，岭背镇引进企业建设泰国枸杞种植基地，占地约500亩。基地采用"公司+合作社+脱贫户"模式，可为近40人提供长期就业岗位，务工人员每天90元，让周边脱贫户和村民实现就近就业增收。基地生产的枸杞嫩叶由企业保底回购，确保基地和农户稳定收益，推动绿色产业健康持续发展。

随着沙田柚等特色产业的不断发展壮大，岭背镇盘活了闲置的村小学，着手沙田柚等产品深加工项目。这也意味着，岭背镇沙田柚等产业已从种植向全产业链拓展转变。

党建引领振兴，推动产业镇村融合发展

加强基层党建，引领乡村振兴。岭背镇党委坚持以党建为统领，扎实推进党史学习教育，推动党建融入镇中心工作。

为全面加强农村基层党组织优化设置，加大基层党组织阵地建设力度，岭背镇实施"头雁"工程，选优配强村两委干部队伍，加强队伍建设。结合"青苗培育"工程开展后备干部培养工作，加强对"金牌领路人"动态管理，实施村（社区）两委干部学历提升工程，全面提升农村党员干部政治素质和文化素质。

岭背镇在全县率先试行派驻党建指导员制度，将28名党员干部派驻到全镇28个农村党支部任党建指导员，助推乡村振兴、美丽乡村建设、精准扶贫和疫情防控等各项工作开展。推行"初心夜校"制度，激发内在动力，推动党史学习教育往深里走、往实里走、往心里走。

以产业兴旺作为实施乡村振兴的重要抓手，以产业振兴作为乡村振兴的活水源头，这是岭背镇全面推进乡村振兴的基本工作思路。近年来，岭背镇以发展"一村一品、一镇一业"为目标，培育壮大蒲芦洲村沙田柚产业、水建村有机香料等一批有岭背特色的农业产业。通过盘

活、整合"小""散"农户资源，提高"一村一品"品牌效应，实现从产业帮扶到产业振兴的有效衔接。

2021年，岭背镇加快推动沙田柚等特色产业向集中连片发展、群众普遍受益转变，促进产镇融合、产村一体发展。与此同时，就地发展农产品加工业，把产业链的主体留在镇、村，让脱贫群众更多分享产业发展成果，实现稳定收入来源。坚持市场导向、久久为功，推进品种培优、品质提升、品牌打造和标准化生产，提高产品竞争力，推动产业持续健康发展，实现富民兴村。

▶ 政策引领

五星村闯出产业振兴新路子

"为了将村民丢荒的土地整合起来集约化种植牛大力①，我们带着五星村很多村民到杏花镇考察，并逐家逐户游说推进土地整合，甚至驱车到广州、中山探访，经历了大半年才集约了几百亩土地。"说起村里发展牛大力的艰难历程，中山市南朗镇驻肇庆市封开县罗董镇五星村第一书记、扶贫工作队队长凌玉锦仍历历在目。

无论是脱贫攻坚还是乡村振兴，产业振兴都是关键。在广大农村，由于土地零散，想集约化规模种植，非常不容易。"五星村项目取得阶段性成功，就在于闯出了一条整合土地资源、跟龙头企业合作发展、集约化经营的乡村振兴新路。"中山市驻封开（德庆）县扶贫工作组副组长吴荣开说。

几百亩牛大力种下，产业振兴根基稳了

五星村是个位于封开县罗董镇西北部的边远山村，截至2021年全村有

---

① 牛大力：指一种起润肺、活络作用的中药材。

380多户近两千人，但超六成在珠三角打工，留守村里的多是老人、小孩和需要照顾家庭无法外出的劳动力，其中有建档立卡贫困户共45户90人。

因为有劳动能力的村民大量外出务工，村里的耕地大多丢荒。"以前这里杂草丛生，最高的都长到两三米。"凌玉锦指着一处已种上牛大力的山坡说。

虽然近几年来，五星村发展起了丑番薯、西瓜、板栗种植，杏花鸡养殖等产业，但是随着发展的深入，驻村扶贫工作队和村两委干部意识到，仅靠这些产业还是不够。五星村要真正振兴，就必须引进一个能带动全村发展的大产业。经过研讨和实地考察，最后决定引进广东麦林科生物科技有限公司（以下简称"麦林科公司"），合作开展规模化牛大力种植和牛大力杏花鸡养殖。

为此，帮扶单位中山南朗镇自筹资金250万元与麦林科公司合作种植150亩牛大力。根据合同，双方合作期为10年，五星村每年可获得本金的10%和利润7%的收益。虽然刚种植不久，但五星村有劳动力的贫困户已拿到第一年的分红——人均1125元。

另外，五星村经济联合社也利用国家的帮扶资金跟该公司合作种植150亩牛大力，一起推动产业振兴。

按正常生长周期，牛大力要长到五年以上才能收成。生长期长，收益慢，为什么还要合作种植牛大力呢？

据凌玉锦介绍，引进这个产业立足于长远，看中的是产业的发展前景。牛大力是一种比较受欢迎的药材，有较好的经济价值。跟龙头企业麦林科公司合作后，不但每年有分红收益，对方还提供优质种苗"热选一号"，全程有技术指导，最重要的是收成时可以包销。"我们去麦林科公司考察过，一株牛大力最起码能长到5千克，大的有长到两米高、100千克的，"凌玉锦欣喜说道，"按照麦林科公司每千克5元的包销价，150亩约9万株牛大力，经济效益将非常可观。市场价高时，还能卖得更好。不单牛大力，我们还开发了药膳汤料、饮料等十几种附加产品，销路不成问题。"等牛大力生长到一定的高度后，还将合作开展牛大力杏花鸡养殖。牛大力杏花鸡是一个新品种，喂过含有牛大力饲料的

第五章
共享

309

杏花鸡口感更好，营养价值更高。根据规划，杏花鸡养殖基地120亩，每年产出杏花鸡2万只，将带来更多的经济效益。

多方奔走流转土地，历时一年产业落地

除了直接的经济效益，家门口这个大产业还带来了长期的就业机会。据凌玉锦介绍，牛大力的种植、锄草、打理、收成都需要大量人工，基地建成后，已为村里提供了40多个临时就业岗位，非常适合那些留守村里、五十岁上下的村民。"基地建立后，我们都争着来打工。"村民们反映。

除了务工，看到发展潜力的村民也跟着种起了牛大力。五星村支书陈锐清带头将自己原本种植其他农作物的土地全部转种牛大力。他表示去合作公司观摩后，产生了种植的信心。一是因为采用好种苗，长势很好；二是可以保底回收，在销售上没了后顾之忧。按照估算，每亩起码有7万元的产值，利润最起码超过1万元。

"我2019年5月刚来五星村，当年7月份开始酝酿这个项目，差不多过了一年才落地。"虽然现在牛大力种植顺风顺水，但回想起来，凌玉锦仍觉得相当不容易，最大的困难在于土地流转。

"刚开始很多村民觉得350元的土地流转费太低，宁愿丢荒，"他说，"为了流转到这些土地，驻村扶贫工作队和村两委干部逐家逐户给村民做工作，甚至到广州、中山等地的外出村民家中，动之以情、晓之以理，同时将部分村民带到合作公司在封开县杏花镇的基地考察以增强信心，才最终得到了村民的支持，大家纷纷主动将土地流转了出来。"

两名年轻人充实基层，"村里事务走在镇的前列"

不只产业振兴让村民看到了希望，在五星村，组织的振兴、改善后"五星级"般的人居环境，也让干部和村民赞不绝口。几年来，驻村扶贫工作队在帮扶过程中，特别注重组织的振兴。2021年，组织已发展了36岁的陈天同和"90后"林煦芳进入村支委工作。

陈天同毕业后在外面闯荡了7年。2016年，他决定回乡创业，发展黑

赤土白蚁的饲养项目。2017年，陈天同看到往日脏乱差的村容村貌一天天变美变整洁，深有感触，决定向党组织靠拢。经过一段时间的培养和考察，2020年，他被增选为支部委员会委员，进入村委会工作，主业是政务服务。

林煦芳2017年8月毕业于广东科学技术职业学院，他在校期间就积极向党组织靠拢，被吸纳为预备党员。毕业后，林煦芳一直在广州工作，收入高、待遇好，是一名从事教育培训的白领。疫情期间，他看到周围的党员干部们无私地奋战在抗疫一线，萌生了回乡出力的念头。经过一段时间的考察和培养，林煦芳也被增选进了五星村党支部委员会，成为该村唯一的"90后"村干部。

"有了懂电脑、懂知识的年轻人的加入，现在我们村各项事务都走在镇的前列，"凌玉锦说，"特别是人口普查、拆旧复垦、购买医疗保险，高学历人才发挥了重要作用。"

五星村委会宣传栏上的一排老照片显示，五星村曾经的环境很不如人意，道路坑坑洼洼，到处是猪棚牛栏，整个村子污水横流、杂草丛生。而经过帮扶和新农村建设后的五星村，道路都完成了硬底化，铺设了路灯，多个路口不仅设置有减速设施、交通柱，道路两侧还建设有花基，格桑花、大红花等争相开放，美丽至极。此外，村里还建了好几处公园和广场，并将建于20世纪70年代的一个大礼堂经过简单修整后，继续作为村民的议事厅和办酒席的重要场所，村民休闲、办喜事等都有了场地。

嫁到五星村几十年的植阿婆由衷地说："（这几年）村里改变很大，街头巷尾很干净，大家都丰衣足食了。"

专家点评

民族要复兴，乡村必振兴。脱贫攻坚目标任务完成后，对摆脱贫困的县，从脱贫之日起设立5年过渡期，实现巩固拓展脱贫攻坚成果同乡村振兴有效衔接。一幅举全省之力加快农业农村现代化，让广大农民过上更加美好生活的宏伟蓝图正在广东大地渐次铺展。

保障性租赁住房

青年人租房破难题

2021年8月5日，广州市住房和城乡建设局召开新闻通气会，就印发实施《广州市住房发展"十四五"规划》《广州市人民政府办公厅关于进一步加强住房保障工作的意见》以及大力发展保障性租赁住房等问题作出说明。会上提到，未来五年，广州将新增65万套商品房、66万套保障房（含公共租赁住房3万套、保障性租赁住房60万套、共有产权住房3万套），努力解决300万人的住房问题。其中，保障性租赁住房作为住房保障体系的"新品种"，以60万套的体量成为房屋供给的重中之重。

建设计划：到2025年完成66万套保障房建设

"我们的住房保障工作进行很多年了，但国务院发布《国务院办公厅关于加快发展保障性租赁住房的意见》是第一次明确国家层面的住房保障体系的顶层设计。"广州市住房和城乡建设局相关负责人表示，今后国家的住房保障体系将以公共租赁住房（以下简称"公租房"）、保障性租赁住房和共有产权住房"三房"为主体。

近年来，国家要求将住房保障扩大至外来人口、为城市提供基础公共服务的人群。但是公租房在准入门槛、建设主体、资金来源、退出机制等方面均有着刚性规定，很大一部分新市民、青年人并不符合相关标准。

保障性租赁住房与原本的公租房有什么区别？该负责人解释道：

"公租房与保障性租赁住房主要在性质、保障对象、筹集主体和准入退出管理要求四个方面有所不同。公租房是由政府负责筹集建设的，属于国家基本公共服务事项，是政府必须承担起的兜底保障责任，主要面向的是城镇户籍住房、收入困难家庭，有明确的收入和资产准入限制。而保障性租赁住房则属于普惠性公共服务，由政府提供政策支持，充分发挥市场机制作用，引导多主体投资、多渠道供给，坚持谁投资、谁所有。主要面向新市民、青年人，并优先保障新市民群体中从事基本公共服务的住房困难群众，不设收入门槛。"

该负责人表示，到2025年，广州市将全面完成66万套保障房建设筹集任务，其中包括公共租赁住房3万套、保障性租赁住房60万套、共有产权住房3万套。逐步提高户籍中等偏下收入住房困难家庭住房保障标准，帮助新市民、青年人等缓解住房困难。

"十三五"期间，广州住房保障体系不断完善，覆盖面扩大至新就业无房职工、来穗务工人员等新市民群体。"十四五"期间，广州住房保障的主要目标为以解决新市民、青年人等住房问题为主要出发点，完善符合广州实际的住房保障体系。

用地保障：力争新增住宅用地不少于2208公顷

65万套商品房、66万套保障房，合计131万套城镇住房供应要如何确保落地实施？保障用地是关键！

"十四五"期间，广州市力争新增供应用于商品住房和保障性住房（不含复建安置房）建设的住宅用地不少于2208公顷，其中商品住房用地不少于2000公顷，保障性住房（不含复建安置房）用地不少于208公顷，住房保障资金至少投入234亿元。

广州市住房和城乡建设局相关负责人满怀信心地表示，对于未来工作的推进，广州制定了详细的规划，结合现有工作推进情况，已分年度、分区域、分渠道予以细化落实。

在年度安排方面，商品住房的供应逐年提升。保障性住房则加大筹建力度，以加快缓解新市民、青年人等群体的住房困难。

在空间布局方面，结合各区人口、用地、住房等情况，广州市将商品住房和保障性住房的发展目标细分到各区。

在筹建渠道方面，分别明确商品住房以及保障房的筹建渠道。其中，保障性租赁住房重点通过七种渠道筹建，包括城市更新复建安置区配置中小户型住房、存量房源整租运营、"工改租、商改租"、产业园区配建、集体建设用地新建、土地公开出让新建、企事业单位自有存量土地新建等。

保障性租赁住房以小户型为主，申请不设收入门槛

筹建保障性租赁住房项目17.1万套，年度计划全部完成；发放住房租赁补贴17 704户，累计发放金额1.56亿元……2021年，广州保障性租赁住房建设如火如荼，越来越多的新市民圆了在穗安居梦。

为明确和规范保障性租赁住房项目认定规则，保障全市保障性租赁住房的房源供应，2022年2月，广州市住房和城乡建设局发布《广州市保障性租赁住房项目认定办法（征求意见稿）》（以下简称《意见稿》），向公众征求意见。

《意见稿》明确了保障性租赁住房认定的六大标准，其中提到，保障性租赁住房项目以建筑面积不超过70平方米的小户型为主，出租对象主要为在本市工作或生活的新市民、青年人等住房困难群体，租金年涨幅不超过5%。

多种方式筹建

作为超大城市及国家中心城市，广州市人口持续保持净流入态势。第七次全国人口普查结果显示，截至2020年，广州市常住人口达1867.66万人，相较2010年增加了597.58万人。如何让新市民"住有所居"，成了亟待解决的重要问题。

近年来，广州市在保障性住房方面不断实践，力求解决市民住房难题，留住新青年与新人才。保障性租赁住房如何建？2021年7月，广州市住房和城乡建设局发布了《广州市城市更新条例（征求意见稿）》，

其中明确统筹住房保障：城市更新应当通过多主体供给、多渠道保障、租购并举方式增加公共租赁住房、共有产权住房等保障性住房建设和供应，引导集体建设用地按照规划建设集体宿舍等租赁住房。

此次发布的《意见稿》与上述文件相呼应。《意见稿》提到，适用保障性租赁住房项目筹建方式包括：集体经营性建设用地新建、企事业单位自有存量土地新建、产业园区配套用地新建、存量房屋改建（含居住类和非居住类）、新供应国有建设用地新建、通过城市有机更新项目配置中小户型住房、城中村住房等存量房源整租运营、闲置棚户区改造安置住房、公共租赁住房等政府闲置住房用作保障性租赁住房等其他途径。其中，有多项筹建方式为存量土地筹建。

租金年涨幅不超5%

在多主体投资、多渠道供给的背景之下，保障性租赁住房项目的认定需要规范。对此，《意见稿》提出，广州市保障性租赁住房项目认定须同时符合六大标准，分别是面积标准、租金标准、对象标准、规模标准、建设标准和运营标准。

《意见稿》明确，保障性租赁住房项目为集中式租赁住房，房源规模原则上不少于10套（间），以建筑面积不超过70平方米的小户型为主。租金低于同地段同品质市场租赁住房租金，具体由市场主体按照"企业可持续、市民可负担"的原则，结合享受的优惠政策，以及企业的运营成本综合评估确定。租金每年涨幅不高于同地段同品质市场租赁住房租金同期涨幅，且涨幅不超过5%。

保障性租赁住房租给谁？《意见稿》明确，出租对象主要为在本市工作或生活的新市民、青年人等住房困难群体。通过企事业单位自有存量土地建设、产业园区配套用地建设等方式筹建的保障性租赁住房项目允许优先向本单位或本园区符合条件的职工定向出租。

在建设标准方面，保障性租赁住房项目应执行住宅型租赁住房或宿舍型租赁住房建设标准。

不得上市销售

在享受保障房优惠政策方面，《意见稿》指出，新增项目申请人凭项目认定书到相关部门办理各项建设手续，按规定申请土地、财税等优惠政策。既有项目申请人可凭项目认定书，按照筹集方式的相关规定捋顺建设手续，按规定享受财税等运营方面的优惠政策。同时，广州市支持银行业金融机构以市场化方式向取得项目认定书的申请人提供长期贷款。

广州市保障性租赁住房项目认定实行"先申报认定，后纳入计划"的工作机制，纳入保障性租赁住房年度建设计划应取得项目认定书。

与此同时，《意见稿》也特别明确，保障性租赁住房不得分割登记、分割转让、分割抵押，不得上市销售或变相销售。各区住房和城乡建设部门（区领导小组办公室）应牵头不定期开展检查。对于不符合标准的，拒绝整改或限期整改后仍达不到标准及运营期限未达到规定年限，因破产清算、征收拆迁等其他原因确需退出的保障性租赁住房，主管部门可撤销其保障性租赁住房项目认定书。

此外，对于保障性租赁住房项目运营期限已达到规定年限的，建设运营主体可以在期满3个月前向区住房和城乡建设部门（区领导小组办公室）提出注销申请。保障性租赁住房项目运营期限达到规定年限，建设运营主体可以在期满3个月前向区住房和城乡建设部门（区领导小组办公室）提出续期申请，符合标准的，按规定重新核发项目认定书。

▶ **政策引领**

民生实事见成效　城市安居有保障

"原本我住在白云区的城中村里，环境差，租金还高。这次搬进了公租房，我和先生真的很开心，保障性租赁住房让我们能够安居乐业。"刚刚搬进嘉翠苑的梁小姐激动地说道。

"推进保障性租赁住房建设和城镇老旧小区改造，提升城市安居保障水平"是2022年广东省提出的十件民生实事之一。针对无房新市民、青年人，特别是从事基本公共服务人员等群体的住房困难问题，广东将通过推进保障性租赁住房建设和城镇老旧小区改造新增，在2022年计划筹集建设保障性租赁住房不少于25万套（间）。保障性租赁住房筹建、老旧小区改造和燃气安全排查等均已完成阶段性目标，群众更加安居、宜居、乐居。

2022年前5月新筹建11.5万套保障性租赁住房

2022年，广东计划筹建保障性租赁住房不少于25万套（间），力争达到29万套（间）。为此，有关部门开展基础摸查，将广州、深圳、珠海等10个人口流入量较大的城市确定为保障性租赁住房发展重点城市，并建立完善省市联席会议工作机制，简化审批流程，协调解决筹建过程中遇到的困难。

据广东省住房和城乡建设厅（以下简称"广东省住建厅"）有关负责人介绍，在筹集中，广东注重引导多主体投资、多渠道供给。鼓励企事业单位利用自有闲置土地、产业园区配套用地、集体经营性建设用地、非居住存量房屋改建以及新供应国有建设用地等方式，多渠道建设保障性租赁住房。

广东省住建厅数据显示，2022年1—5月，全省已发放保障性租赁住房项目认定书54份，新筹建11.5万套，提前完成省十件民生实事第二季度筹建保障性租赁住房不少于5万套（间）的任务目标。

已开工改造超过800个老旧小区

老旧小区改造是城市更新的根本着力点，也是提升城市功能品质的重要抓手。2022年，广东全省计划开工改造老旧小区不少于1000个。截至2022年5月底，广东城镇老旧小区改造工作已从试点探索转变到全面推开，并逐步由关注数量转为量质并重，着力提升改造的质量和效果。广东已先后印发《广东省城镇老旧小区改造工作指引（2022版）》《关于进一步促进城镇老旧小区改造规范化提升质量和效果的通知》等文件，发布改造激励清单和负面清单，持续完善配套政策体系，全面促进提升改造质量。

截至2022年5月底，全省已开工改造超过800个老旧小区。2022年纳入中央财政补助资金支持的项目，已新增或改造道路6.14万平方米，新增设置消防设施小区21个、设置安防设施小区11个、实施生活垃圾分类小区20个，新增停车位1122个、公共绿地等9279平方米，广州、珠海、佛山、江门等地6个改造案例入选住房和城乡建设部"我为群众办实事"案例图集。

此外，为在实际改造中有效发挥政府投资作用、吸引推动社会力量参与改造，2022年，广东开展城镇老旧小区改造部级、省级联系点建设，争取每个市都有1个以上示范项目引领，形成可复制推广的经验。

专家点评

广东是经济大省，也是外来人口大省，发展保障性租赁住房成为解决新市民、年轻人住房问题的重要策略。在"十四五"时期，广东将筹建129.7万套保障性租赁住房，办好民生实事。

保障与改善民生

▶ **政策引领**

凭旧城改造促产业更新

2020年6月，东莞市委改革办一行前往石龙镇调研，鼓励石龙镇在建设旧城改造促进产业更新改革创新实验区中先行先试，争当全市旧城改造促进产业更新的典范。

2020年，东莞市大力推进品质交通与教育扩容提质千日攻坚行动，深入推进城市品质提升和民生福祉增进等工作。而据东莞市石龙镇党委书记梁寿如介绍，石龙镇建设改革创新实验区共拟定了15项改革要点内容，其中，就对应了数十项涵盖城市品质、交通教育、医疗卫生方面的民生项目。

建设江上彩带　打造城市品质新标杆

东莞市石龙镇总面积13.83平方千米，建成区开发强度已经达到60%，可供使用的土地资源已经逼近极限。要想建设湾区高品质名镇，必先破解土地空间瓶颈。石龙镇沿江中路曾是东江北干流南岸整治工程所在地。此前，这里是一条高架路，路下则是杂乱无章的老房子。如今，这里铺就了沥青路，还建设了双层立体观景平台。白天，可登台远眺江景，近观繁忙的中外运码头；晚上，则可沐浴江风，与东江两岸的灯光秀来一场"约会"。

"这项整治就很好地盘活了低效或闲置土地。"据石龙镇党委委员何荣坚介绍，配合推动广东（石龙）铁路国际物流基地项目建设的东江北干流石龙南岸整治工程是东莞市重点工程，工程全长约3千米，总投资5.6亿元，起点东岸大桥，经石龙头路、沿江路、蒲溪村、木材厂，终点到达红海大桥南引桥项目。接下来，还将推进东江北干流南岸整治工程全线贯通，串联一江三埠岸线形成沿江闭环景观带，并结合"千景绣东莞" 30个街头小景工程，形成沿江闭环生态廊道、江上彩带，打造水城共融共生的城市品质新标杆。

石龙镇积极探索通过旧城改造拓展优化城市空间的新机制，通过在岭南特色历史文化街区活化及业态升级、混合用地综合规划开发、城市更新开发指标设置、土地物业收储补偿和增值收益分配、低效或闲置土地盘活等方面聚力攻坚，最大限度地激活旧城的空间潜能。石龙镇TOD（公共交通优先发展）综合开发、"工改工"连片改造、南岸整治等多轮驱动的态势持续向好。其中，西湖李屋园片区、客运中心片区、理想电子片区三大单元改造，以及黄家山村轮胎市场保税仓"工改工"改造全速推进，形成了片区更新的"小气候"；东实集团作价出资的三个TOD地块破土动工。可以说，石龙"拓空间"展现前所未有的良好势头。

此外，石龙还将携手国内知名城市开发商策划中山路历史文化街区、木材厂片区更新改造项目，预计首期投资80亿元，并积极引进培育文旅、创意等新兴产业，促进百年骑楼街区焕彩重生；引入社会资本5300万元，启动具有30多年历史的石龙体育馆全面升级改造，打造具有区域影响力的体育地标。

借力推进品质交通与教育扩容提质

除了产业项目外，东莞建设改革创新实验区的民生项目尤为引人关注。2020年3月，东莞市政府全力推进品质交通和教育扩容提质千日攻坚行动。在此基础上，石龙镇又新增医疗保障、城市管理提质、公共安全治理等方面的改革攻坚行动。东莞市石龙镇党委书记梁寿如表示，接下来，石龙镇将借创新实验区改革之力，坚持以提质为先，完善城市功能，推动城市发展从形态构建向功能强化转变、从环境营造向品质提升转变、从粗放管制向现代治理转变。

到过石龙镇的人，都有一个普遍印象，那就是地小、路窄、车多。因此，破解交通拥堵以及停车难等公共服务短板问题，石龙镇积极探索公共设施配套全镇统筹平衡机制，全方位提升公共服务水平。比如说，着力构建内畅外联交通格局。其中，"外联"即立足综合交通枢纽的功能定位，加快推进轨道交通建设，优化东莞火车站轨道站点服务功能，大力争取省市支持破解莞龙公路石龙南二桥段治堵问题；主动融入粤港澳大湾区基础设施互联互通，积极推动市加快实现"一地两检"。而"内畅"即推进一批交通堵点深化治理，试点探索可变车道、借道左转、潮汐车道等新型交通组织方式，推进构建慢行交通基础设施体系。推进静态交通发展，推广智能停车管理模式，根本解决"僵尸车""一位难求"等问题。推进公交服务提升，通过"轨道交通+常规公交+新型公交"构建无缝衔接交通网，探索定制商旅新型出行服务模式。

改革的最终目的就是改善民生。而在当前，教育就是最大的民生。为了推进教育扩容提质，石龙镇力争扩建学校，增加义务教育阶段学位；积极探索开设民办幼儿园"公办班"，力争公办和普惠性幼儿园在园幼儿占比达80%；总结推广石龙"莞式慕课"试点经验，擦亮"智慧教育小镇"品牌。此外，石龙镇还将借力改革的契机，加快推进松山湖中心医院心血管病诊疗中心、社区卫生服务中心标准化改造等项目建设，推广"港式"家庭医生服务，创建广东省慢性病综合防治示范区，打造全生命周期健康管理服务的"石龙样板"。

▶ 政策引领

社保编织民生幸福网

社会保险是民生之基，是经济社会发展的稳定器和减震器。社会保险制度逐步发展成为国家的一项重要社会经济制度。"多谋民生之利，多解民生之忧"，广东在改革开放的前沿，积极致力于让人民群众共享改革发展成果。近年来，广东省人社厅密集出台改革举措，最大限度释放改革红利，各项工作都取得新进展。

养老金连续7年上调，养老保险全面完成覆盖全民

"我现在每月到手的退休金要比2018年多200多元，从刚退休时的2000多元，到如今的3000多元，每年的退休金都在涨。"年满60岁的庞阿姨家在广州市海珠区，55岁前退休的她已经拿了近5年的养老金。她乐呵呵地表示，"老伴2018年也退休了，退休金有3000多元，一家人生活很幸福。"

像庞阿姨这样享受到社会保障制度带来福利的，在广东很普遍。这是自2005年以来，广东连续17年调整企业退休人员基本养老金。

近年来，广东各地积极推进城乡居保制度建设，坚持人人享有养老保障，养老保障水平不断提高。自2013年起，省政府将提高城乡居保基础养老金纳入巩固提升底线民生保障水平重点工作，并每年将其列为广东省十件民生实事之一。广东城乡居民基础养老金最低标准连续7年调整，2019年达到每人每月170元，比2013年增加105元，增长161.5%。党的十九大以来，广东按照兜底线、织密网、建机制的要求，全面完成覆盖全民、统筹城乡、权责清晰、保障适度、可持续的多层次社会保障体系。

在养老保险方面，广东还开展了机关事业单位基本养老保险改革，完善企业职工基本养老保险省级统筹，完善企业年金制度等多项工作。

2017年7月1日起，广东以巨大的改革魄力实行养老保险省级统筹，实现省级对养老保险基金统收统支统管，基金赤字由省级兜底。同时，合理确定企业养老保险缴费基数上下限，其中缴费基数上限统一为上年度全省全口径城镇单位就业人员月平均工资的300%，下限根据全省各市经济发展水平、企业经营和职工收入的不同情况实行分类指导。这一改革不仅降低了实体经济企业社保成本，更有效解决了广东多年来想解决而没解决的问题——粤东粤西粤北欠发达地市养老金收不抵支。

持续降低社保缴费费率，为全省企业减负

2019年，珠海兴业太阳能公司明显感觉用人成本降低了。自从珠海工伤保险费率从0.3%下降到0.15%后，该公司相关成本节省不少。同时，稳岗补贴能覆盖上一年失业保险的一半费用，更为企业省了钱。

"没有后顾之忧，六成返还款投入技术培训。"中京国际建筑设计研究院是一家拥有170多名员工的中小企业，受经济环境影响，一个原来"板上钉钉"的10万平方米外资物流园设计项目"黄了"，企业经营压力陡增。

2019年7月4日，该公司向珠海市人社局申请认定"受影响企业"，7月底申请就获批，并返还163万元。该公司决定用四成返还款缴纳社保，六成返还款投入技术培训"练内功"，轻装上阵，转型升级。

这是广东进一步降低社会保险成本的缩影。比亚迪股份有限公司表示，以比亚迪深圳总部为例，企业缴纳的医疗保险费率下降约16%，失业保险、工伤保险均下降约30%，按此幅度，公司预计将降低社保成本2100余万元。

2019年，广东扎实做好保障和改善民生工作，发挥社会保障兜底作用。通过进一步扩大社保覆盖面，提高保障水平，使社会保障由制度全覆盖向人群全覆盖转变。在经济新常态下，只有切实提高居民的社会保障和民生福祉水平，才能消除老百姓的后顾之忧，一方面满足人们对美好生活的新期盼；另一方面又能使大家敢于花钱、敢于创业，从而拉动消费，为广东经济发展提供强劲的引擎。

工伤保险省级统筹：全省范围"六统一"，破解不平衡

2018年以来，广东省人社厅以推进工伤保险基金省级统筹改革作为提高保障和改善民生的重要举措，从2019年7月1日起正式启动实施省级统筹，率先推进工伤保险体制机制优化升级和重大突破，开创了工伤保险高质量发展新局面，让人民群众在改革中有更强的获得感、幸福感和安全感。

　　广东作为经济体量最大的省份，工伤保险参保规模全国最大。但是珠三角与粤东粤西粤北地区，仍存在发展不平衡不充分的突出问题。2019年6月23日，广东省人力资源社会保障厅、省财政厅、省税务局印发《广东省工伤保险基金省级统筹实施方案》，决定从2019年7月1日起实施工伤保险基金省级统筹，统一基金管理、统一参保范围和参保对象、统一费率政策和缴费标准、统一工伤认定鉴定办法、统一待遇支付标准、统一经办流程和信息系统，有力破解工伤保险发展不平衡不充分问题。

　　省级统筹是对工伤保险体制机制的深刻调整，广东紧密结合实际，实行基金省级统收统支统管，基金在全省范围统一管理和使用，提出了一系列制度性、创新性、可操作性的政策举措，得到了人社部充分肯定。

　　省级统筹改革实施以来，参保人数和基金征收稳步增加，待遇水平显著提升，费率水平降至全国最低。广东先行将全省公务员纳入工伤保险制度范围，实现了机关与企事业单位工伤保险制度并轨和职业人群工伤保险制度全覆盖。与此同时，工伤保险业务办理时间压缩至15日，减少40%的申报材料，努力实现"最多跑一次"。推动159家医疗服务协议机构完成系统接口改造，着力打通工伤和医保基金结算通道，推动解决工伤医疗费"垫资跑腿"难题。

专家点评

　　让老百姓过上好日子是一切工作的出发点和落脚点。广东坚持以人民为中心的发展思想，坚持办好民生实事，在高质量发展中保障和改善民生，不断实现人民对美好生活的向往。

稳就业与增收入

▶ 政策引领

中山市居民人均可支配收入十年稳增长

2022年8月3日，国家统计局中山调查队公布党的十八大以来中山民生建设成果报告。该报告显示，十年来，中山经济平稳发展，民生事业阔步向前，社会大局和谐稳定，城市文明繁荣昌盛，广大人民群众沐浴改革荣光，尽享发展成果。

收入提高消费提质增福祉

中山市持续推进城乡协同发展，深入推进实施乡村振兴战略以及就业创业、民生保障、精准扶贫脱贫等民生政策，深化农村综合改革，在城乡基础设施互联互通、公共服务普惠共享、资源要素平等互换、生产要素充分对接等方面加大力度，城乡融合速度不断加快，中山农村居民收入快速增长，增速连续多年赶超城镇居民。城乡居民收入比由2012年的1.59逐步缩小至2021年的1.44，多年来一直保持全省最小。

2021年，中山居民人均生活消费支出为37 853元，比2014年增长72.0%，年均增长8.1%。其中，城镇居民人均生活消费支出39 144元，比2014年增长70.6%，年均增长7.9%；农村居民人均生活消费支出29 244元，比2014年增长92.5%，年均增长9.8%。中山居民恩格尔系数持续下降，从2012年的38.6%下降到2021年的33.9%，下降4.7个百分点，中山居民平均生活水平达到相对富裕水平，超过小康型社会标准。

稳供保价持续发力惠民生

中山经济发展以稳中求进作为总基调，加快推进供给侧结构性改革，深入挖掘和释放消费潜力，有关部门保供稳价持续发力。2012—2021年，居民消费价格总水平（CPI）保持在温和上行区间，CPI累计上涨20.2%，年均上涨1.9%。中山按照政府主导、社会参与、制度健全、政策衔接、兜底有力的目标，建立以基本生活救助、专项社会救助、急难社会救助为主体，社会力量参与为补充的社会救助体系，社会保障能力和水平持续提升。

调查显示，2012—2022年低保标准从430元/月提高到1160元/月，上涨169.8%。"三无"和"五保"人员月保障标准由2012年的536元/月、891元/月提升至2022年的1856元/月。此外，建立医疗救助、教育救助、危房改造等专项救助制度，在全省率先打造大病帮扶中心、危房改造中心、教育帮扶中心等三大帮扶中心，努力破解人民群众看病难、居住难、读书难等问题。中山市大病困难帮扶中心自2018年4月18日试运行以来，实施大病慈善救助6685人次，发放慈善救助金约1241万元。中山市教育帮扶中心自2016年启动以来，共资助初中、高中、大学阶段困难学子1663人次，支出助学资金达445万元。

文旅融合异彩纷呈著华章

中山坚持文旅融合、文化惠民，积极发展文化事业和文旅产业，加强文化资源保护和开发利用，举办各类文化活动，文化中山更添华彩。重大文化活动异彩纷呈，公共文化设施城乡全覆盖。中山纪念图书馆和中山市博物馆新馆建成投入使用，通过标准化建设，推动形成独具地方特色的共享型纵横结构图书馆、文化馆总分馆模式，全市23个镇（街）文化站全部达到广东省特级文化站建设标准，镇（街）图书馆全部完成技术升级改造。建成"文旅中山"有线数字电视平台、"中山文旅云"平台、智慧课堂等数字化公共文化服务平台，2015—2017年，中山连续3年获评全国"十大数字阅读城市"称号。

广东多措并举让就业不再难

就业是民生之本，一头连着经济发展，一头连着百姓福祉。2020年初以来，面对突如其来的新冠肺炎疫情，就业形势复杂严峻。广东人社部门千方百计稳岗位、促输转、保就业，确保全省就业局势总体稳定。

2020年1—8月，广东省实现城镇新增就业83.38万人，完成年度目标任务120万人的69.5%；二季度城镇登记失业率2.43%，控制在年度目标3.5%以内。这份"稳就业"成绩单的背后，是一系列掷地有声的强化就业优先举措。

多措并举稳就业

外部环境的变化和新冠肺炎疫情，给就业工作带来了压力和挑战。

自疫情发生以来，广东出台了一系列政策，千方百计稳定和扩大就业。大力支持企业发展保岗位，降低企业负担。延长阶段性减免社保费政策执行期限，广东2020年减免养老保险、失业保险、工伤保险三项社保费1500多亿元。

为了让更多的企业了解惠企政策，广东人社部门举行了系列"社保惠企、就业暖民"政策宣讲调研座谈会。

"减免政策让我们缓了一口气。"在座谈会上，广州酒家人力资源部负责人介绍，截至2020年8月该企业共享受减免社保费用1170万元，切实减轻企业经营成本压力。广州酒家只是广东企业的一个缩影。

除延长阶段性减免企业社保费执行期限外，广东还加大稳岗返还力度，释放政策红利，最大限度帮助企业渡过难关。

就业攻坚行动助力数万名毕业生圆梦就业

2020年，全国、全省2020届高校毕业生人数双双创下历史新高，分

第五章 共享

别达到874万人、60.3万人，加之外省来粤求职毕业生，有超过80万名高校毕业生在广东求职，约占全国的十分之一。同时，由于疫情影响，高校毕业生就业形势并不乐观。

为促进高校毕业生顺利就业，广东在疫情防控进入常态化后，一场就业攻坚战就此展开。2020年8月上旬，58家国企打响了8月份广东省就业攻坚专项行动的"第一枪"。

20名总部储备干部、30名高端研究人才……在此次58家国企中，广东省广新控股集团有限公司招聘人数位居前列。"这场洽谈会我们专门拿出了121个岗位。"该公司人力资源部招聘主管表示，这是在完成原本400多个岗位招聘计划的基础上，新增的岗位招聘数量，"这样一来，我们比往年多了50%的岗位招聘。"

广东省人才服务局负责同志透露，2020年全省国有企业扩大招聘规模，有超过4万个岗位面向高校毕业生。在就业攻坚"第一枪"响起后，广东在8月内共开展了5场省本级洽谈会与200多场各地招聘会。

此外，2020年8月，广东组织全省人力资源服务机构开展"筑梦广东　人力同行"高校毕业生专场招聘活动，搭建规范统一、多方联动的网络招聘平台，统一发布标识，并设置行业、区域、高校、贫困生等专场网络招聘会。截至2020年8月31日，参与机构142家，开展招聘活动200场，参与企业8.5万家，发布职位96.37万个。其中金融类、理工科类、医疗卫生类、教师类等专场招聘会占比超50%。

得益于广东种种政策的叠加，在招聘会现场，企业的活力被彻底释放。与2020年初不同，随着疫情防控进入常态化，企业对人才的渴望更加强烈。为了招揽"千里马"，各家企业撸起袖子上演"抢人大战"。"企业提供免费食宿，交五险""不仅有团队旅游，还有股权激励……"各项福利内容被醒目地"晒"在招聘简章上，负责招聘的工作人员不断向应聘者介绍企业文化、发展前景，希望吸引更多人才。

广东省人才服务局负责同志表示，这次就业攻坚行动中，全省上下"一盘棋"、多部门一体联动，共发动、挖掘了约10万个优质岗位，通过向毕业生进行精准信息推送，促成学生就业。据统计，2020年8月就业攻坚行动共促成了全省约3.8万名毕业生圆梦就业。

盘活更多岗位为就业"开源"

2020年初以来，为促进各类市场主体尽快复工复产，广东省人社厅充分发挥人力资源服务机构信息汇聚、联通各方、专业服务的优势，不断深挖与开发新岗位，围绕推进"六稳""六保"重点工作落实、扩大有效投资、更好地保障和改善民生，着力推动稳定就业。

紧紧围绕"战疫情、保就业、惠民生、促发展"的主题，组织各类人力资源服务机构开展战"疫"公益联盟行动，运用互联网、大数据，积极搭建网上招聘、在线面试服务等平台，实现信息集中发布、供需集中对接、政府集中服务。同时，为企业用工提供免费供需对接、人员招聘、线上培训等专业化人力资源服务，全力满足企业的用工和劳动者的求职需求。截至2020年8月31日，联盟行动服务企业数2.8万家，开展网上面试17.8万人次，服务求职人数31.6万，开展在线培训145场次、参加培训人数19.2万。

"加大公务员和事业单位招聘力度，重点招收应届高校毕业生。国有企业按照不低于2019年比例招聘应届毕业生。"广东省人社厅相关负责同志表示，2020年广东进一步扩大"三支一扶"高校毕业生招募派遣志愿服务计划规模，由2019年的2000人扩招至3000人。开发1000个基层公共就业创业服务岗位、2000个社区工作者岗位吸纳建档立卡等困难高校毕业生就业。

广东人社部门还通过强化省市县联动，联合各地人才驿站，举办大规模、多批次"云招聘"，解决企业用工荒、用才难以及毕业生就业难问题，累计发动2.7万家企事业单位开发岗位约82万个，成功举办网络招聘会1068场，服务30多万人才在线求职，42.3%的求职者与用人单位达成初步意向。

2021年9月《广东省灵活就业人员服务管理办法（试行）》开始施行。这意味着，广东将灵活就业纳入就业管理服务体系，建立新业态平台灵活就业人员就业信息采集制度，促进灵活就业人员平等享受政府公共就业服务。同时，健全灵活就业多层次社会保障体系。灵活就业人员参加技能培训，可按规定获得技能提升补贴，生活困难的可获生活费补贴。同时，广东开展新就业形态技能提升促进就业试点，对组织灵活就业人员参加新就业形态技能提升和就业促进项目试点工作的试点企业，按规定给予相应补贴。

▶ 政策引领

广东再出就业优先政策组合拳

就业，是民生之本，被放在"六稳""六保"任务之首。2021年，《中华人民共和国国民经济和社会发展第十四个五年规划和2035年远景目标纲要》提出，要"健全有利于更充分更高质量就业的促进机制，扩大就业容量，提升就业质量，缓解结构性就业矛盾"。

作为就业大省的广东，在2020年超额完成就业目标，交出一份优异答卷。如今，在新的经济形势下，广东就业面临新的机遇和挑战。2021年是"十四五"的开局之年，站在新的历史起点上，广东贯彻落实"就业优先战略"，强化就业优先政策，推动实现更加充分更高质量就业。

连续三次升级"促进就业9条"

"十四五"大幕已然拉开，实现更加充分更高质量就业，是"十四五"期间开展就业工作的基本出发点和落脚点。近年来，广东出台"促进就业9条"，打出"稳就业"政策组合拳。

2018年底，广东省政府出台了《广东省进一步稳定和扩大就业若干政策措施》（即1.0版"促进就业9条"），推出诸如社保降费率、失业保险稳岗返还、创业担保贷款等含金量十足的政策举措；2020年，广东省政府又出台2.0版"促进就业9条"，进一步推出社保减免延缓等减负稳岗举措。2019—2020年，全省累计投入资金超375亿元，2020年更是为

306.8万家企业减免延缴社保费1970.6亿元。

2021年，为贯彻落实国家"就业优先"战略，巩固来之不易的稳就业保就业成效，广东进一步强化就业优先政策，出台了3.0版"促进就业9条"。3.0版"促进就业9条"坚持"稳定就业"总基调，围绕"扩大就业"新目标提出59项政策举措。

在稳定就业岗位方面，广东按照国家统一部署，平稳有序实施企业职工基本养老保险缴费比例、缴费基数统一政策，保持企业社会保险缴费成本预期稳定。各地在职工基本医疗保险统筹基金累计结余（剔除一次性预缴基本医疗保险费）可支付月数超过9个月时，可阶段性降低用人单位缴费费率。

在扩大就业供给方面，实施就业优先政策，强化产业、财政、投资、消费、金融等政策与就业政策的协同联动。落实定向降准政策，用好中国人民银行再贷款、再贴现等货币政策工具，加强对涉农、小微、民营企业等资金支持。

粤菜师傅等工程带动数十万人就业创业

2020年12月，在我国首届职业技能大赛上，广东获得了一份亮眼的成绩单。赛场外，1330万广东技工实现更高质量就业。广东创立了校企双制办学，大力推行企业新型学徒制，评审认定883家企业为省级第一批建设培育的产教融合型企业。广东机械技师学院党委书记冯为远说："我们与200多家企业开展深度合作，为推动高质量发展输送技能人才。"

这是广东"三项工程"稳就业的缩影。近年来，广东深入实施粤菜师傅、广东技工、南粤家政三项工程，以零门槛和低门槛培训提升劳动者技能素养，全面提升劳动者的就业能力。开展粤菜师傅培训7.1万人次，带动就业创业20万人；广东技工队伍不断壮大，在第一届全国技能大赛上获32金、13银、11铜、27个优胜奖，金牌数占全国的37%，金牌数、奖牌数和团体总分均居全国第一，取得办赛参赛双丰收；开展南粤家政培训33.86万人次，带动就业创业51万人。

粤菜师傅手把手教包广州咸肉粽与台山扭角粽　摄影/宋金峪

接下来，广东将从发挥品牌工程技能提升效应和引导技能人才向粤东粤西粤北地区流动两方面入手，继续发挥"三项工程"促进就业作用。将粤菜师傅培训项目（工种）纳入职业技能提升培训补贴范围。中等职业学校、技工院校应届毕业生到粤东粤西粤北地区就业，符合条件的可参照高校毕业生申请每人5000元标准的基层就业补贴。

广东省人社厅：确保不发生大规模失业风险

在"十四五"开局之年，广东如何强化就业优先政策，扩大就业容量？广东省人社厅相关负责人表示，下一步，广东将按照中央"六稳""六保"决策部署，牢牢扛起稳就业政治责任，全面强化就业优先政策，确保稳住就业基本盘，努力为全国就业大局作出广东贡献。2021年，全省就业目标是城镇新增就业110万人以上、城镇调查失业率控制在5.5%左右、城镇登记失业率控制在3.5%以内。

"首先是稳住市场主体稳岗位，落实减轻企业负担推动企业高质量发展工作方案，实施阶段性降低失业保险费率政策和失业保险浮动费率政策，工伤保险费率阶段性下调50%，2021年减少企业两项保险缴费成本约180亿元。实施3.0版'促进就业九条'，落实挖掘岗位精准服务等59项举措。"该负责人提到，其次要稳住重点群体就业，开展高校毕业生品质就业十大行动，千方百计拓展高校毕业生就业渠道。全省有3100万异地务工人员，加大对其特别是脱贫劳动力的"三稳"工作力度，防止因失业返贫。

与此同时，广东省将拓宽就业渠道和空间，实现稳中有扩、以扩促稳。围绕全省2000万灵活就业人员这个最大的就业增长点，出台灵活就业人员参加企业养老、失业保险办法，开展新业态从业人员职业伤害保障试点，建立支持企业"共享用工"机制，促进多渠道灵活就业。加大就业创业补贴和创业担保贷款力度，建设创新创业孵化基地，办好2021年广东省"众创杯"创业创新大赛。

最后，保居民就业，确保不发生大规模失业风险。健全就业失业统计监测机制，完善就业风险应对预案和处置机制。深入实施"互联网+就业"服务模式，大力推行就业实名制，将先进制造业等企业纳入就业专员服务范围。继续做好失业保险扩围工作，确保政策不断档、申领不扎堆。

在就业、民生等方面，广东人社部门深化社保制度改革，加快人才队伍建设，加强人事管理创新，完善收入分配制度，构建和谐劳动关系，在人社事业高质量发展道路上笃定前行，助推广东"十四五"开好局、起好步。

专家点评

广东突出抓好高校毕业生、异地务工人员、退役军人、脱贫人口等重点群体就业，推进创业带动就业，健全劳动报酬正常增长机制，推动居民收入水平大幅提高，提升老百姓的幸福感和获得感。

财政转移支付

▶ **政策引领**

民生支出预算只增不减好暖心

2022年1月20日，广东省十三届人大五次会议开幕，会议审查广东省2021年预算执行情况和2022年预算草案的报告及2022年预算草案。报告显示，2021年全省民生类支出12 805.53亿元，占一般公共预算支出的比重超过七成。2022年省财政预算安排教育、社会保障和就业、卫生健康、住房保障等支出1833.03亿元，增长6.3%。重点支持千方百计稳定和扩大就业、加快建设现代化教育高地、健全多层次社会保障体系、建设更高水平的健康广东、加强基本住房保障体系建设。

2021年财政收入实现恢复性增长

报告显示，2021年财政收入实现恢复性增长，全省一般公共预算收入完成14 103.43亿元，增长9.1%，两年平均增长5.6%。其中税收收入占比76.5%。省本级一般公共预算收入3520.97亿元，增长6.5%，两年平均增长3.4%。加上中央税收返还和转移支付、市县上解收入、动用预算稳定调节基金、调入资金、新增一般债券收入等收入后，2021年省级一般公共预算总收入9214.15亿元。

重点支出实现应保尽保，2021年全省一般公共预算支出18 222.73亿元，增长4.2%，两年平均增长2.6%。其中教育支出最高，达3798.44亿元。省级一般公共预算总支出9069.59亿元，其中，省本级支出1551.11亿元，对市县税收返还和转移支付及债券转贷支出6282.49亿元。此外，报告显示，主要受房地产市场调整影响，2021年全省政府性基金预算收入8490.87亿元，负增长1.8%。

压缩非刚性支出预算10%以上

2021年，省本级从预算编制源头压减非急需非刚性支出预算10%以上，大力精简会议、培训、论坛、庆典等公务活动30%以上，腾出更多资金增强重大政策落实财力保障。

具体投入包括聚焦"双区"和两个合作区建设，前瞻系统谋划11项重点财税政策，争取中央支持、推动政策落地，充分释放利好叠加效应；聚焦科技创新和现代产业体系建设，投入约66亿元，全力保障重大科技项目组织实施。设立先进制造业发展专项资金500亿元，支持增强产业链供应链自主可控能力；聚焦促进区域城乡协调发展，5年投入540亿元支持驻镇帮镇扶村工作，5年再新增210亿元支持老区苏区振兴发展；聚焦保障和改善民生，持续加大投入，全省民生类支出12 805.53亿元，占一般公共预算支出的比重超过七成，在收支紧平衡下依然做到只增不减。全省投入十件民生实事资金559.36亿元。

2022年预算蓝图：预计全省一般公共预算支出增长3%

报告显示，预计2022年全省一般公共预算收入14 808.6亿元，增长5%。从财政支出看，各领域资金需求加大，全面实施"十四五"规划、打造新发展格局战略支点、科技攻关、促进区域协调发展、加强基本民生保障、乡村振兴、生态环保、应急救灾等重点支出都需要加强保障，财政支出增长刚性较强。预计2022年全省一般公共预算支出18 769.41亿元，增长3%。

财政工作体现"四个进"

报告提出，将积极推出有利于经济稳定的财政政策，努力以财政工作的"四个进"，推动全省经济实现质的稳步提升和量的合理增长。

"四个进"分别是实施新的减税降费、加大力度下沉财力、长期坚持过紧日子和深入推进财政改革四个方面来体现"进"。

在实施新的减税降费方面，全省财政部门将不折不扣落实中央更大力度的减税降费决策部署，继续放水养鱼，搞活经济，提振市场主体信心，稳定社会预期。

2022年省对下转移支付将保持只增不减，加大力度下沉财力，省对市县税收返还和转移支付及债券转贷资金将超过4700亿元，占总支出比重达到七成，进一步增强市县基层和欠发达地区财力保障。

在坚持过紧日子方面，从严从紧控制一般性支出，切实压缩会议费、培训费等，安排预算部门行政经费下降6.4%。省级部门预算"三公"经费下降5%，把更多财政资源腾出来保民生促发展。

针对当前严峻的收支形势，将以改革争主动破难题，在加强财政资源统筹、建立大事要事保障机制、创新投融资体制等方面进一步探索改革，助推政府治理效能提升，深入推进财政改革。

重点投入九个方面

报告显示，2022年省财政安排贯彻落实"1+1+9"工作部署的重点支出资金5935.55亿元，占总支出的88%。重点投入包括支持深入实施国家重大发展战略、塑造更高水平的高质量发展新优势、强化科技自立自强战略支撑、深入推进"一核一带一区"建设、全面推进乡村振兴、有序推进"碳达峰""碳中和"、支持高水平推进文化强省建设、加强共建共治共享社会治理及抓好民生保障和社会事业发展九个方面。

近年来"碳达峰""碳中和"成为热词，2022年预算将安排节能环保和生态保护补偿转移支付支出199.32亿元，增长9.7%。重点支持推进"碳达峰""碳中和"、深入打好污染防治攻坚战、推进重点生态保护修复和绿色产业发展。

在支持深入推进"一核一带一区"建设，提升区域发展平衡性协调性方面，预算安排省对市县税收返还、财力性转移支付和交通运输支出2465.7亿元，增长6.4%。着重完善促进区域协调发展的财政转移支付机制和政策体系，支持优化基本公共服务资源配置、加快重大交通基础设施建设。

在乡村振兴方面，预算安排农林水、自然资源及其他相关支出642.6亿元，增长5.4%。重点支持全面巩固拓展脱贫攻坚成果、加快促进乡村发展、推进乡村建设和乡村治理。巩固提升人居环境整治成果。

在备受关注的民生领域，预算将安排教育、社会保障和就业、卫生健康、住房保障等支出1833.03亿元，增长6.3%。重点支持千方百计稳定和扩大就业、加快建设现代化教育高地、健全多层次社会保障体系、建设更高水平的健康广东、加强基本住房保障体系建设。

数说2021广东财政支出

疫情防控：投入疫情防控资金453.76亿元，累计接种新冠病毒疫苗1.24亿人、2.75亿剂次，具备核酸检测能力的医疗卫生机构达818家，单日最大检测能力突破412万管，建设7家市级国际健康驿站。

减税降费：累计新增减税降费超过1400亿元，超过53万户次小微企业减征企业所得税，近9万户个体工商户享受个人所得税减半，892万户次增值税小规模纳税人享受免征。

保障困难群众：提高困难群众基本生活保障和残疾人两项补贴标准，发放补助资金104.06亿元，惠及330多万人。

加大教育投入：投入179.48亿元，全省1151.42万学生享受义务教育阶段"两免一补"，29万农村义务教育学生获得营养补助，新建和改扩建1297所学校，343.39万进城务工人员的随迁子女平等接受义务教育。

重大基建：投入45.64亿元，推进广州白云机场三期扩建，湛江吴川机场、韶关丹霞机场顺利建成；投入168.11亿元，加快推进广湛、广汕汕高铁等项目建设，赣深高铁开通运营；投入184.21亿元，加快深中、黄茅海等跨江跨海通道和国省道建设。

生态环境问题整治：投入大气、水、土壤污染防治资金56.02亿元；投入79.69亿元，将财政补偿与生态保护成效挂钩，实现"谁保护、谁得益、谁改善多、谁得益多"。

▶ **政策引领**

广东努力解决发展不平衡不充分问题

党的十九大报告强调，要坚定实施区域协调发展战略，建立更加有效的区域协调发展新机制。广东也存在粤东粤西粤北与珠三角地区区域发展不平衡的问题。如何补短板、强弱项？"十三五"期间，广东财政严格落实省委、省政府"1+1+9"工作部署，积极发挥财政职能作用，大力支持构建"一核一带一区"区域发展新格局。

加大对市县转移支付力度

"十三五"以来，广东财政坚持"控省级、保市县"，加大对市县特别是"一带一区"转移支付力度，向"老少边穷"地区和基层倾斜，大力缩小区域财力差距。

2016—2019年，省财政对市县补助15 058亿元，年均增长10.6%，高于全省一般公共预算收入年均增幅3.8个百分点。其中，安排"一带一区"补助9719亿元，年均增长12.4%，高于全省一般公共预算收入年均增幅5.6个百分点。2019年安排"一带一区"税收返还和转移支付资金2848.5亿元，占其一般公共预算支出比重达67%。

省级转移支付有效缩小了区域财力差距，2016—2019年，"一带一区"人均一般公共预算支出年均增幅达8.8%，高于珠三角核心区年均增幅3.5个百分点。珠三角人均一般公共预算支出较"一带一区"的倍数从2.37下降至2.15，财力差距不断缩小。

提高经济欠发达地区财力水平

"十三五"以来，广东财政积极贯彻落实关于完善省级转移支付体制、区域生态补偿体制等五大体制机制的要求，按照省委、省政府决策部署，完善以功能区为引领的差异化转移支付政策，为缩小区域财力差距提供制度保障。

值得一提的是，广东财政出台实施了均衡性转移支付制度，政策导向由激励型向"雪中送炭"的保障型转变，政策范围由60个县市扩大至86个县区，突破性地将"一带一区"22个市辖区及珠三角6个困难县区纳入保障，有效缩小区域财力差距。

广东财政还完善了县级基本财力保障机制，支持县级提高"三保"保障水平，奖励地级市改善县级财力均衡度，加强县级财政管理和提高管理绩效，并对刚性支出压力大的地区"点对点"精准支持。完善财力薄弱乡镇支持机制，完善财力薄弱乡镇补助资金管理办法，加大补助力度，"点对点"精准保障"一带一区"乡镇"三保"支出。

加强对重点项目和薄弱领域支持

广东"十三五"期间用好债券资金支持重点项目建设，其中2016—2020年累计安排"一带一区"新增债券额度2968亿元，有效支持其交通等基础设施和重人民生项目建设，增强发展动力；支持产业园建设和产业共建，2013—2017年省财政安排145亿元，重点支持产业园提质增效。

此外，2016—2024年，广东计划统筹安排210亿元，对转移落户"一带一区"省产业转移工业园的优质企业项目给予奖补，促进珠三角产业向东西两翼沿海经济带和北部生态发展区高质量转移。

为大力支持乡村振兴，从2017年起，省财政计划10年投入约1600亿元，补齐农村人居环境和基础设施短板。在深入开展涉农资金整合改革方面，2019年广东省各市县可统筹涉农资金同比增长35倍，达到133亿元，提升了资金使用效益。

给予差异化精准支持

为全力推动粤港澳大湾区建设，广东省陆续出台了7个重点领域28项财政措施，通过人才集聚、资金过境、债券联动、平台互通、民生共享等"五个支持"积极推动大湾区要素自由流动。

此外，广东财政全力支持深圳建设中国特色社会主义先行示范区、广州推动"四个出新出彩"行动，制定支持深圳先行示范区、广州"四个出新出彩"特事特办工作机制，2016—2019年安排705.9亿元实施广州体制结算补助，给予南沙、中新广州知识城、广州临空经济示范区和珠海横琴专项补助，促进重点平台加快发展。

为支持东西两翼沿海经济带产业集聚，广东累计安排94亿元落实"一带一区"地级市新区基础设施建设补助政策，支持重点产业和重点平台建设。

为支持汕头、湛江省域副中心城市建设，广湛高铁、广汕汕高铁涉及"一带一区"地区的省方出资全额由省级承担。

为支持北部生态发展区绿色发展，广东将财政补偿与高质量发展综合绩效评价结果和生态保护成效挂钩，实施范围由26个重点生态功能区县扩大至48个生态发展区县全覆盖，筑牢"一区"绿色生态屏障。

数据说

为支持打好精准脱贫攻坚战，2016—2019年，广东省财政统筹583亿元支持省内实施增收脱贫工程及兜底保障工程，截至2019年底，全省累计近160万相对贫困人口实现脱贫，90%以上的相对贫困村达到出列标准。

为了保证完成欠发达地区的生态环境保护任务，2018—2020年广东省财政投入722亿元，支持打好污染防治攻坚战，资金分配向生态环境保护任务较重的生态发展区倾斜。

广东省财政还出台老区苏区和民族地区若干财政支持政策，2019—2020年安排老区苏区振兴发展财政补助资金291亿元，补齐发展短板。

专家点评

城乡区域发展不平衡是广东高质量发展的最大短板。为破解城乡区域发展不平衡，广东省财政通过保基本、促发展、强激励、重均衡，推动差异化高质量发展，为区域协调发展提供财力和制度支撑。

减税降费

税收聚力浇灌乡村振兴硕果

在广东，脱贫攻坚稳步前进，乡村振兴动力全开。走进韶关、清远等地，现代农业产业园崛起，释放优质农业的聚合效应；电商进村，拉近农产品到城市餐桌的距离；农产品加工业红红火火，进一步延长、做强、优化农业产业链。

从农场到工厂，从田间地头到生产车间，税收优惠"红包"始终是现代农业转型升级的催化剂、乡村振兴的助推器。一直以来，广东税务部门充分运用涉农税收优惠政策工具箱，对涉农企业从投资到购进、从生产到销售的各个环节全面落实税收优惠政策，支持涉农企业做大做强，带动广东农业供给侧结构性改革，服务好脱贫攻坚和乡村振兴大局。

税惠春风吹入农企　小蘑菇撑起"致富伞"

在广东韶关曲江区食用菌产业园（下称"食用菌产业园"）的恒温大棚内，真姬菇、白玉菇、金针菇、草菇、平菇等各类新鲜蘑菇紧凑摆放，穿戴整齐的工人们正紧锣密鼓地采摘各类蘑菇，放入包装生产线打包装箱。这些蘑菇将很快进入冷链物流，被运送到全国各地，部分还将走出国门，运往东南亚等地的农贸市场、大型商超。

2018年，食用菌产业园在韶关曲江落地。短短两年时间，园区已

第五章

共享

341

入驻了8家企业，种植面积达到3000亩，每亩地年产值2万元，成为推动当地经济发展和产业扶贫的助推器。小小蘑菇撑起了韶关曲江的"致富伞"，背后离不开税收力量的保驾护航。

韶关市星河生物科技有限公司董事长助理周姗还记得两年前入驻园区的经历。"2018年，星河生物成为第一批进驻企业。这里吸引我们的重要原因是广东'北大门'的优越地理位置和当地良好的营商环境。"让周姗印象深刻的是，每每到企业投产经营和生产线升级等关键环节，当地税务部门都会派专人及时上门梳理、辅导税费扶持政策，让企业充分吃透、用好税费扶持政策。

"仅2020年以来，我们就享受了各项减免税费逾600万元（含农产品自产自销免税额），"周姗感慨道，"公司在疫情冲击下销售受阻，资金链也十分紧张。一筹莫展之际，税务部门找上门来，送上了'真金白银'的减税降费大礼包，不仅帮助星河生物平稳度过疫情冲击，还加速了企业转型升级。"

在食用菌产业园的另一侧，星河生物的一个全新智能化加工厂正筹备建设。"我们把减免的税费投入菌类种植技术的研发、生产设备的更新升级，还打算用来投产菌类深加工产品。"周姗说。

在广东韶关，受惠于减税降费政策和优质纳税服务的农企并不只有星河生物一家。近年来，国家税务总局韶关市税务局充分发挥部门职能，认真落实各项减税降费政策，深入开展"便民办税春风行动"，不断优化纳税服务，让越来越多涉农企业和农民享受到政策优惠。

网上咨询、上门服务、邮政快递……越来越多纳税服务通过非接触方式给纳税人带来便利。多渠道宣传、一对一辅导、疑点数据核查……税务部门多举措确保涉农税收优惠政策宣传、落实到位。

为全力支持现代农业产业园建设发展，国家税务总局广东省税务局积极发挥税收职能作用，在全国率先发布《广东省支持现代农业产业园发展税费政策措施指引》，涵盖108项税费政策措施，辅导产业园对照享受，用环环相扣的全链条式税收服务助力现代农业产业园岁稔年丰、硕果飘香。

税收助力消费扶贫　农家菜走上大餐桌

"连州地处粤北清远的高海拔山区，昼夜温差大，这里种植出来的蔬菜细嫩、多汁，特别清甜，连州菜心更是远近闻名。"手里拿着一盒菜心干，连州菜心省级现代农业产业园（以下简称"菜心产业园"）负责人刘林峰如数家珍。

曾经，有不少老广为了吃一口新鲜的连州菜心，自驾到粤北"寻味"。如今，连州菜心、水晶梨、鹰嘴桃等一系列知名农产品通过连州菜心产业园的电商销售平台，从粤北农场"直奔"广东各地餐桌。

2020年8月，总投资一亿多元的农产品加工交易中心落户菜心产业园，产业园的发展再上一个台阶。交易中心配备了一百多间商铺，直接带动当地500多户农户扩大就业。

"菜心产业园快速发展是多方共同支持的结果，而税收优惠政策就是合力之一，让企业能轻装上阵，信心更足。"多年运营连州菜心产业园的刘林峰感触颇深。

"在税务干部的辅导下，我也成半个税务专家了，"刘林峰笑着说，"我们公司不仅销售农产品，还有一些粗加工业务，会把农产品制作成菜干、果干、调味品、腌制腊味等。一开始，我们并不知道一些初级农产品也可以免征增值税。好在连州税务干部不厌其烦地上门访企问需、排忧解难，帮助我们享受相关税收优惠政策。有了减税红利，我们的农产品价格更有竞争力了。"

近年来，连州税务部门精准落实税费优惠政策，助力当地特色农产品走得更远。不仅连州菜心走上了大餐桌，连州水晶梨也远销全国。

"得益于国家减税降费好政策，我们每年基本不用交什么税，2019年就省下50多万的税款，准备投入连州水晶梨的品牌建设。"连州市高山公诚蔬果专业合作社（以下简称"合作社"）负责人陈志国表示。

自2010年成立以来，合作社参与产业化经营的农户从十来户发展壮大到100多户，入社农户年收入达3万元以上。合作社地理位置偏远、交通不便，为了让纳税人少跑路，连州市税务局坚持电话纳税咨询和不定期上门走访相结合，安排业务骨干不定期上门服务，面对面明确税收政策落实情况，实地查看基地蔬果长势及产品包装现场，进行申报操作辅导。在税务部门的帮助下，合作社经营规模越做越大，出产的水晶梨不仅走出连州，还热销广东周边省市。

近年来，广东税务部门聚焦专项优惠政策统筹落实，进一步助力脱贫攻坚和乡村振兴，印发《国家税务总局　广东省税务局关于加强落实税务政策　助力脱贫攻坚和乡村振兴的通知》，提出12项举措，在国家税务总局《支持脱贫攻坚税收优惠政策指引》的基础上，结合广东实际，梳理发布涵盖6方面93项政策措施的《支持脱贫攻坚　助力乡村振兴税收优惠政策指引》，通过网站专栏、系列微课等开展多样化宣传，持续推进工作提质增效。

减税降费兴业惠农　农产品加工业更红火

"2020年我们不仅要做好啤酒产业，还推出了包括苏打水在内的一批新产品。2020年6月，我们工厂旁的特色产品体验酒吧TSINGTAO1903社区客厅也开业了，我们有信心在逆境中实现产业突破。"青岛啤酒（韶关）有限公司［以下简称"青岛啤酒（韶关）"］财务总监赵晓峰描绘着青岛啤酒的发展新蓝图，尽管突如其来的疫情给上半年的啤酒消费带来一定冲击，但在大规模减税降费措施的支持下，青岛啤酒（韶关）仍有信心实现产销两旺。

"我们一直以来的稳健发展离不开政策的引导和扶持。"赵晓峰表示，2012年7月，国家将以购进农产品为原料生产销售酒及酒精的增值税一般纳税人纳入农产品增值税进项税额核定扣除试点范围，在税务部门的辅导和支持下，青岛啤酒（韶关）成功获取核定扣除资格，享受农产品核定扣除政策带来的减税红利。

农产品核定扣除政策不仅为啤酒行业添彩，还惠及更多农产品加工行业。在广东韶关仁化，这项政策就为刨花板生产企业鸿伟木业（仁化）有限公司（以下简称"鸿伟木业"）应对疫情冲击增添底气。

2015年，人造板行业增值税一般纳税人被纳入农产品增值税进项税额核定扣除试点范围。当地税务部门第一时间帮助鸿伟木业顺利获得核定扣除资格。自此，鸿伟木业购买三剩物（枝桠材）生产人造板（刨花板）均可进行进项抵扣。

2020年初，受疫情影响，鸿伟木业的销量和收入同比下降约四成，企业一度经营受阻。当地税务部门主动送来了税惠"及时雨"，2020年1—7月，公司累计取得了增值税即征即退税款377.12万元。在退税资金的帮助下，鸿伟木业生产销售5月就恢复了往年的水平并小幅增长。

农产品增值税进项税额核定扣除的实施对相关农产品加工行业有着深远意义，它既解决了适用农产品行业增值税高征低扣的问题，又防范了农产品收购发票随意开具抵扣的征管难题，帮助企业在税收及成本把控方面更加均衡、有效。

税收政策的不断优化为产业发展赋能添彩。近年来，在乡村振兴的大背景下，广东税务部门积极用足用好试点权限，把棉纺缫丝加工等12个行业纳入农产品增值税进项税额核定扣除试点，有效降低相关行业税负，为富民兴村特色产业发展注入源源不断的新动力。

▶ **政策引领**

税力量助"广东制造"竞逐全球

制造业是立国之本、强国之基。广东作为中国制造业排头兵，要在"十四五"实现从制造大省到制造强省这一质的跨越。

《广东省制造业高质量发展"十四五"规划》（以下简称《规划》）正式印发。《规划》明确，"十四五"期间，广东要打造世界级先进制造业基地；到2025年，广东制造业增加值占GDP比重保持在30%以上，高技术制造业增加值占规模以上工业增加值的比重达到33%。

广东制造业高质量发展的蓝图已经绘就，打造世界级先进制造业基地，广东有哪些优势和挑战？未来如何打造制造业发展环境高地，厚植企业发展沃土？广东东莞、佛山、肇庆等地的多家制造业企业的发展路径给予了答案。

政企携手添动力　攻克创新"拦路虎"

从改革开放之初"三来一补"到如今的"世界工厂"，广东制造业发展一路高歌猛进。截至2021年，广东家电、电子信息等部分产品产量全球第一，外贸进出口总额连续34年稳居全国第一，区域创新综合能力连续四年保持全国首位。

然而，与世界级先进制造业相比，广东制造业仍有短板。人才短缺、对外依存度高、关键核心技术被"卡脖子"，成为广东制造业转型升级的"拦路虎"。

"制造业的核心竞争力来自核心技术。"位于广东东莞的国家级专精特新"小巨人"企业——广东安达智能装备股份有限公司董事长刘飞对此深有感触。作为国内较早从事高端流体控制设备研发和生产的企业，安达智能十分重视对底层基础技术的积累，自2019年以来，连续三年累计研发投入金额高达1.25亿元。"我们主要投入在核心零部件、运动控制和整机结构的技术研发上，如果核心零部件依赖进口，那在创新上肯定受限。"

在加大研发的路上，安达智能得到了国家税费政策的支持，自2019年以来，安达智能累计享受高新技术企业所得税优惠政策减免税额约3700万元，省下的税费让他们有更多资金投入生产自动化项目中。

面对痛点难点，广东正积极寻求破局。在顶层设计上，广东针对差距和不足，结合自身产业发展基础，大力实施制造业高质量发展"强核""立柱""强链""优化布局""品质""培土"六大工程。在具体实践上，广东各级政府为企业创新研发提供丰沃的土壤，让企业更好地加大投入、广纳人才、产研结合。

减税降费，是给企业"真金白银"的支持，也是滋养企业创新的重要养分。自2021年1月1日起，制造业企业研发费用加计扣除比例由75%提高至100%，相当于企业每投入100万元研发费用，可在企业所得税税前扣除200万元。

广东税务部门大力落实制造业企业研发费用加计扣除新政，及时组织宣传辅导《研发费用税前加计扣除新政指引》。广东各地按照实际情况和企业特点制定政策服务和宣传推广方案，引导企业准确归集研发费用，让市场创新主体切实受惠。比如，佛山税务部门逐项研究、逐条细化、逐层分解系列政策措施，并运用税费大数据实时监测政策落实情况，建立企业税（费）政策建议收集工作机制，及时响应企业诉求。

打造营商新高地　税惠红包添动力

"我们不断提高减速机的马达性能，自主研发的齿轮行星减速机被认定为广东省高新技术产品。2020年内销售较上年同期上涨了855万元，涨幅11%，实现出口贸易转内销的成功突围。我们还享受了境外投资者以分配利润直接投资暂不征收预提所得税政策，享受到了139万元的税收优惠，增强了母公司加大在东莞投资的信心。"基于不断提升的技术优势和产品竞争力，东莞利得机电有限公司研发科长刘奕承对参与全球竞争充满信心。

"2019—2021年，我们享受高新技术企业所得税优惠及研发费用加计扣除政策，累计减税超1000万元。我们利用节约下来的资金，积极引进科研人员，并建造超过1000平方米的培训基地，"深耕无人搬运车（AGV）领域的广东嘉腾机器人自动化有限公司副总裁陈洪波同样看好行业发展前景，"疫情之下，越来越多企业思考用机器人代替传统人工，国家对机器人行业的支持力度很大，给予我们很强的发展信心。"

"近年来国家出台一系列税收优惠政策，进一步加大了对制造业和科技创新的支持力度，"佛山市科达机电有限公司财务总监曹振枢表示，"作为先进制造业企业，我们在2020年度享受研发费用加计扣除超510万元，所属期2021年1—8月更是享受了4000余万元增值税期末留抵税额退税，企业现金流得以充裕，资金压力有效缓解，这让我们在布局未来发展规划时更有底气。"

一系列调研结果显示，多家制造企业负责人对广东制造业高质量发展充满信心。

信心并非凭空而来，业绩突围也绝非偶然。一方面，广东制造企业勤练内功、加强研发，更有能力抢抓机遇。另一方面，根据制造业"十四五"规划的要求，广东将加快数字政府建设，深化简政放权、放管结合、优化服务改革，打造国际一流的制造业发展环境高地。

2021年以来，广东税务部门深入贯彻落实中共中央办公厅、国务院办公厅印发的《关于进一步深化税收征管改革的意见》，不断深化"放管服"改革，让纳税人办税缴费更加便利、减税降费红包直达快享，不断优化税收营商环境。

具体来看，广东税务部门大力落实减税降费，全面梳理近年国家和地方政府出台的"支持企业复工复产20条""中小企业26条"等一系列减税降费政策，编制具体操作指引，出台配套征管措施，让广大纳税人、缴费人懂政策、会操作、快享受。发布新一代信息技术、半导体及集成电路等十大重点领域企业研发费用税收政策指引，有力撬动企业加大研发投入，助力市场主体转型升级走向高质量发展道路。

可预见的是，在政府与企业的合力下，"十四五"期间，"广东制造"将打开巨大的创新发展空间，成为抢占全球制造业战略制高点的有力竞争者。

专家点评

减税降费作为应对经济下行压力、助企渡过疫情难关、激发市场主体活力的关键措施，是受益面最大的惠企政策。减税降费政策及措施正深入广东企业的"肌体"，影响着市场主体的信心与决策。

公共卫生治理

▶ 政策引领

分秒必争 广药集团助力搭建"穗康"口罩预约系统

2020年9月，在位于广药神农草堂的抗疫主题展中，一沓五颜六色的口罩票瞬间将人们的回忆带回一"罩"难求的时光——疫情初期，市面口罩物资极度紧张，市民只能通过在药店排长队碰运气的方式购买口罩。而在另一侧，墙上描绘的"穗康"口罩预约系统演变时间轴，则再现了一段跌宕起伏、争分夺秒的口罩预约"大数据科学保卫战"。

为了解决市民的"口罩荒"，广州市在全国首先推出"穗康"网上预约购买口罩的服务，广药集团承接了具体落地的工作。自2020年1月底上线系统以来，广药集团一直坚持根据民意以及疫情防控不同阶段的需求进行持续优化，上线后已开展大小优化调整近20次，平均每天处理20万个订单，持续多月每日工作量堪比"双十一"，累计投放口罩2.7亿个，1460万人次中签。"穗康"已经是广州市民获取口罩防疫物资的主要渠道之一，也成了广州市抗击疫情的一张闪亮名片。

奋战的24小时 穗康口罩预约系统诞生

时间回到2020年1月31日晚上8点，广州市推出"穗康"微信小程序并公布在第二天开通"口罩购买预约"功能。这项服务主要由三方负责：广州市工信局协调各方，腾讯公司提供技术支持，广药集团主要负责数据对接、统筹业务数据的对接以及线下发货等工作。由此，广州成为全国首个上线口罩预约系统的一线城市。

穗康口罩预约系统的诞生，仅用了短短一天。1月30日，接到任务后，广药集团旗下的广州医药信息团队率先进入"奋战的24小时"，克服协调部门多、节日人员休假等困难，利用小组协作、远程办公完成设计方案。团队通过摸索，先后攻克模式设计、数据收集和计入、信息排序等难关，在1月31日早上就把预约、中签、配货、购买等一系列流程设计出来，"边运行边调试边上线"，确保"穗康"微信小程序如期上线。

1月31日首日，穗康口罩预约系统一上线，就引发全城关注。当晚预约量达到惊人的1.7亿点击量。

但问题随之而来，不少市民反映"登记成功"为什么不代表预约成功？"登记成功和预约成功怎么是两码事"，对此，广药集团立即意识到这是系统设计产生的"误会"，于是马上启动了紧急预案，发送手机短信通知市民是否预约成功。

从1月31日晚8点到2月1日早上7点，市民等待结果的这10个小时，技术团队一分钟都没有停歇、争分夺秒将后台数据统计和整理出来，确保预约成功的市民能收到短信。

为减少人群聚集带来的风险，2月1日，当广州街坊一觉醒来，"免费快递口罩到家"这一更人性化、更科学的措施马上被落实。广州预警发布中心给预约购买口罩中签的市民发短信称：通过"穗康"微信小程序成功预约购买口罩的市民，不需要再到指定的门店购买，本店将提供口罩免费快递到家服务。

广药集团介绍说，"穗康"微信小程序迅速调整为"线上预约直接快递到家"的方式，而且承诺前六天全免费，所有成本由广药集团承担，这正是本着高效、务实以及从群众利益出发的原则进行的及时调整。

"穗康"口罩预约购买服务运行了一段时间后，市民反映系统以提交预约登记的先后次序排序，先到先得。为此，"穗康"微信小程序再次优化口罩预约规则，变更为在广州公证处监督下进行随机摇号。为了让更多的市民能够早日买到口罩，信息团队早上收集各方反馈的信息，讨论如何改造、进行系统测试，晚上在后台实时观测数据、进行大量的数据分析……

由于"穗康"微信小程序开发的时间很短，没有经过任何的测试，刚开始的时候存在不少漏洞，导致数据不全；不少市民为了抢时间，漏写、写错联系方式的情况比比皆是。负责"穗康"服务的广州医药健民电商团队，则每天逐一去匹配、核对十几万的订单量，然后再导入快递到家的系统；导入之前还要把发生错漏的信息全部查出来，以便让客服去跟进，种种努力，只为了确保预约成功的市民都能顺利拿到口罩。

20余次优化调整　穗康口罩预约系统与时俱进

从想法到落地执行，从初具雏形到稳定运作，穗康口罩预约系统的一段优化调整的时间轴再现了广药集团的行动力与创新力：

1月31日晚上8点，"穗康"微信小程序口罩预约功能正式开启。广州市民可通过"穗康"微信小程序进行口罩预约购买。

2月6日起，"穗康"口罩预约购买服务正式投入运行，全部实行"线上预约、线上支付、快递到家"，除了提供普通护理口罩之外，还将提供普通N95等类型口罩，限购数量也从原来的每人5个（普通口罩）增至10个，N95口罩则限购5个，购买成功后需隔10天再预约。

2月15日，穗康口罩预约系统从原来的按提交预约登记的先后次序排序先到先得，更改为在广州公证处监督下进行随机摇号，同时线下门店口罩预约服务也进驻"穗康"。

2月20日，"穗康"口罩摇号进入正式运行，可预约的线下门店在原本167家的基础上，再增采芝林32家门店，总共有近200家门店可以预约。

2月23日，"穗康"口罩预约数量和预约门店又增加，普通N95口罩预约量从原来每次5个增加至10个，同时可预约的线下门店再添98家连锁药店。

3月4日，随着口罩产能提升，采购成本有所回落，普通防护口罩由1.8元/个下降为1.5元/个，KN95防护口罩由8.6元/个下降为7.5元/个。3日起线上支付按此价执行，线下门店从3月4日起执行。

3月7日，由广药集团生产的"壹护"口罩上市！"穗康"微信小程序的口罩总投放量再次提高，增加至300万个/天，并增加投放医用护理口罩、医用外科口罩两个品类。

3月8日起，儿童口罩上线，在穗患儿监护人可以通过广药集团旗下的"广州健民医药连锁有限公司"微信公众号，为14周岁以下（含14周岁）的重症患儿进行重症儿童口罩预约购买。

3月13日，"穗康"新增"公益"频道，上线家庭过期药品回收预约系统。成功预约到的市民可将家庭过期药物免费更换为包括一个口罩及2~3款抗病毒药物在内的"大礼包"。

3月17日，"穗康"口罩用户预约登记有效期从原来的10天缩短为3天。

4月11日，"穗康"成人口罩每人每次预约数量增加至30个，儿童口罩每人每次10个，同时增加额温枪的预约购买渠道，让广大市民能够买到更加充足、多样的防疫物品。

4月22日，"穗康"微信小程序"校园专区"的"学生健康卡"中试运行口罩申购服务，让初三、高三同学们返校无忧，家长放心，保证100%购买成功率。

5月2日，"穗康"成人口罩的单次购买量从此前的30个增加至50个，儿童口罩从10个增加至20个。

5月8日，广州初中、高中六个年级的家长或学生都可以在"穗康"微信小程序"校园专区"的"学生健康卡"中申购口罩，申购数量从此前的每人每次20个增加至50个。

5月28日，在"穗康"微信小程序上选取快递到家，购买符合广州市职工医保个人账户支付范围的口罩（医用外科口罩），可选用广州职工医保个人账户线上支付……

每一个小功能的改变，背后都涉及算法、逻辑、数据对接等的不断完善，而这背后，不仅需要及时的舆情监控，而且需要快速的决策，紧张调度各方资源，折射的是国企的"硬核实力"。

大数据打响科技战　穗康口罩预约经验　全国推广

疫情期间，口罩预约服务成为观测一个城市治理服务水平、营商环境质量、数字时代政务服务能力的窗口。而"穗康"口罩预约购买服务，既避免人群聚集又解决市民的口罩供应问题，为全国众多城市提供了防控疫情的应急创新经验。

广州市是全国首批通过互联网技术为市民提供口罩网上预约购买服务的城市，这体现了在疫情非常时期广州市政府的高效、务实，也体现了本土企业广药集团的责任和担当。疫情当前，广药集团以公益为上，从市民利益出发，积极参与其中，克服重重困难保障口罩预约购买服务的落地实施，又一次发挥出"看不见的供给线"的作用。

2020年2月5日，广东省新型冠状病毒感染的肺炎疫情防控指挥部物资保障一组发布了《关于推广广州市医护口罩预约发放经验做法的通知》，向全省各地级以上市推荐广州经验。

该通知表示，"广州市在防控新型冠状病毒感染的肺炎疫情工作中，采取对社会开放医护口罩预约发放并快递到家的做法，值得肯定，请各地市认真借鉴广州市的做法，按照市场'不断供、不脱档、不敞开'原则，结合各地实际情况，研究本地区的做法，尽量通过送货上门等服务减少人员聚集"。

广州作为全国首批、全省首个上线"穗康"微信小程序的城市，无疑为全省乃至全国众多城市提供了防控疫情的广州应急创新经验。这种创新举措得到了很多城市的效仿，继广州之后，厦门、杭州、深圳等地也开始陆续启动类似方式，"穗康"成为广州一张闪亮的城市名片。

▶政策引领

携手战疫情　粤商在行动

2021年5月下旬，广东广州等地发现新冠肺炎确诊病例，疫情防控再次拉响了警报。广东省工商联于5月29日向商协会及民营企业发出《关于紧急行动起来坚决打赢疫情防控硬仗的倡议书》，连日来全省民营企业紧急行动，再接再厉，为打赢疫情防控硬仗贡献自己的力量。

积极响应　迅速行动

广东省工商联倡议书发出之后，广州、深圳、佛山、河源、江门、潮州市工商联，广东省青年企业家联合会、广东省浙江商会等充分利用微信公众号、网站等现代网络工具，先后向广大会员企业及民营经济人士发出倡议书，动员民营企业积极响应政府号召和决策部署，加强联防联控预警，自觉遵守疫情防控工作要求，全力配合疫情防控工作。

同时组织民营企业和商会组织为疫情防控提供物资、资金和人力等方面保障。各地商协会及民营企业也持续发力，以高度的社会责任感形成了抗疫阵营，合力筑牢疫情"防火墙"，彰显民营企业责任担当。

核心科技　高效抗疫

此轮疫情具有传播速度快、传播力强的特点，部分民营科技型企业在总结、分析2020年以来抗疫经验的基础上，着力提升科学抗疫能力，助力切断传染链条。

金域医学积极投入抗击疫情的工作中，从全国各省中心实验室调来上百名检测技术人员支援，加上广州总部本地检测人员、物流服务人员等共投入超过1000人，并与多家机构合作，形成"大型检测基地+移动检测点"的高效检测模式，这一"组合拳"日最高检测产能达到26万管，有效解决当前紧急大筛查核酸检测的关键需求，大幅提升广东省核酸检测能力。

广州华银健康医疗集团迅速吹响集结号，精锐出战，三大实验室、3个新冠病毒核酸检测方舱实验室、30多家核酸共建实验室火力全开，不遗余力保障广佛地区大规模核酸筛查工作。

广州开发区莱迪实验室为专项开展新冠病毒核酸检测的实验室，布局白中夜班多条产能线24小时不间断运作，常态化常规检测产能为6万单管/天以上，疫情期间迅速扩充为12万单管/天以上。

广州开发区科技创新基地实验室，及时调整人员分工，增加设备，将产能迅速提升至6万单管/天以上。

中山市核酸城市检测基地每日常规核酸样本检测产能超1万份样本，

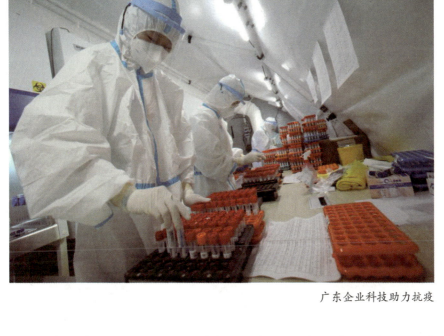

广东企业科技助力抗疫

应急状态下检测产能可在12小时内扩充至每日5万份，采用10合1的混采检测模式，24小时检测人次最高可达50万份。

　　格力电器、佛山市禅城区工商联副主席单位禅城中心医院等企业和单位都积极投身战疫工作中。广州市工商联还通过"民企同心抗疫撑广州"活动，组织立白集团向广州市慈善会捐赠了价值100万元的消毒液、除菌包、抑菌洗手液等产品，组织志愿者超200人次，为荔湾区核酸检测采样4000多例提供物力人力支援。金利来集团、广东圣丰集团、华邦集团、金发科技、红海人力集团、广东省素食产业促进会等企业和商协会也纷纷第一时间捐赠防疫物资，慰问一线抗击疫情的人员。

专家点评

　　广东深入学习贯彻习近平总书记关于疫情要防住、经济要稳住、发展要安全的重要要求，切实扛起疫情防控政治责任，毫不动摇坚持"外防输入、内防反弹"总策略和"动态清零"总方针，切实做到思想认识再深化、政治站位再提高，坚决打赢本土疫情处置和重要节点防控硬仗。

第五章　共享

后记

HOUJI

　　从党的十八大开始，中国特色社会主义进入新时代。党和国家事业取得历史性成就、发生历史性变革，我国发展站到了新的历史起点，中国特色社会主义进入了新的发展阶段。

　　新时代十年的伟大变革让人心潮澎湃，激情满怀。羊城晚报作为主流媒体，既是时代发展的见证者、记录者，更是传播者和践行者，为此，我们决定组织推出融合了图书、新媒体、数字产品等多种呈现形式的"广东加速度"主题融媒体项目。其中，这本《广东加速度——新发展理念下的广东经济实践与探索》就是一本记录新时代十年广东经济发展成就的经济主题读本。

　　在本书编写过程中，编写组成员遵循真实、立体、小切口展现大视野的选稿原则，以2012年党的十八大以来，广东经济领域高质量发展为主线，从羊城晚报报业集团的稿库中，按照"创新、协调、绿色、开放、共享"五个篇章进行选稿。过去十年间，广东经济领域具有代表性的新闻故事数不胜数，初选稿件数量已达千篇之多，每一篇均独具特色，选稿取舍尤为"纠结"，无奈篇幅有限，我们只好择优选用。可以说，《广东加速度——新发展理念下的广东经济实践与探索》以全景式、多维度、深入浅出的形式，为读者展现了一幅广东经济发展绚丽多彩的长卷。

　　在新发展理念指引下，广东经济发展取得的成绩远非本书所能集纳与完整呈现。书中内容仅是我们在过往新闻报道中选录的一批具有代表性的新闻故事，通过不同的"镜头"记录下历史进程中，广东人民在党的领导下，以坚实的每一步走出了一条具有广东特色的高质量发展路径。在推动媒体融合发展之路上，《广东加速度——新发展理念下的广东经济实践与探索》不仅仅局限于文字

与图片的呈现形式，而且，在图书编写的短短几个月时间里，广东经济领域的发展日新月异，正如《广东加速度——新发展理念下的广东经济实践与探索》的主题一样，广东经济发展是动态的、有机的、前进的，为了能更全面、立体展现广东经济高质量发展进程，让图书成为永不过时的读本，我们同时还在羊城晚报新闻客户端羊城派上开设了"广东加速度"专栏，推出了广东高质量发展企业样本、产业深调研及高端微访谈等子栏目，通过羊城派新闻客户端，实现动态更新，读者只需扫描书中"广东加速度"二维码即可跳转到"广东加速度"新闻专题区，随时获取最新的信息，这也是本书的一次融媒体创新尝试。

在编写过程中，广东税务、省商务厅、省统计局、省社科院、省工商联、广州美术学院、广东教育出版社以及腾讯公司、省交通集团等单位及企业给予了大力支持。同时，感谢十二位来自各领域的专家学者：薛捷、向松祚、李凤亮、谢昌晶、顾乃华、赵细康、曾雪兰、毛艳华、林江、徐世长、彭澎和周云（按书中顺序为主，排名不分先后）为本书撰写了在新发展理念视角下，具有宏观视野与微观视角相结合，理论高度与学术深度相融合的文章，为本书增添了厚重而专业的分量。

编写组成员在本次编写过程中，获得了一次生动的对新发展理念与高质量发展深入学习的机会，但由于时间仓促和编写水平有限，本书或许还有遗漏之处和许多不足，敬请广大读者不吝指正。

本书编写组

2022年9月